JAPANESE CUISINE

일식 국가기술자격 검정시험 대비

일본요리

유 택 용 지음

大 旺 社

JAPANESE CUISINE

일본요리

머리말

오마카세(권하는 요리)라는 용어가 낯설게만 느껴지던 시대에서 이제는 누구나 보편적으로 선호하는 요리형태의 하나로 자리매김한 것을 보면서 일본요리가 많이 대중화되고 보편화되었다고 생각한다. 생활수준의 향상과 건강식에 대한 선호도가 날로 증가함에 따라서 생선을 주재료로 하는 일본요리가 세계적으로 발전하고 있고, 우리나라도 예외는 아니어서 새로운 형태의 메뉴와 콘셉트로 탄생한 일본음식점들이 일본에 있는 식당과 같게 또는 유사하게 운영되고 있으며, 일본요리를 찾는 사람도 증가 일로에 있다. 따라서 본서는 일본요리를 배우고자 하는 학생뿐만 아니라 호텔과 외식업체의 일식당에 종사하시는 분들께도 일본요리에 대한 기본 습득과 기초 지식을 얻는 데 도움이 되고자 한다. 또한 2020년 새로 개편된 국가기술자격시험에 대비할 수 있도록 내용을 새롭게 구성하여 대비할 수 있도록 하였다.

본서는 총 4개의 장으로 다음과 같이 구성하였다.

제1장은 일본요리의 개요로서 일본요리의 특징과 발전사, 일본요리의 분류와 식사예절, 주방조직 및 업무분장, 일본 조리도와 양념, 일본요리관련 조리용어를 실었다.

제2장은 일본요리의 코스요리인 회석요리에 대한 구성과 특징으로 구성하였다.

제3장은 조리방법에 따른 일본요리의 구성으로 국물요리, 생선회, 구이요리, 조림요리, 튀김요리, 찜요리, 초회 및 무침요리, 초밥, 냄비요리, 면류와 절임류에 대한 내용으로 구성하였다.

제4장에서는 일식 국가기술자격 검정 실기시험문제를 알기 쉽고 정확하게 핵심만을 골라 수록하여 기능사 시험을 대비한 준비서로 이용할 수 있게 하였다.

일식 국가기술자격 검정시험 대비『일본요리』신판을 내면서 더 많은 자료와 내용을 실어야 하나 아직은 부족함이 많다. 하지만 일본요리를 이해하는 데 작으나마 도움이 되었으면 하는 바람과 희망을 가지며, 선후배 여러분들의 따뜻한 조언과 많은 격려의 말씀 부탁드린다. 미비한 내용과 자료는 추후 보충하여 개정판에서 더 완벽한 책이 될 수 있도록 노력하겠다. 끝으로 본서가 출판되기까지 많은 배려와 도움을 주신 대왕사 임직원 여러분들께 깊은 감사의 말씀을 드린다.

2020년 9월
부천대학교 연구실에서 저자

차례

3장 조리방법에 따른 일본요리

4장

일식 국가기술자격 검정시험

MEMO

1 일본요리의 개요

1. 일본요리의 개요

화식(和食)은 일본의 독특한 조리법을 사용한 일본 특유의 요리군을 가리킨다. '일본요리'와 '화식'이라는 단어는 문명개화의 시대에 일본에 들어온 서양요리와 양식(洋食)에 대응하는 식으로 된 말로, 일본요리는 1898년(메이지 31년) 이시이 타이지로(石井泰次郎)의 『일본요리법대전』에 의해 일반화되었으며, 화식(和食)은 그 이후에 생긴 것으로 보고 있다.

일본요리에는 음식점에서 제공되는 고급요리의 이미지가 있는 한편, 화식은 가정식도 포함한 일본 식문화 전체를 표현하는 단어로 적합하다. 일본에서 독자로 발생한 요리로, 일본 국외에서 전래된 것이 아니더라도 근대 이후에 생긴 것에 대해서는 화식이라고 보기 힘든 것도 있다. 예를 들면, 오코노미야키 등의 철판구이에 대해서는 철판구이라는 요리방법이 전통적이라고 할 수 없음에 따라 일본 국내에서는 화식과 구별하는 경우도 있다. 그러나 철판구이는 일본에 있는 특유한 것이고, 해외에서는 일본요리로 인식하는 경우가 많다. 일본정부의 외국용 '일본식 레스토랑 추천제도'에서는 구체적으로 카이세키・스시・덴푸라・장어・야키도리, 소바・우동・덮밥류 및 그 외 전통의 요리를 일본식(日本食)으로 하고 있다.

일식(日食)의 일본식 호칭은 일본식 화식(和食)이라고도 불린다. 지역에 따라 어느 정도 차이는 있겠지만 짠맛이 대체로 강해서 한국사람 입맛에도 간이 짜거나, 기름이 많아 느끼하거나, 의외로 우리보다 먹는 양이 많은 대식의 인상도 받을 수 있다. 담백한 일식의 이미지를 가장 대표적으로 떠올리는 초밥이나 스시 같은 요리들에서 비롯된 것으로, 야키소바라든가 라멘・나베 등 양념이나 간이 강한 음식들은 어느 가게에서 먹어도 대체로 짜거나 느끼하다. 그래서 일본인의 나트륨 섭취량은 한국인에 이어 2위를 달리고 있다. 한국을 비롯한 해외에선 스시(초밥)・사시미(회)・소바(메밀국수)・덴푸라(튀김)・우동・오뎅(어묵)・라멘(라면)・카레라이스・돈가스・규동(소고기덮밥) 등의 일본요리가 널리 알려져 있다.

일식은 유럽을 포함한 서양권에서 큰 인기를 끌고 있는 동양요리다. 먹으면 건강해진다는 음식이라는 인식이 있다. 또한 한국요리와 매우 많은 영향을 주고받은 음식문화이기도 한데, 특히 일제강점기 동안 많은 교류가 있었다. 어묵은 한국에서 길거리음식으로 많이 먹는데다가 가정식 반찬이나 김밥 속 재료로 자주 들어가며, 일본인들은 명란젓을 밥도둑 취급한다.

그리고 한국에서는 이상하게 '일본요리는 양이 적어서 먹을 만한 게 아니다'라고 알려져 있는데, 사실 이건 1980년대와 1990년대의 버블경제와 엔고의 영향이 컸다. 한국이 해외여행자유화가 이루어진 시점이 1989년부터인데, 이때가 한참 버블기였기 때문에 음식의 고급화에 열을 올렸던 데다가 1990년대 중후반까지 일본 물가가 엔고의 여파로 인해 세계적으로 비싸기로 악명이 높았었다. 당연하게도 일본에서 맛있는 음식을 먹으려면 한국에서 맛있는 음식을 먹던 것에 비해 훨씬 많은 돈을 내야 했고, 고급식당에서 먹어도 양이 별로 차지 않는 건 물론이고, 일반 대중식당에서 먹어도 반찬 리필이 안 되는 데다가 이때까지는 소식(小食)하는 문화의 영향이 상당히 남아 있던 터라 한국에 비하면 양이 상당히 적은 건 마찬가지였으며, 그렇기 때문에 한국인들이 일본음식을 가격만 높고 양은 적다고 생각하게 된 것이다.

그러다 21세기 들어와서 일본의 디플레이션과 불황으로 인해 소비자들이 고급이나 중급 음식점보다는 상대적으로 싸고 양이 많은 식당을 찾게 되고, 그것도 비싸면 편의점 도시락을 사먹는 경우가 크게 늘어나면서 상대적으로 물가가 싸지게 되고 한국의 물가는 지속적으로 오르면서 상황이 반전되었다. 한국은 식료품 및 외식 물가가 너무 높게 올라갔고, 양 또한 고급화 열풍으로 줄어들면서 차라리 일본식당에서 똑같은 걸 먹어도 한국보다 많이 주고 저렴해졌다. 이제는 상황이 반전돼서 한국에 여행 온 일본인이 오히려 한국인들은 일본인보다 소식을 한다고 생각하는 상황이다.

1) 일본의 생선음식

일본은 아시아의 동북쪽 바다로 둘러싸인 섬나라이다. 이런 일본 둘레의 바다는 난류와 한류가 마주치는 곳이어서 세계에서도 특히 풍부한 어장을 형성하고 있다. 일본에는 동물성 단백질의 대부분을 생선에서 섭취하는데, 국토가 그다지 넓지 않지만 동부지방과 서부지방에서는 음식의 종류와 요리양식이 많이 다르고, 먹는 생선의 종류도 지역에 따라 천차만별이다. 살이 빨간 연어는 동부의 일본사람들이 즐겨 먹는 생선이다. 소금에 절인 연어는 연말이 되면 정월 선물용 생선으로 동부 일본의 어느 시장에서나 일제히 팔리고 있다.

한편 서부 일본에서는 살이 흰 방어를 즐겨 먹는다. 소금 절임한 방어는 연말의 대표적인 선물용 생선으로 되어 있다. 일본의 동부와 서부는 토양의 질이 다르기 때문에 생산되는 야채도 다르고 사람들의 기호도 매우 대조적이다. 오랜 옛날부터 일본열도에서 살고 있던 아이누 민족은 연어를 하늘이 내려주신 선물로 여겨왔다. 에는 듯한 차가운 겨울비가 내리는 무렵이 방어 잡이의 한창때로 천둥번개가 요란한 때에 많이 잡힌다고 한다. 이 시기에 잡은 방어는 서부 일본사람들의 입맛을 돋워주는 생선이다. 세계에서도 최고의 어장에 둘러싸인 일본에서 당연히 생선 조리법도 그 종류와 방법이 다양하다. 이러한 갖가지 조리법을 구사하여 머리에서 꼬리까지 통째로 요리한다.

사시미, 즉 생선회는 오늘날 서양에서도 잘 알려져 있는 요리인데, 그것이 원래는 날생선을 식초에 절인 것이었다는 것은 별로 알려져 있지 않다. 그렇지만 생선회는 본래의 맛을 중하게 여기는 일본의 독특한 고전적 방식의 하나라는 것은 확실하다. 복어는 대장(大腸)에 맹독을 가지고 있어서 미국에선 수입이 규제된 적도 있다. 복어를 다루는 조리사는 일본정부의 면허가 필요하며, 복어는 생선회로 먹는 것이 으뜸이라는 것이 복어요리사들의 주장이다.

옛날에 일본의 눈이 많이 내리는 고장에서는 추운 겨울을 넘기기 위하여 가을에 잡은 연어를 눈 속에 묻어서 저장하였는데, 이것이 얼린 연어를 생선회로 한 '우이베'의 원형이다. 다시마와 가츠오부시로 만드는 다시 국물은 일본요리의 맛을 낼 때 꼭 필요한 것으로, 냄비요리(鍋物, 나베모노)나 조림 · 맑은국 등의 국물요리에 다양하게 이용되고 있다. 또한 재료에 열이 직접 닿지 않기 때문에 그 풍미와 영양이 파괴되는 것을 최소한으로 막을 수 있는 생선찜도 매우 즐겨 먹는 조리법이다.

튀김(덴푸라)도 일본인이 좋아하는 요리이다. 생선구이는 소금을 듬뿍 바른 생선을 숯불에서 센 불로 굽는 것이 생선이 본디 지닌 맛을 이끌어내는 것으로, 소금구이(시오야키)를 많이 해 먹는다. 오늘날 일본사람들의 소고기 같은 고기의 소비가 늘어남으로써 생선 소비량이 줄어드는 등 음식 관습이 차츰 변화하고 있다고 하지만, 생선은 오늘날에도 여전히 일본요리의 중요한 부분을 차지하고 있다.

2) 한국의 일본음식점

한국에서 대개 '일식 전문점'을 표방하는 경우는 사시미(회)를 메인으로 한 요릿집이 대부분이나, 정작 메인인 회 자체는 활어를 선호하는 한국인 특성상 한국식 '회'가 나오는 경우가 많다. 서브 메뉴들도 은근히 다국적요리 혹은 창작요리가 나오는 집도 꽤 된다. 일본에서는 흔한 돈부리집 · 정식집 등은 거의 없는 편이라 아무것도 모르는 상태에서 일본 가정식을 보거나 요리관련 방송을 보게 되면 이질적이라 느끼는 사람도 꽤 되는 모양이다.

하지만 2000년대 중반 이후 무비자 관광이 실시되어 교류가 상당히 잦아진 덕분에 본격적인 전문점들이 입점하게 되었다. 현재 어지간한 대도시라면 일본음식점이 포화 상태에 이르러 차별화를 위해서 가정식 일본요리점, 타코야키 포장마차, 오코노미야키 전문점까지 생겼다. 특히 샤부샤부는 한국에 진출한 일본요리의 원로급에 해당되어 일본음식이라 생각하는 사람이 드문데, 한국식으로 얼큰한 국물과 미나리를 베이스로 해서 먹는 샤부샤부칼국수 형태로 변형되기도 했다.

라멘・돈부리・이자카야는 2000년대부터 홍대를 시발점으로 서서히 퍼져나갔고, 회전초밥집은 2000년대 중후반에 본격적으로 활성화되었으며, 돈가스집의 서브 메뉴로 취급되던 우동마저 2010년대부터 전문화되었다. 그러나 똑같이 서브 메뉴로 취급되었던 소바는 여전히 서브 메뉴에 불과하나 2010년대 들어서 서울권을 중심으로 전문점이 생겨나고 있다. 초밥은 2013년경부터 고급 초밥집이 활성화되고 있으며, 틈새시장을 노린 중급 초밥집도 활성화되고 있다.

그 이후 어려운 경제사정과 '김영란법'의 본격적인 시행으로 접대문화가 사라지고 가성비를 중시하는 문화가 정착하면서 고급 접대요리로 각광받던 정통 일본요리 전문점들이 문을 닫기 시작(강남의 30년 된 이즈미・히카리・유다카 등)하여 강남을 시발점으로 고급 일본요리 전문점은 거의 없어졌다고 해도 과언이 아닐 정도로 많이 줄어들었다. 과거에는 특급호텔의 주 매출원이었던 식음료업장들(한식당, 양식당, 일식당, 중식당, 베이커리, 프렌치 레스토랑, 스테이크전문점, 이탈리안 레스토랑 등)이 식재료비와 인건비 및 세금 상승 등으로 영업이익을 남기기 힘든 구조로 인해 경영이 어려워지면서 특급호텔 일식당들(인터콘티넨탈호텔〈하코네〉, 리츠칼튼호텔〈하나조노〉, 롯데호텔〈모모야마〉)도 많이 없어졌고, 다른 특급호텔들도 리노베이션하여 규모를 축소하거나 전문화시켜 소규모로 운영하는 형태로 변화되어 가고 있다. 특히 최근에 새로 생기는 특급호텔들은 최소한의 식음료업장만으로 구성하여 호텔 본연의 기능인 객실 판매에 중점을 두는 경향으로 바뀌며, 호텔 일식당도 더 이상의 발전보다는 축소되고 있는 것이 현실이다.

반면 일반 일식 레스토랑들은 가성비를 중시하는 경향과 건강을 우선시하는 분위기에 맞게 저가 초밥집이 대세를 이루어 성장가도를 달리고 있다. 한편으로 젊은이들이 많이 다니는 홍대 부근에서는 일본을 그대로 옮겨놓은 듯한 형태의 이자카야가 번성하고 있고, 청담동을 비롯한 강남역 일대에는 고가의 이자카야들이 여전히 번성하고 있다. 이제는 외식업이 백화점의 식당가 또는 역세권의 몰 형태나 거대규모의 유통업체 내에 입점하면서 규모나 업태가 다양해지면서 날로 발전하고 있으나, 빈익빈 부익부가 점차 고착화하고 있다. 따라서 로드에 위치한 외식업체들의 영업이 점점 어려워지고 폐업하고 있는 현실에 비추어볼 때 우리나라도 아무나 쉽게 진입할 수 없게 진입장벽을 높여서 지역할당제 또는 허가제를 도입하여 숫자를 제한하여 외식업을 오픈하면 최소한 기초 생활은 가능하도록 구조적으로 개선할 필요가 있으며, 개인에게는 어렵게 마련한 목돈을 한 번에 날려서 극빈층으로 전락하는 일이 없도록 하여야 할 것이다.

2. 일본요리의 특징

1) 일본요리의 특징

일식은 눈으로 보는 요리라는 말을 할 만큼 외형의 아름다움과 색상의 조화를 대단히 중요시 여긴다. 그래서 오색(五色)이라고 하는 흰색 · 검은색 · 노란색 · 빨간색 · 청색 등을 잘 조화시켜 시각적인 아름다움을 창출한다.

가능한 한 조미료를 사용하지 않고 재료가 가지고 있는 본맛을 최대한 살려서 조리하기 때문에 향신료를 진하게 쓰지 않는다. 같은 재료라도 4계절의 변화에 따라 맛이 좋은 제철(旬, 순)의 것을 구분해 씀으로써 계절감을 살리고 있다. 식재료가 가진 맛의 보존을 최대한 강조하는 일식의 특성상 맛있는 음식은 필히 '양질의 재료'를 쓰지 않으면 안 된다는 이런 방식이 결국 '맛있는 일식=비싼 재료'라는 등식을 성립시킨다. 즉 맛있는 일식을 먹고 싶으면 비싼 돈을 낼 수밖에 없는 것이다. 이는 한식의 '음식 맛은 손맛'이라는 인식과는 정반대라 할 수 있다. 요리사의 기량에 따라 갖은 양념과 요리법을 통해 재료의 차이를 극복할 수 있는 한식과 달리, 일식은 얼마나 좋고 비싼 식재료를 쓰느냐의 여부에 따라 맛이 크게 좌우된다.

조리법에 있어서도 육 · 해 · 공(陸 · 海 · 空)에서 나는 재료들을 골고루 배합하여 영양의 균형을 맞추어 조리하는 것이 기본이다. 자연의 맛과 멋을 최대한 살릴 수 있는 조리법을 선택한다. 대표적인 것이 생선회(사시미, 刺身)와 생선초밥(스시, 壽司)이다. 또한 조리인의 개성이나 기술에 대해 까다롭고, 담는 방법도 세심한 주의를 기울인다.

관서는 전통적인 일본요리가 발달한 곳으로서, 교토(京都)의 담백한 채소요리와 오사카(大阪)의 실용적이고 합리적인 요리가 주종을 이루는 데 비하여, 관동요리는 에도막부(江戶幕府)가 생긴 뒤의 무가요리(武家料理)로서 일찍부터 설탕을 손에 넣을 수 있었던 관계로, 설탕과 간장을 많이 써서 요리의 맛이 진한 것이 특징이다. 봉건체제가 길었기에 도시별 지방색과 향토음식이 마츠리 만큼이나 다양하게 존재한다.

식기는 기본적으로 1인분씩 따로 쓰며, 도자기·철기 등 변화가 많아 요리의 내용이나 계절에 따라 조화시킴으로써 요리상의 공간적 아름다움을 살리고 있다. 또한 요리를 그릇에 담을 때도 비교적 요리의 양이 적고 섬세하며, 그릇에 가득 차게 담지 않고 공간이 넉넉하게 담는다. 하지만 현대에 들어서는 일본인들도 먹는 양이 늘어나서인지, 우리나라 말로 바꾸면 곱빼기에 해당하는 오오모리(大盛り)를 넘어선 특곱빼기(토쿠모리, 特盛り), 특특곱빼기(메가모리, メガ盛り) 등 상상을 초월하는 많은 양의 음식들을 담아 판매하는 음식점들도 생겨나고 있다.

일본요리를 접시에 담을 때 기본 원칙이 있는데, 그 내용은 다음과 같다.

① 먼저 그릇의 위아래를 잘 살펴보고 그릇의 그림이 먹는 사람의 정면에 오도록 담는다. 외형으로 구분이 어려울 시는 그릇 뒤의 제조회사의 상표 또는 제조자의 이름을 보고 그릇의 위·아래를 판단한다.

② 오른쪽에서 왼쪽으로 담는 것이 기본이고, 그릇 바깥쪽에서 자기 앞쪽으로 담는다.

③ 생선은 머리가 왼쪽으로 향하게 하고, 배가 자기 앞으로 오게 담는다. 닭고기와 생선일 경우는 오른쪽에 닭고기, 왼쪽에 생선을 담는다.

④ 요리의 숫자는 기수(奇數)로 담는 것을 원칙으로 하고, 10은 기수로 한다.

⑤ 먹는 사람이 젓가락으로 집어 먹기 쉽게 담는다.

⑥ 찬요리는 차갑게 뜨거운 요리는 접시를 데워서 뜨겁게 담아낸다.

⑦ 색상의 조화와 계절감을 뚜렷이 나타낼 수 있는 그릇을 선택하여 담는다.

2) 육식메뉴의 부족

일본의 전통 음식문화 중 특이한 것은 불교의 영향으로 승려뿐만 아니라 모든 사람들에게 육식을 무려 1,200년 동안이나 국법으로 금지해와서 근현대 이전에는 육류음식이 거의 발달하지 못했다. 또 불교뿐만 아니라 전통신앙인 신토에서도 동물의 고기를 먹는 것은 '더러운 행위'로 여겨졌다. 육식금지령이 폐지된 건 근대에 이르러 메이지유신 때였고, 그때부터 일본인들이 육식을 하게 되었다. 그래서 전 세계적으로 육식의 기본이 되는 소·돼지 등의 기본적인 육식 요리법이 발달하지 못했다. 다른 나라에서도 별미로 먹거나 보양식 등으로도 먹지만, 소고기나 돼지고기에 비하면 대중적이지 않은 재료들을 쓴다. 일례로 근대 일본에 카레가 들어왔을 때 고기를 구할 수 없어서 개구리고기를 넣어 카레를 만들어 먹었다. 그래서 육식금지령을 피하려는 꼼수에서 발달한 특이한 재료들이 많다.

일반적으로는 식용을 목적으로 가축을 사육하는 일이 없었기 때문에, 역사적으로 일본인의 고기 소비량은 극히 적었다. 가축의 젖을 짜 마시거나 유제품을 가공하는 것도 정착하지 않았다. 고기나 유제품을 먹지 않았던 일본인에 있어서 동물성 식품은 어류로, 생선요리를 진수성찬으로 여겨왔던 것이다. 다만 본토에서도 산간지방의 직업적인 사냥꾼들은 모피제품이나 약품의 원료로 쓰기 위해 야생 포유동물을 사냥했고, 그 고기를 식용으로 해왔다. 또한 병 치료나 체력을 키우기 위해 '약'이라 하여 야생동물의 고기를 먹는 사람도 있었다.

식용이 금지된 육류는 소나 돼지 등 포유류의 고기로, 바다에서 나는 어패류는 제외되었다. 물고기는 육식금지령에 해당되지 않았기 때문에 생선을 많이 먹었다. 새고기 등 야생조류도 먹었지만 전통 신앙에서 신의 사자로 여겨진 닭고기와 달걀은 15세기가 될 때까지 먹지 않았다. 포유류인 고래는 거대한 물고기로 여겨서 고래고기는 많이 먹었다.

일본 최고급 코스요리라고 할 수 있는 카이세키 요리를 접해보면, 오리고기(카모)가 많이 나온다. 오리야 특이할 것 같지는 않지만, 육식금지령 때 오리는 물갈퀴가 달려 있으니 물고기라는 꼼수로 많이 먹었다고 한다. 그 외 메밀국수에도 오리고기 육수가 자주 쓰이는데 생각보다 오리고기를 많이 먹는 편이다.

식용 외에는 다른 용도가 없는 돼지는 일본 본토에선 집에서 아예 기르지 않았기 때문에 평생 돼지를 보지 못한 사람이 많았다. 그래서 12간지 동물의 돼지(亥)를 멧돼지로 표현했다. 하지만 야생 멧돼지는 흔했으므로 멧돼지를 사냥하는 게 그나마 드물게 짐승고기를 먹을 기회였던 것이다. 멧돼지는 산고래(山鯨, やまくじら)라고 부르며 먹었고, 불살법에 적혀 있지 않다는 이유로 토끼도 많이 먹었다. 또 카이세키에 빠지지 않고 자주 나오는 재료 중 하나가 자라(スッポン)요리인데, 이것도 살생 금지 리스트에 자라가 없었기 때문에 발달한 것이다. 반면 일본 본토 외에 오키나와는 그 당시 류큐왕국이라는 외국이었고 홋카이도의 행정적 영향력이 미치지 못했으므로 육식금지령이 없어서 여러 가지 육류음식을 먹었다. 불교의 영향이 거의 없었던 오키나와에서는 돼지・염소를 가축으로 사육해 식용하였다. 그래서 오키나와 요리와 그 영향을 받은 가고시마 요리는 예외적으로 돼지고기 요리가 발달하였다. 홋카이도의 아이누족은 식생활의 상당 부분을 사냥에 의존하였으며, 사슴과 곰 고기 등이 중요한 음식이었다.

3) 근대 이후의 육식문화

메이지유신 이후로도 일본에서 서민들이 고기를 먹는 것은 그리 쉽지 않았다. 일본인들이 제대로 고기를 먹을 수 있게 된 것은 제2차 세계대전 패전 후 고도 성장기에 들면서부터이다. 육류와 유제품의 생산 및 소비가 가장 급격하게 늘어난 시기이기도 하며, 돈가스, 햄버거 스테이크, 돼지고기 크림 스튜 등의 경양식도 이때에 들어서야 제대로 대중화되었다. 육식이 해금되면서 서양식 고기요리가 소개되었고, 한국의 영향으로 목살・삼겹살・곱창 등 부위 구분과 육수용・구이용 등 용도 구분이 뒤늦게 발달했다. 하지만 가정에서는 여전히 고기가 잘 쓰이지 않는다. 일본에서는 일반 정육점에 가면 선호도가 높은 부위만 잘라서 팔고 있으며, 특수부위나 내장・뼈 같은 부산물은 대부분 유통단계에서 업소용으로 돌아가 버린다. 1960년에는 1인당 연간 육류소비량이 3.5kg였지만, 불과 10년도 안 되는 사이에 소비량이 급격히 증가하여 1975년에는 1인당 15kg를 돌파했으며, 1980년에는 20kg를 넘어서게 되었다. 최근에는 1인당 연간 육류소비량이 어류소비량을 뛰어넘을 정도로 육류를 많이 소비하게 되었다.

역사적으로 육식 금지기간이 길어(한국사로 치면 삼국시대부터 조선 말까지가 금육이다) 육고기 메뉴의 종류와 깊이가 부족하다. 매우 덥고 습한 기후로 인해 소금・된장・간장・식초를 이용한 저장법이 발달했고, 남만인(설탕・고추)과 조선(김장 보관법, 마늘, 생강) 문화가 유입되는 에도시대 이전까지는 이 4가지 기본 재료가 주류였다. 문제는 고춧가루・마늘・파・생강 등의 향신료를 적게 쓰기 때문에 간을 위해 염도 높은 기본 밑간의 양을 많이 쓴다는 것이다. 이 때문에 일본인의 염분 섭취량은 한국과 세계 1~2위를 다툰다. 따라서 일본 국내에서도 전문가들은 자국민들의 나트륨 섭취량이 지나치게 높다며 이를 경계하고 싱겁게 먹을 것을 권장하고 있다. 일식은 건강에 좋다는 이미지가 있으나, 위에서 말했듯이 일식은 염도가 매우 높은 것이 특징이며, 고기나 생선을 다룰 때 지방이 많은 부위를 선호하고 설탕도 한국보다 더 많이 쓰는 편이라 음식의 칼로리도 생각보다 높은 편이다.

3. 일본요리의 발전사

일본은 동북아시아에 위치한 해양성 기후의 국가이다. 면적은 38만 km^2이고, 인구는 1억 2천 6백만 명의 섬나라로 수도는 도쿄(東京)이다. 일본음식은 12~16세기에 성립되어 17~18세기에 이르러 완성된 것으로 알려져 있다. 일본요리의 발전사를 보면 다음과 같다.

기아의 시대(1945년)는 식자재의 절대량 부족으로 음식점 쪽이 고객보다 우위에서 영유하던 시대로, 점포 측에서 일방적으로 고려한 상품으로 구성된 형태의 식당이 등장하였다. 1950년이 되면서 대중식당의 시대가 도래하며, 일방적인 상품구성에서 자신이 좋아하는 음식을 선택하는 개념의 식당이 등장하면서 많은 인기를 얻었다. 1955년이 되어 우동・초밥점 등의 대중적인 맛에 싫증을 느낀 고객의 요구와 기대의 증가로 전문점의 맛을 추구하는 전문점이 등장하였다.

1960년 동경올림픽을 계기로 수출 급증과 경기의 호황으로 식생활이 구미화되어 커피만을 판매하던 커피숍에서 식사를 함께 하고자 하는 고객의 요구변화를 받아들여 식사를 함께 파는 개념의 커피숍이 성업하였다. 이 형태는 지금까지 이어져 일반 커피숍에서도 식사를 팔고 있다.

1970년에 이르러 미국 복사형 패밀리 레스토랑의 전성기로 패밀리 레스토랑의 융성과 함께 외식의 새로운 시대가 도래되었다. 국민소득 저하로 시장이 둔화되고 가처분소득이 감소한 1975년에는 술과 즐거운 분위기 속에서 식사하고자 하는 형태의 선술집 개념(이자카야, 居酒屋)의 레스토랑이 등장하게 되었다.

1980년대에는 가격이 저렴한, 가족이 함께할 수 있는 형태의 패밀리다이닝 시대로 접어들었다. 또한 1980년에는 카이세키요리(會席料理), 혼젠요리(本膳料理), 쇼진요리(精進料理), 차카이세키요리(茶懐席料理), 보채요리(普菜料理) 등이 상호 융합하여 소화・흡수되는 시대로서 일본의 독특한 요리문화가 완성되었다. 과거 연회 형식에서는 엄격한 조리법이 요구되었으나 현대에 이르러서는 형식에 구애받지 않고 안락한 분위기에서 즐기는 식사 중심의 술・연회를 위주로 한 향응의 회석요리가 주를 이뤄 오늘날 모든 축하연과 초청요리 및 일반 연회 등에 널리 사용되고 있다.

제2차 세계대전 이후는 미국의 잉여 밀가루 처리정책의 영향으로, 빵식이 보급되는 등 지금까지의 쌀식과 합해져 일본・서양 절충 식생활의 시대라고 말할 수 있다. 쇼와(昭和) 40년대의 고도 경제성장의 파도에 실려 식생활도 크게 변화하고, 일본・서양을 가리지 않고 일본인은 자기들의 미각에 어울리는 식문화를 창조해 자유롭게 조화해서 뿌리내려 왔다. 또 외식산업의 비약적인 상승으로 가정식 형태는 변화해갔다. 외식이라는 말이 출현하고, 가정 밖에서 식사를 하는 것이 특별한 것이 아니게 되었다. 이것은 헤이세이(平成)시대의 버블 붕괴까지 이어져, 그 후 생활 전반에 윤택함을 지향하는 경향이 나타나 가정에서의 조리・식사를 의미하는 '내식,' 반조리식품을 가정에서 먹는 '중식' 등이라 말하는 식사형태를 분화시키는 말까지 생겨날 만큼 외식이 번창하게 되었다. 또한 여성의 사회진출이 눈부시고 가정노동시간이 대폭으로 단축되어 냉동식품이나 가공식품이 가정요리의 필수품이 된 것도 '중식'을 성장시킨 요인의 하나라고 말할 수 있다.

이와 같은 식생활의 변화에 따라 일본인의 체격은 구미인과 같이 향상되었지만, 건강에는 약간의 문제가 나타났다. 식의 구미화에 동반한 칼로리와 지방의 과잉섭취가 문제되고, 당뇨병・고지혈증 등 성인병이 급증했다. 또 이들 증상이 저연령화되고 어린이에게도 같은 모습의 증상이 발견되는 등 심각해져 왔다. 이와 같은 흐름 안에서 국민의 건강에 대한 관심이 높아져 건강 붐이 일어났다. 각종 건강식품과 건강음료가 출시되고, 건강잡지나 텔레비전의 건강 프로그램이 증가하였으며, 무농약 유기농법 등이라 말하는 분야까지 소비자의 니즈에 맞춘 것이 출현하게 되었다. 이들 식생활 변화의 한편으로 정월 오세치요리나 지방의 의식요리 등 옛날부터의 관습이 남아 있는 경우도 있다. 지금은 라면 붐, 에스닉 붐도 있어 무국적요리 등 세계 각지의 식문화를 느낄 수 있는 시대가 되었다.

한국에서 일본요리를 일컬어 일식(日食)또는 일식(日式)요리라 한다. 원래 일본에서는 와쇼쿠(和食)라고 부르는 것이 정식명칭이다. 일본을 과거에 야마토(大和)라고도 불렀던 적이 있기 때문에 '화'(和)는 일본을 가리키는 말로서 일본음식을 와쇼쿠(和食)라고 불렀다.

4. 일본요리의 분류

1) 지역적인 분류

일본요리는 지역적으로 크게 4가지 부류로 구분할 수 있다. 간토(關東), 칸사이(關西), 오키나와(仲縄), 홋카이도(北海道)다.

(1) 관동지방(關東地方)

도쿄(東京)를 중심으로 한 관동요리는 무가(武家) 및 사회적 지위가 높은 사람들에게 제공하기 위한 의례요리(儀禮料理)가 발달하였으며, 맛이 진하고 달고 짠 것이 특징이었다. 당시에는 설탕이 귀해서 설탕을 우마이(うまい: 맛있다)라고 하였는데, 설탕을 많이 사용했다는 것은 관동의 요리가 그만큼 고급요리였다는 것을 보여준다. 또한 관동지방은 외해(外海)에 접해 있어서 깊은 바다에서 나는 단단하고 살이 많은 양질의 생선이 풍부했으나, 반면에 내해(內海)에서 잡히는 생선은 극히 부족하였다. 따라서 관동지방(關東地方)은 외해에서 잡히는 생선요리가 발달하였으며, 토양과 수질이 관서지방(關西地方)에 비해 거칠어, 관서요리가 부드러운 맛을 창출한 것에 비해 관동요리는 농후한 맛을 이룩하게 되었다. 그러나 요즘은 교통수단의 발달로 옛날처럼 지역적 특색이 뚜렷하다고는 볼 수 없다.

(2) 관서지방(關西地方)

오사카(大阪)를 중심으로 한 관서요리라는 말은 최근에 사용하기 시작한 말로서, 그 이전에는 가미가다(上方: 교토 부근 지방)요리라고 하였다. 관서요리는 관동요리에 비하여 맛이 엷고 부드러우며 설탕을 비교적 쓰지 않고, 재료 자체의 맛을 살려 조리하는 것이 특징이다. 교토(京都)요리와 오사카(大板)요리가 관서요리의 대표적인 것으로, 교토(京都)요리는 공가(公家: 조정관리 집안)의 요리로서 양질의 두부 · 야채 · 밀기울 · 건청어 · 대구포 등을 사용한 요리가 많으며, 오사카(大板)요리는 상가(商街)의 요리로서 조개류와 생선을 이용한 요리가 많다. 극단적으로 고급요리와 일상요리가 구분된 것이 많은데, 일본요리 하면 칸사이 음식들을 말하며,

서민적인 칸사이 음식들은 양을 푸짐하게 담아주는 경향이 있다. 교토(京都)요리, 큐슈(九州)요리, 시코쿠(四國)요리, 오사카(大板)요리 등으로 세분화된다.

(3) 오키나와(仲縄, 류쿠요리〈琉球料理〉)

오키나와(仲縄)현 고유의 음식을 가리키며 류쿠요리(琉球料理)라고도 부르는데, 류쿠왕국 시절의 궁중요리를 가리키는 경우가 많다. 일본요리의 항목에 들어가기 애매할 정도로 독립적으로 발달했다. 현재와 같은 일본령에 속하지 않던 독립된 류큐왕국이 중국에게 조공을 바치며 그들의 문물을 적극 수용하다 보니 일본에선 금기시한 돼지고기를 삶거나 조려서 즐겨 먹었고, 남쪽 지역의 특성상 날음식을 별로 즐기지 않았다. 또한 일본과는 기후가 많이 다르다 보니 계절감각 또한 일본과 다르다. 대략 궁중요리 정도나 화려한 모습이지, 일반 음식들은 거의 남중국이나 대만식에 가까운 지극히 서민적인 모습을 하고 있다.

동아시아로 통하는 관문의 역할을 하다 보니 필리핀과 인도네시아와 같은 동남아음식의 영향도 많이 받았는데, 대표적인 음식이 참프루(야채와 두부를 볶은 요리로 보통 고야두부・달걀・숙주・돼지고기, 특히 스팸 등을 재료로 쓴다). 여기에 미군이 주둔하면서 스팸(포크) 등이 식문화에 들어온 것도 특징이다. 오키나와(仲縄)에는 불교의 영향력이 그다지 강하지 않았고 오히려 기독교의 영향이 강해서 일본 본토와는 달리 고기를 많이 먹었다. 특히 아쿠(あく)라고 하는 토종돼지를 길러오며 이 돼지고기 요리가 발달하였다. 식품이 변질되기 쉬운 아열대기후이기 때문에 보존이 용이한 국수요리가 발달하였다.

(4) 홋카이도(北海道, ほっかいどう)

일본열도의 가장 북쪽에 위치한 섬 홋카이도의 면적은 일본국토의 1/5로 남한면적의 80%에 해당하는 거대한 섬이다. 광활한 대지에는 목장과 농장이 가득하고, 바다에는 어장과 해산물이 풍부하며, 천혜의 자연환경으로 낙농업・농업・어업이 발달하여 신선하고 질 좋은 재료가 가득하다. 그중에서도 삿포로는 홋카이도 각지의 신선한 재료들이 매일 모이는 음식의 도시로 라면・수프카레・칭기즈칸을 비롯해 우유・치즈・아이스크림 등 유제품과 스위츠가 유명하다. 신선한 생선과 해산물요리가 많고 게요리가 다양하게 발전하였으며, 연어 한 마리를 통째로 넣어 만든 이시카리나베와 독특한 헬멧 모양의 냄비에 양고기와 야채를 구워 먹는 칭기즈칸 요리가 발달하였다.

홋카이도 남동부에 위치한 도카치 평야는 홋카이도 제일의 농업지대로 알려져 있다. 그곳에서는 예로부터 양돈업이 번성하여 돼지고기를 많이 먹어왔는데, 그 돼지고기를 이용하여 만든 부타동은 도카치의 명물요리로 알려져 있다.

일본의 9개 지방요리

1. 동북지방(東北地方)

미야기현(官城縣), 후쿠시마현(福島縣), 아오모리현(青森縣), 이와데현(岩手縣), 아키타현(秋田縣), 야마가타현(山形縣)으로 구성되어 있다.

일본의 북동부에는 남북으로 넓은 도호쿠지방, 북쪽에는 홋카이도가 있다. 이 두 지역을 합친 면적은 전 국토의 40%에 해당되지만 인구는 약 12%에 불과해 일본에서는 인구밀도가 낮은 지역이다. 이곳에는 많은 화산과 온천 및 경치가 아름다운 호수나 계곡이 많으며, 동북지방은 일본을 대표하는 벼 재배 지대이기도 하다.

창코나베(ちゃんこなべ)

스모선수에게 제공했다는 아침식사용 냄비요리이며, 창코는 옷상(おっさん: 아저씨)이라는 뜻이다. 창코나베에는 크게 나눠 미즈다키와 스프다키가 있는데, 미즈다키는 지리풍의 냄비이

고 생선은 크게 모양에 구애받지 않고 잘라 계절야채를 곁들여 만든다. 이 국물에 식초·간장을 더하고 파 등의 야쿠미를 곁들여 먹는다. 닭뼈 국물에 닭고기·생선살·두부·계절야채를 넣어 간장으로 간하고 조림국물로 먹는다. 설탕을 조금 넣는 경우도 있다. 창코나베에는 여러 가지 재료가 사용되지만 발이 넷 달린 수조육만은 사용하지 않는다.

카모카미나베(鴨紙鍋)

종이냄비요리는 일본에서도 특급호텔에서나 구경할 수 있는 요리이다. 먹을 때는 젓가락으로 이리저리 찌르지 말고 살짝 떠서 먹어야 한다. 잘못해서 종이를 찢거나 하면 애써 만든 요리가 무용지물이 되기 때문이다. 또한 종이가 눌어붙지 않게 계속해서 물을 부어주는 것도 잊지 말아야 한다. 주방에서 미리 한 번 끓여서 나오기 때문에 적당한 때 먹으면 된다.

모치요리(もち料理)

손님을 접대하는 최고의 요리로, 팥소·생강·깨 등 종류가 풍부하고 소박하며, 따뜻한 진심을 느끼게 하는 요리이다.

이부리각코(いぶりがっこ)

각코(がっこ)는 아키타(秋田)지방 사투리로 절임이란 뜻이다. 말린 무를 연기로 그을려 훈제 상태로 만들고, 그것을 쌀겨와 소금을 섞은 곳에 절여 두 달 후에 먹는다.

2. 관동지방(關東地方)

도쿄도(東京都), 이바라키현(茨城縣), 도치기현(栃木縣), 군마현(群馬縣), 카나가와현(神奈川縣), 사이타마현(埼玉縣), 치바현(千葉縣)으로 구성되어 있다.

6현과 수도인 도쿄도 1도를 관동지방이라 하고, 일본의 수도권 정비법에 정의한 수도권의 개념은 1도 6현과 중부지방의 야마나시현을 포함해 1도 7현을 수도권이라고 부르며, 일본 총인구의 1/3이 집중되어 살고 있는 지역이다.

낫토(納豆)

이바라키현의 미토(水戸)지방이 유명하다. 낫토는 콩을 발효시킨 것으로, 한국의 메주와 비슷하지만 콩알의 모양이 그대로 유지되어 있다. 가미가 덜 되어 있어 먹기 전에 간장과 겨자를 뿌려야 한다. 휘휘 저어 김이 모락모락 나는 밥 위에 얹어 먹는 것이 일반적이다. 김밥에 넣기도 하고 덴푸라로 튀기기도 한다. 건강식으로 인정받고 있지만 독특한 냄새와 색깔 때문에 관서(關西, 칸사이)지역 사람들은 거의 먹지 않는다.

스시(壽司)

초밥을 일본말로 스시(壽司, すし)라 하며, 그 뜻은 '맛이 시다'라는 의미를 갖고 있다. 스시는 고대 중국에서 생선에 소금과 누룩을 넣어 발효시킨 것에서 시작되었다. 이후 생선을 신맛이 나게 가공한 보존식품인 나레즈시(뭉친 밥 위에 생선을 올려놓은 형태)가 나왔고, 이는 초밥의 원조가 되었다. 이처럼 스시는 생선을 장기간 보존하기 위해 만든 식품이었지만 생선뿐만 아니라 밥도 같이 먹을 수 있도록 인스턴트화한 것이다. 초밥의 종류는 재료와 조리법에 따라 다양하다. 물고기 어(魚)변에 글자가 붙는 모든 한자의 생선은 초밥의 재료가 되며 새우, 각종 알류, 조개류를 비롯해 유부・야채・달걀을 사용해 초밥을 만들기도 한다.

샤모요리(しゃも料理)

닭고기의 왕이라고 불리는 샤모(しゃも: 투계용 닭)는 저지방이며, 샤모 자체에서 진한 국물이 우러나와 냄비요리로 최고이다.

곤냐쿠요리(こんにゃく料理)

독특한 풍미와 탄력 있는 곤약은 칼로리도 없어 다이어트 요리로 인기가 아주 높다.

3. 중부지방(中部地方)

니이가타현(新潟縣), 토야마현(富山縣), 이시카와현(石川縣), 야마나시현(山梨縣), 시즈오카현(靜岡縣), 나가노현(長野縣), 기후현(岐阜縣), 아이치현(愛知縣), 후쿠이현(福井縣)의 9개 현으로 나누어지고 니가타현(新潟縣)은 우리나라에서도 유명한 고시히카리 쌀이 유명하다.

고시히카리는 벼 품종의 하나로 일본에서 가장 많이 재배되는 품종의 하나이며, 살짝 단맛이 나고 쫀득하면서 윤기가 나는 것이 특징이다. 고시히카리 품종 중 니가타현 고시히카리를 최고로 알아주며, 이 쌀로 빚은 정종 코시노간바이(越戸寒梅)는 일본을 대표하는 술이기도 하다. 교토의 우지차와 함께 일본 2대 차라는 명칭을 갖기도 한 시즈오카차가 유명하다.

아이치현은 나고야를 중심으로 히츠마부시(장어덮밥)가 유명한데, 히츠라고 불리는 나무그릇에 잘라놓은 장어구이를 밥 위에 마부시(올리다, 덮다)라는 뜻에서 이름이 유래하였고 첫 번째는 장어와 밥만으로 먹고, 두 번째는 김・와사비・파 등을 넣어 비벼먹고, 세 번째는 녹차・육수 등의 국물을 부어 말아서 먹으면서 3번의 맛을 즐길 수 있다고 한다. 또한 아이치현 나고야는 데바사키(手羽先: 닭날개요리)가 유명하다.

4. 긴키지방(近畿地方)

나라현(奈良縣), 오사카부(大阪府), 교토부(京都府), 시가현(滋賀縣), 효고현(兵庫縣), 와카야마현(和歌山縣), 미에현(三重縣)으로 구성되어 있다.

긴키 등을 관서지방이라 한다. 용어의 근원은 관소라고 하는 관문을 통과했어야 하는데, 그 관문이 있었던 곳이 중부지방 북쪽의 지금의 시즈오카였다. 그래서 도쿄사람들이 봤을 때는 시즈오카보다 서쪽을 관서지방이라고 하고, 그 반면에 관서지방 사람들은 지금의 미에현(三重縣)에 관소가 있었기에 그 관소보다 동쪽에 있는 사람들을 관동이라 불렀다. 따라서 그 중간에 있는 나고야지역(중부지역의 한 도시) 사람들은 본인들이 관동·관서라는 인식은 없다.

<u>카이세키요리</u>(會席料理)

요리점이나 여관 등에서 제공되는 요리로, 메뉴(獻立, 콘다테)가 있는 요리를 카이세키라 한다. 본선요리나 차회석요리와 같이 밥을 먹기 위한 반찬으로 구성되는 요리이며, 술을 마시기 위해 다양하게 만드는 요리를 카이세키라 한다. 이에 반해 차를 마시면서 간단히 먹는 요리를 차카이세키(茶懷席)라 한다.

<u>오사카스시</u>(大阪壽司)

일본 스시의 원형이라 말할 수 있는 붕어스시(후나즈시)인데, 붕어스시의 역사는 1천 년 이상으로 거슬러 올라간다. 생선의 장기보관으로 시작된 붕어스시는 절임스시라는 스시의 첫 기원을 이루어냈다. 붕어의 내장을 빼고 소금과 쌀밥을 넣어 대나무 잎으로 감싼 채 장시간 삭혀서 먹었던 붕어스시는 일본의 각 지역으로 퍼져가며, 조금씩 만드는 방법과 재료가 달라지면서 스시라는 새로운 메뉴를 제안했고, 오사카지역에서 가장 흡사한 모습으로 붕어스시의 전통을 이어가고 있다.

마키스시는 3대 관서스시 중 하나이다. 절인 밥과 생선이 대나무 잎으로 싸여 나온다. 보통 전형적인 오사카 스시요리는 이 마키스시와 하코즈시(箱鮨) 두 종류로 1인분이 구성된다. 하코즈시(箱鮨)의 밥과 생선의 비율은 8 : 2이다. 따라서 하코즈시(箱鮨)는 밥맛이 제일 중요하다. 하코즈시(箱鮨)는 간장에 찍어 먹지 않고 주방에서 만들어온 그대로 먹기 때문이다. 각 스시 집마다 독특한 밥맛을 내는 방법이 있으며, 이는 모두 비밀에 붙여진다. 원래는 보존식이었다. 밥 위에 올리는 재료가 날것은 아니다. 조리한 재료(건더기)와 밥을 눌러 만드는 것이 특징으로 오시즈시(押し壽司, 누름초밥)라고도 한다.

<u>뎃치리</u>(てっちり)

복어 냄비요리로 오사카의 특산물은 아니지만 소비량은 일본에서 가장 많다.

<u>히바야키</u>(火場燒き)

바다에서 생산되는 소재를 그대로 숯불로 굽는 요리이다.

메하리즈시(めはり壽司)

절인 갓으로 감싼 주먹밥인데, 먹을 때는 입을 벌리며 눈을 크게 뜨고 먹기 때문에 이런 이름이 붙었다.

5. 중국지방(中國地方)

돗토리현(鳥取縣), 히로시마현(廣島縣), 오카야마현(岡山縣), 시마네현(島根縣), 야마구치현(山口縣)으로 구성되어 있다.

오코노미야키(お好み燒き)

중국의 전병이 일본의 견당사에 의해 들어와서 후노야키 → 몬지야키 → 돈돈야키(둥둥구이)로 변하면서 전국으로 퍼졌고, 조금 고급화된 양식으로 바뀌어 현재의 오코노미야키가 된 것이다. 한국의 지짐이와 같은 것으로, 물에 갠 밀가루에 달걀 · 고기 · 새우 · 오징어 · 야채 등 좋아하는 재료를 더하고, 철판에서 구우면서 만들 수 있어서(お好み: 좋아하는 것만, 燒: 구웠다) 이런 이름이 붙었다. 에도시대 말기 물에 갠 밀가루를 번철에 얇게 흘려서 굽고, 된장을 바르고 말았던 것이 오코노미야키의 시초이다.

마츠바카니(松葉ガニ)

바다참게의 수컷으로 삶거나 구워서 먹거나 냄비요리로도 그 맛이 일품이다.

이와카키(岩ガキ)

일본에서 잡히는 크고 진한 맛의 굴로, 레몬즙을 뿌려 날것으로 먹는 것이 제일 맛있다.

오카야마바라즈시(岡山ばらずし)

신선한 세토내해(瀨戶內海)의 산해진미와 온갖 풍부한 계절채소를 듬뿍 사용하여 눈으로도 화사하게 즐길 수 있도록 담아주는 오카야마(岡山)의 대표적인 향토요리이다.

이즈모소바(出雲そば)

빛깔이 진하고 좋은 향기가 나는데, 한 가닥 한 가닥이 빛나고 탄력이 있어 예로부터의 소박한 맛을 즐길 수 있다.

6. 시코쿠지방(四國地方)

도쿠시마현(德島縣), 카가와현(香川縣), 고치현(高知縣), 에히메현(愛媛縣)이다.

조메키요리(ぞめき料理)

조메키(ぞめき)는 아와오도리(阿波踊り)를 어지럽게 추는 모습을 말한다. 바다・산・강의 산물이 그대로 담기는 요리이다. 5품목 이상의 특산물을 사용한다는 점을 뺀다면 조리와 담기 등 모든 것이 자유롭다.

히라라야키(ひらら燒)

벌겋게 단 돌 위에 된장을 얹은 후 아메고(アメゴ)를 놓아 익힌 요리로 소박한 맛이 특징이다.

스다치(すだち)

감귤류의 일종으로, 생선회와 구운 생선에 즙을 짜서 뿌리는 도쿠시마의 특산품이다.

타라이우동(たらいうどん)

옛날 일꾼들이 일을 마치고 빨리 우동을 먹기 위해 나무통에 면을 넣고 삶아 먹은 것에서 유래하였고, 커다란 다라이(나무통)에 우동면을 삶아놓고 면발을 따로 준비된 양념장에 찍어 먹는 요리로, 강 모래바닥에 돗자리를 깔고 4~5명이 커다란 함지박을 앞에 두고 먹기도 한다.

이야노소바(組谷のそば)

이야(組谷)지방은 메밀 재배에 적당한 지역으로, 이 지방을 대표하는 메밀국수라 할 수 있다.

타이노코츠무시(たいの骨蒸し)

도미의 머리를 두 쪽으로 나누어 소금을 치고, 술과 다시마로 맛이 달아나지 않도록 찐 향토요리이다.

7. 규슈지방(九州地方)

후쿠오카현(福岡縣), 사가현(佐賀縣縣), 나가사키현(長崎縣), 구마모토현(熊本縣), 오이타현(大分縣), 미야자키현(官崎縣), 가고시마현(鹿兒島縣), 오키나와현(沖縄縣)이다.

바사시(馬刺)

기름이 오른 말고기를 생강 및 마늘간장과 먹는다. 혀에서 녹는 듯한 감촉은 각별하다. 콜레스테롤이 적어 미용에도 좋아 매년 인기가 높아지고 있다.

카라시멘타이코(辛子めんたいこ)

명태의 알을 소금으로 절인 젓갈을 말하며, 후쿠오카(福岡)의 명물이다.

아리아케카이요리(有名海料理)

짱뚱어를 대표로 하는 아리아케해(有名海)의 진미를 듬뿍 이용한 다른 곳에서는 맛볼 수 없는 요리이다.

구마모토라멘(熊本ラーメン)

돼지뼈나 닭뼈를 고아서 만든 국물과 쫄깃쫄깃하게 씹히는 맛이 특징이다. 기름진 맛에서 산뜻한 맛까지 아이디어가 가득한 라면이다.

카스테라(カステラ)

일본의 명과로 전국적으로 유명하다. 포르투갈 사람이 직접 전수한 제조법은 달걀노른자의 진한 맛과 녹는 듯한 감촉이 독특한 딱딱한 형태의 카스테라였으나, 오늘날의 부드러운 형태로 변모한 것은 일본에서 개발한 것이다.

돈코츠(トンコツ)

돼지갈비고기를 뼈 있는 채로 뭉근한 불로 구어 흑설탕과 된장으로 맛을 낸 요리로, 소주와 잘 어울리는 일품요리이다.

8. 호쿠리쿠지방(北陵地方)

니이가타현(新潟縣), 이시카와현(石川縣), 도야마현(富山縣), 후쿠이현(福井縣)이다. 일본해와 면하고 있는 혼슈에서 약간 중앙에 위치한 지방으로 열거하는 방식에 따라서는 쌀과 지역술로 유명한 니가타현을 포함하는 경우도 있다. 호쿠리쿠지방의 최대 도시는 이시카와현의 카나자와시이다. 후쿠야마현의 송어초밥, 불똥꼴뚜기(호타루이카), 후쿠이현의 왕부채게(마츠바카니), 대게(즈와이카니) 등의 해산물요리가 명물이다. 그리고 이시카와현의 긴츠바(양갱 등 팥을 이용한 전통적인 화과자)와 나마후(밀가루를 반죽하여 굳힌 식품)가 유명하다.

9. 홋카이도지방(北海道地方)

일본 최북단에 위치하여 사방이 태평양, 일본해(우리나라의 동해), 오호츠크해로 둘러싸여 있다. 웅대하고 변화가 많은 산악, 광대한 습원, 아름다운 경관의 천연호수와 연못 등 일본의 5분의 1을 차지하는 광대한 토지는 대자연으로 형성되어 있다. 여우와 곰, 에조사슴 등의 동식물도 많아 자연 속에 살고 있는 느낌이 든다. 서늘한 여름은 물론, 겨울에도 스키와 홋카이도의 추위를 즐기러 1년 내내 관광객이 끊이지 않는다.

칭기즈칸(ジンギスカン)

양고기를 구워 독특한 양념으로 먹는 요리이다.

카니(カニ)

털게 · 무당게 · 바다참게 · 사키카니 등 홋카이도는 게 천국이다. 삶는 것이 맛있는 것이 있는가 하면, 냄비요리로 만드는 것이 맛있는 것 등 각각 개성이 있다.

카이센동(海鮮丼)

흰밥에 신선한 해산물인 연어알 · 참치 · 성게알 · 게살 등을 올린 해산물덮밥으로, 해산물이 풍부한 홋카이도의 특징적인 음식이다.

돈부리(どんぶり)

뜨거운 밥 위에 성게알을 얹은 성게알덮밥 · 연어알덮밥 등 그 다양함에 놀라는 사람도 적지 않다. 연어회와 연어알을 밥 위에 얹어 먹는 오야코돈부리(親子どんぶり)는 홋카이도에서만 맛볼 수 있다.

텟포우지루(てっぽう汁)

사키카니의 다리를 토막 내어 된장으로 맛을 낸 것으로, 바다 향기와 맛있는 게살의 맛을 통째로 맛볼 수 있다.

이시카리나베(石狩鍋)

토막 낸 연어에 채소를 듬뿍 넣어 된장으로 맛을 내어 먹는다.

2) 형식적인 분류

(1) 본선요리(本膳料理, 혼젠요리)

'식사를 한다'는 행동에 의례적인 의미를 담은 것이 특징으로, 무로마치시대(室町時代, 1338~1549)에 등장한 무가의 예법에서 출발하여 에도시대에 발전하였다. 에도시대(江戸時代, 1603~1866)에 이르러 형식이 갖추어진 요리로, 메이지시대(明治時代, 1868~1910)에 들어오면서 민간인에게 보급되기 시작하여 지금까지 관혼상제 등의 의식요리(儀式料理)에 이용되고 있으며, 또한 손님접대요리로 전해내려온 정식 일본요리이다. 식단의 기본은 일즙삼채(一汁三菜),

이즙오채(二汁五菜), 삼즙칠채(三汁七菜) 등이 있으나 일즙오채(一汁五菜), 이즙칠채(二汁七菜), 삼즙구채(三汁九菜) 등으로 수정된 것도 있다.

요리는 첫째 상(一の膳, 이치노젠)부터 다섯째 상(五の膳, 고노젠)까지의 형식에 의해 준비된다. 상(膳, 젠)의 수는 메뉴(獻立, 콘다테)의 즙(汁, 시루)과 반찬(菜, 사이)의 수에 의해서 결정되며, 즙이 없는 상은 와키젠(脇膳), 야키모노젠(焼き物膳)이라고 부른다. 상은 다리가 붙어 있는 각상(角膳, 가쿠젠)을 사용하고 식기는 거의가 칠기그릇(塗り物, 누리모노)을 사용한다.

삼즙칠채(三汁七菜)의 구성에 대해 알아보면 다음과 같다.

① 첫 번째 상: 혼젠(本膳) → 일즙(一汁)인 된장국(味噌汁, 미소시루)과 사시미(刺身), 조림요리(煮物, 니모노), 일본김치(香物, 고노모노), 밥(飯)으로 구성된다.

② 두 번째 상: 니노젠(二の膳) → 두 번째 국물인 맑은국(清し汁, 스마시지루), 5종류 정도를 조린 조림요리(煮物, 니모노), 무침요리(和え物, 아에모노), 초회(酢の物, 스노모노) 등을 작은 그릇에 담아 곁들여낸다.

③ 세 번째 상: 산노젠(三の膳) → 앞에 제공되지 않은 국물요리 하나와 튀김요리(揚げ物), 조림요리(煮物), 사시미(刺身) 등으로 구성된다.

④ 네 번째 상: 요노젠(四の膳, 與の膳) → 생선 통구이(姿焼, 스가타야키) 등이 오른다.

⑤ 다섯 번째 상: 고노젠(五の膳) → 선물로 가지고 갈 수 있는 것으로 구성되며, 밥과 고구마를 달게 졸인 것이나 어묵 등의 물기가 많지 않은 요리들로 구성된다.

혼젠요리는 상을 내는 방법과 먹는 방법에 형식이 있으며, 그 예절과 방법을 중요시하였다. 그러나 그 후 예절과 방식을 점점 멀리하게 됨에 따라 새로운 스타일의 회석요리(會席料理)를 생각하게 되었다. 그것이 곧 카이세키요리(會席料理)로 변화되어 현재에 이르고 있다.

(2) 차회석요리(茶懷石料理, 차카이세키요리)

차 맛을 돋우기 위해 간소하게 먹는 요리로, 혼젠요리에서 유래했다. 주연에 주로 나오는 회석요리(會席料理)와 발음이 같기 때문에 구별하기 위해 차카이세키(茶懷石)라고도 한다. 다석(茶席)에 제공하는 요리로서 차를 마시면 보약이 되고 장수한다 하여 아주 귀하게 여겼으며, 약석(藥石)이라고 하였다. 무로마치시대(室町時代, 1338~1549)의 중기에 이르러 차 마시는 것을 즐기는 풍조가 유행하기 시작했으며, 현재의 다도형태가 이루어졌다. 옛날 선종의 승려들은 수업 중에는 점심 이외에는 먹는 것이 금지되었으나, 단지 식사를 하는 것은 아니고 공복감을 씻으며, 자기의 몸을 유지하고 병에 걸리지 않게 하기 위해 적은 양의 가벼운 죽만 먹는 것을 허락했다. 이것을 약석(藥石)이라고 한다.

차회석요리(茶懷石料理)는 차를 마시기 전에 차의 맛을 충분히 느낄 수 있도록 공복감을 겨우 면할 정도로 배를 다스린다는 의미를 가지고 있으며, 차와 같이 대접하는 식사라 할 수 있다. 차를 마시는 시간(① 쇼우고: 正午, 11~13시, ② 아카츠키: 曉, 6~8시, ③ 요고토: 夜出, 밤, ④ 아사차: 朝茶, 9~10시, ⑤ 항고: 飯後, 식후, ⑥ 아도미: 跡見, ⑦ 린지: 臨時)에 따른 7가지 식이 있으며, 요리의 내용도 다르게 구성된다.

차회석요리에 사용되는 재료는 사계절의 계절감을 가장 중요시하며, 한 계절 먼저의 재료를 사용하여 먹는 사람들의 기분을 충족시켜 주어야 한다. 먹기 쉽고 맛있으며, 섬세하고 화려하며, 만드는 사람의 성의가 듬뿍 든 요리를 손님에게 대접해야 한다.

(3) 회석요리(會席料理, 카이세키요리)

술안주 위주의 손님 접대용 상차림이자 연회요리로서, 계절에 따라 시각적인 측면을 강조하기도 하며, 정해진 순서대로 요리가 하나씩 나온다.

연회용 요리로서 혼젠요리(本膳料理)를 개선해서 에도시대(1603~1866)부터 이용하였다고 한다. 술과 식사를 중심으로 한 연회식(宴會式) 요리로서 현대의 주연요리(酒宴料理)의 주류를 이루고 있다. 간단한 것은 삼채(三菜)부터 시작하여 오채(五菜)가 되면 즙물(汁物)은 이즙(二汁)이 되며 칠채(七菜), 구채(九菜), 십일채(十一菜) 등의 기수(奇數)로 증가한다. 밥은 채의 가짓수에 포함되지 않으며, 형식보다는 '식미본위'(食味本位), 즉 보아서 아름답고, 냄새를 맡아서 향기롭고, 먹어서 맛있는 것을 전제로 한다. 회석요리의 메뉴 작성 시에는 계절감을 넣고 재료에 변화를 갖게 하며, 오미오감(五味五感)을 잘 짜 넣어야 한다.

회석요리의 구성은 다음과 같다.

① 센츠케(先付), 고츠케(小付), 오토오시(お通し), 초쿠(猪口, 멧돼지 입)라고도 하며, 차카이세키(茶懷石)에서 간식(点心)의 뜻으로 한입 크기의 찐 밥이나 스시 등을 낼 수 있다. 오시노기(お凌ぎ, 가벼운 식사)라고도 한다.

② 젠사이(前菜, ぜんさい): 전채

③ 완모리(椀盛り, わんもり): 스이모노(吸物, すいもん) → 맑은국

④ 오츠쿠리(お造り, おつくり): 사시미(刺身, さしみ) → 생선회

⑤ 야키모노(燒物, やきもの) → 구이

⑥ 니모노(煮物, にもの): 다키아와세(炊合せ, たきあわせ) → 조림

⑦ 시이자카나(强肴, しいざかな): 쓰쓰메자카나(進肴, すすめざかな), 사이신(再進, さいしん)이라고도 하며, 일즙삼채(一汁三菜) 후 술을 권할 때 내는 요리이다. 도메자카나(止肴, とめざかな, 그치는 안주)라는 이름으로도 회석요리(會席料理)에 사용된다.

⑧ 스노모노(酢の物, すのもの): 초회

⑨ 토메완(止椀, とめわん): 그치는 국물요리를 말하며, 된장국이 많이 제공된다.

⑩ 식사(ご食事)

⑪ 쿠다모노(果物, くだもの): 과일

(4) 정진요리(精進料理, 쇼진요리)

일식 사찰음식으로, 불교 스님들의 수행음식이다. 야채나 콩류로 만든 채식 식단으로 찌거나 볶거나 주로 두부·녹말가루 등을 사용하며 불교 종파마다 요리 스타일이 조금씩 다르다. 칸모도키(がんもどき)와 켄친지루(巻繊汁, けんちんじ°る)가 쇼진요리(精進料理)에서 유래한 음식이다. 정진요리는 다도가 보급되기 전후에 서민에게 전달되었다. 불교 전래 시 중국의 불교승이 일본에 귀화하는 일이 많아져 대두(大豆)를 활용하는 청국장(納豆), 두부튀김 등 비린 냄새가 나는 생선, 또는 수(獸)·조(鳥)·육(肉)을 전혀 사용하지 않는 불교승의 독특한 요리인 정진요리가 보급되었다.

정진요리의 뜻은 유정(有情, 動物)을 피하고 무정(無情, 植物)인 채소류·곡류·두류(豆類)·해초류(海草類)만으로 조리한 것으로, 미식(美食)을 피하는 조식(粗食)을 의미한다. 선종(禪宗)에서는 육식(肉食)을 금하는 것을 원칙으로 하며, 식단은 본선요리의 형식으로서 일즙삼채(一汁三菜), 일즙오채(一汁五菜), 이즙오채(二汁五菜), 삼즙칠채(三汁七菜) 등의 기본에 따라 구

성된다. 주로 사원에서 발달되었으며, 이의 중심지는 교토(京都)이다. 정진국(精進汁, 쇼진지루), 정진튀김(精進揚, 쇼진아게)이라는 용어는 식물성 재료만으로 만들어진 국 또는 튀김이라는 뜻으로 이용되고 있다.

① 칸모도키(がんもどき): 물기를 꼭 짜서 으깬 두부에 당근·우엉·표고·목이버섯·은행·깨 등을 넣은 후 산마 간 것을 넣고 반죽하여 적당한 크기로 빚어 기름에 튀긴 요리로, 관동지방은 칸모도키, 관서지방에서는 히류즈(飛龍頭)라고 한다.

② 켄친지루(巻纖汁, けんちんじる): 얇게 썬 무·당근·우엉·표고 등을 기름에 볶고, 물기를 꼭 짜서 으깬 두부를 더해서 볶아 다시 물을 넣고 간장·소금으로 간한 다음 마지막에 파를 첨가한 국물요리이다.

(5) 보채요리(普茉料理, 후차요리)

황벽종(黃檗宗)에 속한 사원에서 만들어 먹는 쇼진요리(精進料理)의 일종이며, 중국식 사찰요리가 일본식으로 현지화된 것이다.

일본요리는 개개인의 상을 준비하나, 후차요리는 4인 일탁(四人一卓)으로서 한 그릇에 담아 가운데 놓고서 요리를 덜어 먹는다.

에도시대 중기 중국식 쇼진요리(精進料理)라 하여 산성(山城) 우치(宇治)의 황벽산 만복사로부터 퍼지기 시작하였다. 일본에 귀화한 스님인 은원선사(隱元禪師)로부터 전해져 대대로 귀화한 스님에 의하여 이어졌으며, 자기 조국의 풍습으로 이어졌기 때문에 그 풍미가 그대로 남아 있다. 그래서 식탁의 예의도 중국요리처럼 원형탁자에서 쇼진요리(精進料理)를 즐긴다. 후차요리(普茉料理)는 불교정신으로부터 살아 있는 재료는 사용하지 않는 것이 원칙으로 되어 있으며, 영양 면을 고려하여 두부(豆腐)·깨(胡麻)·식물류(植物類)를 많이 사용한다. 야채와 건어물을 조리하고, 자연의 색과 형태를 아름답게 꾸미며, 선종의 간단한 조리법을 도입해 넣은 것이 특징이다.

(6) 탁복요리(卓袱料理, 싯포쿠요리)

이 요리의 형식은 포르투갈과 네덜란드의 요리법 등이 많이 들어 있으나, 중국요리와 일본요리를 혼합하여 일본사람이 좋아하는 요리로 만든 것이다. 그 내용은 시대의 경과와 동시에 점점 변화하고 있다. 무로마치시대(寶町時代)의 1571년 나가사키(長岐)항이 개항되고 당나라를 시작으로 포르투갈·네덜란드 등 외국과의 교류가 성하게 되어 독특한 문화가 나가사키(長岐) 지방에 꽃피게 되었다.

이렇듯 이국과의 교류로 자유스러운 분위기를 체험한 나가사키 사람들이 당시의 복잡한 일본요리 형식을 탈피하여 개방적인 요리로의 변혁을 시도하여 현재의 싯포쿠요리(卓袱料理)를 확립시켰다. 나가사키(長岐)의 대표적인 요리로서 탁복(卓袱)의 탁(卓)은 식탁을, 복(袱)은 식탁을 덮는다는 의미를 갖고 있으며, 몇 사람의 손님이 식탁을 중심으로 해서 큰 그릇에 담은 요리를 나누어 먹는 것으로, 먹는 방법이나 식기요리의 배치방법 등은 중국형식 그대로 호화로운 요리이다.

(7) 정월요리(御節料理, 오세치요리)

일본의 명절(名節)음식인 정월요리는 우리나라에서 명절이면 갖가지 과자류를 비롯하여 떡이나 반찬 등을 네모진 대나무 그릇에 담는 것과 마찬가지라 하겠다. 가짓수가 많은 오세치요리(御節料理)는 며칠 만에 만들 수 없기 때문에 12월 초순부터 시작하여 한 가지씩 한 가지씩 준비하는 자세가 필요하다.

오세치요리는 설날 아침에 한 번 내는 요리로, 좋은 한 해가 되도록 기원하며 정성을 모아 만든 음식이다. 뚜껑을 열었을 때 감탄사가 저절로 나올 만큼 색깔의 조화를 중요시하여 아름답고 화려하게 만들고 담아야 한다. 완성된 재료를 어떻게 담을 것인가를 구상하여 어떻게 자를 것인지를 생각해야 한다. 오세치요리를 4단의 도시락에 담을 경우 1단에는 축하하는 술안주를 중심으로 담고, 2단에는 권해서 집어 먹을 수 있는 안주를 중심으로 담고, 3단에는 구이요리와 조림요리를 색채를 아름답게 조화시켜 담고, 4단에는 초무침요리나 그 밖의 냄새나 향기가 나지 않는 음식을 담아낸다.

오세치요리에는 함축된 의미를 내포하고 있는데 청어알은 자손번영을, 고구마조림은 복이 가득하도록, 멸치조림은 옛날 밭에 비료로 사용한 데서 유래되어 풍작을 기원하는 것이고, 검정콩조림은 건강하게 살아가도록, 다테마키와 다시마말이는 문화를 높인다는 의미가 있고, 일

출어묵이나 모미지(紅葉, 단풍), 나마스(무・당근 따위를 썰어 초에 무친 것)는 나라의 번성과 평안을 나타내며, 쿠와이(쇠기나물)는 인생의 희망을, 초로기(두루미냉이)와 등을 굽힌 새우는 장수(長壽)를 의미하고 있다.

5. 일본요리의 식사예절

1) 기본적인 식사예절

일본음식에 관한 문화의 진수는 이치고이치에(一期一会)라는 말로 표현되는 정신이다. 이는 이 우주에서 한 순간의 만남이 지금의 1회뿐이고 과거에도 미래에도 두 번 다시 존재하지 않는다는 뜻이다. 이런 마음가짐으로 먹고 마심으로써 주인과 손님이 더불어 이 식사를 통하여 단 한 번의 기회를 맛보는 것이다. 기본적인 식사 매너를 소양으로 하는 것은 필수사항이다. 요리에 따라서 당연히 매너의 차이는 있지만, 서양과 동서를 막론하고 공통된 타입이나 매너가 있는데 그 주된 내용은 다음과 같다.

① 식기류를 사용할 때는 소리를 내지 않는다.
② 국물・수프는 후루룩후루룩 소리를 내며 마시지 않는다.
③ 자기가 덜어온 요리는 남기지 말고 먹는다.
④ 돌아가며 덜어 먹는 경우는 좋아하는 것만 집지 말고 전체의 균형을 생각한다.
⑤ 위에 있는 것을 헤집고 밑에 있는 것을 꺼내 먹지 않는다.
⑥ 젓가락을 들고 어느 것을 먹을까 망설이지 않는다.
⑦ 그릇과 젓가락을 함께 잡지 않는다.
⑧ 동석자를 무시하고 먹는 것에만 몰두해서는 안 된다.
⑨ 복부를 펴서 바른 자세로 먹는다.
⑩ 먹는 속도는 동석자에 맞춘다.
⑪ 다른 자리의 손님을 유심히 보지 않는다.
⑫ 음식을 엎질렀을 때는 당황하지 말고 서빙하는 사람에게 치워달라고 부탁한다.
⑬ 레이디 퍼스트를 염두에 둔다.

⑭ 화장실은 사전에 다녀오며, 기침 · 트림 등의 생리적 현상은 가능한 한 참는다.

⑮ 요지(이쑤시개)는 사람들 앞에서는 사용하지 않는다.

(1) 식전 · 식후의 인사말

일본인은 식사란 소중한 음식을 먹는 귀한 일이며, 식사를 제공하여준 사람과 신에게 감사하는 마음가짐으로 먹어야 한다고 생각한다. 음식을 권하는 말로 '도조 메시아갓테쿠다사이'(どうぞ、めしあがってください) 또는 '도조'(どうぞ)라고 하면, '이타다키마스'(いただきます: 잘 먹겠습니다)라는 답례를 하여야 한다. 식사를 마치면서 '고치소사마데시타'(ごちそうさまでした: 잘 먹었습니다)' 또는 '고치소우사마'(ごちそうさま)라고 감사를 표하면, '오소마츠사마데시타'(おそまつさまでした: 변변치 않았습니다) 또는 '오소마츠사마'(おそまつさま)라고 답례한다.

(2) 사적인 식사 및 공적인 식사

혼자서 식사를 하는 경우나 평상시 가족끼리의 식사를 사적인 식사라 한다면, 여러 사람이 모여서 무엇을 축하하거나 추도하기 위하여, 또는 특별한 의식을 치르는 과정에 음식을 먹는 공적인 식사가 있다. 공적인 식사는 결혼식이나 장례식 등에 함께 먹는 것으로 단지 한 끼니를 채운다는 의미 외에, 같은 음식을 먹으면서 공동체의 구성원 사이에 기쁨이나 슬픔을 함께 나눈다는 의미도 있다.

(3) 착석(着席)

일본방의 자리에 앉을 때는 상석(도코노마〈床の間〉가 있는 곳의 자리)과 하석에 주의하여 먼저 방석이 있는 주변에 일단 앉아서 인사를 교환한 후에 자리를 변경해서 앉는다. 방석이 깔려 있는 연회석의 경우는 몸을 앞으로 세워서 넘어지지 않도록 방석에 기대어 앉는다.

2) 일본요리의 식사예절

일본요리는 따로따로 먹는 것이 특징으로 숟가락 없이 그릇을 들고 젓가락으로 입에 넣어 먹으면 된다. 식사비는 특별한 경우가 아니고는 와리캉(割り勘: 각자 지불)으로 한다. 많은 사람이 모였을 경우 한 사람이 계산하는 경우에는 바로 정산하여 1인당 갹출하여 지불하는데, 이를 '타테가에'라고 한다. 때로는 우리나라처럼 전부 계산하는 경우가 있는데 내심으로는 좋아하나

내실이 없는 사람, 기분파 등의 느낌과 부담을 느끼므로 일본식 매너를 따르는 것이 좋다.

식사를 할 때는 지나치게 소리를 내지 않도록 유의하며, 개인접시에 음식을 조금씩 덜어서 먹고, 음식을 섞어서 먹지 않아야 한다. 일본요리는 그 모양을 중시하기 때문에 음식을 섞어서 먹는 습관이 없다. 또한 젓가락에서 젓가락으로 음식을 옮기는 것은 금기시한다. 식사 중 자연스럽게 이야기하는 것은 관계가 없으나, 음식물이 입 밖으로 튀어나오거나 재채기・하품 등을 하여서는 안 된다. 식사 때 앉는 자세는 똑바로 하고 입에 가까이 대고 먹는다. 왼손 위에 밥공기나 국그릇을 들었을 때에는 왼손 손가락 사이를 벌리지 말고 단정히 붙인 채 움직이도록 하면서 먹는다. 식기 놓는 소리, 국물 마시는 소리, 음식 씹는 소리를 내지 않는다.

(1) 젓가락

젠(膳, 반상)이라고 불리는 일본식 상차림에서 음식을 먹을 때는 젓가락만으로 먹는다. 하지만 젓가락만으로 먹기 힘든 요리인 죽・카레・오므라이스・볶음밥 등은 숟가락으로 먹어도 된다. 흔히 젓가락은 대나무로 만든 것이 사용되고 있으며, 대개 가정에서는 검정색은 아버지용이고, 빨강색은 어머니용, 이런 식으로 개인 젓가락을 정해두고 사용하고 있다. 손님을 접대할 때는 1회용 나무젓가락을 내놓는 것이 보통이다. 와리바시(割箸)는 봉지에 싸여 있을 때는 그 봉지를 떼어서 젓가락 놓는 곳을 만든다. 또는 도기로 만든 여러 가지 형태의 젓가락 받침(하시오키, 箸置)을 사용하는 경우가 많다. 이런 경우에는 젓가락을 식기 앞쪽에 가로로 둔다. 젓가락을 쥘 때는 오른손으로 젓가락의 가운데를 위로부터 집어 들고 왼손으로 받아 오

젓가락의 종류

- 소리휴(小利休): 맑은국을 먹을 때 사용하는 것
- 중리휴(中利休): 평상시에 사용하는 것
- 대리휴(大利休): 카이세키요리(懷石料理)에 사용
- 남천저(南天箸): 정월용
- 흑・자단저(黑・紫檀箸): 과자나 식사용
- 조저(俎箸): 큰 것은 요리용, 작은 것은 요리를 담을 때 사용
- 신전용저(神前用箸): 신에게 제사 지내는 의식용
- 지저(枝箸): 나뭇가지로 만든 것으로 식사용

금기시하는 젓가락 매너

- 사시바시: 젓가락으로 요리를 푹 찌른다.
- 너미다바시: 젓가락에서 국을 뚝뚝 흘린다.
- 카키바시: 밥공기의 테두리에 입을 붙여 젓가락으로 밥을 막 넣는다.
- 코미바시: 젓가락으로 입에 밀어 넣는다.
- 네부리바시: 젓가락을 입에 넣어 핥는다.
- 니기리바시: 쥐어 잡는다(공격의 의미를 부여한다).
- 요세바시: 젓가락으로 멀리 있는 그릇을 끌어당긴다.
- 와타바시: 젓가락을 쉬게 할 때 밥공기 등의 위에 올려둔다.
- 타타키바시: 그릇을 두드려 사람을 부르거나 재촉한다.
- 마요이바시: 금방 요리를 집었다가 다른 요리를 집는다.

그 밖에 사구리바시(국물 등을 섞어 알맹이를 탐색한다), 우츠리바시(하나의 요리를 먹은 후 즉시 다른 요리를 먹는다), 오쿄바시(두 개 합쳐서 숟가락과 같이 음식을 퍼낸다) 등의 젓가락에 관해 금기시하는 것이 많다.

른손을 밑으로 돌리면서 바꿔 쥔다. 식사 중에는 젓가락을 상 왼편에 걸쳐놓고 식사가 끝나면 본 자리에 놓는다. 젓가락의 종류는 상당히 많으며 각각의 용도에 맞게 사용하여야 한다.

(2) 음식을 덜어 먹을 때

반찬을 먹을 때는 자기 가까이 접시를 가져가서 나누어 덜어 먹는다. 음식이 큰 접시에 담겨져 있을 때 각 개인접시로 덜어 먹는 전용 젓가락을 사용한다. 전용 젓가락이 없을 경우는 개인 젓가락의 방향을 바꾸어 거꾸로 덜어서 먹는다. 자기 입에 닿았던 부분으로 공동 음식에 손을 대는 것은 다른 사람에게 불쾌감을 준다고 여기기 때문이다.

(3) 밥

밥을 먹을 때는 식탁에 놓은 채 밥을 떠먹는 것이 아니고, 밥공기를 반드시 왼손으로 들고 먹는 것이 습관이 되어 있다. 엄지손가락을 밥공기 가장자리에 고정시켜서 미끄러지지 않도록 하고, 나머지 손가락들은 가지런히 모아서 펴서 그 한가운데에 밥공기 바닥이 오도록 쥐는 것이 올바른 방법이다. 밥은 작은 공기에 두세 번 정도 먹고, 더 먹고 싶으면 조금 남긴다. 한 그릇만 먹으면 실례다. 한 번만으로는 인연이 끊어진다고 생각하기 때문이다.

(4) 국

국을 먹을 때도 역시 숟가락을 사용하지 않고, 왼손에 들고 먹는다. 젓가락으로 내용물을 누르면서 국그릇을 입에 대고 마신다. 향기나 열을 보존하기 위해서 국그릇은 뚜껑을 덮어서 제공한다. 이 뚜껑을 열 때는 왼손으로 그릇의 테두리를 가볍게 잡고 오른손으로 뚜껑을 잡고 한 번 눌렀다가 돌려서 살짝 열도록 한다. 식사가 끝난 후에는 원래대로 다시 뚜껑을 덮어 놓는다. 밥・국・반찬 순으로 뚜껑을 열고, 뚜껑은 상의 왼편에 놓는다.

(5) 첨잔

일본사람들은 술을 마실 때 상대방이 다 마실 때까지 기다리지 않고 술잔에 술이 줄어들면 첨잔을 한다. 이것을 미덕이라고 여기고 있다. 손님의 잔이 1/3 이하로 줄었는데도 주인이 권하지 않으면 '자리를 끝내자'라는 의미로 이해하기 때문에 주인이 손님에게 수시로 권유하는 것이다. 받은 후 가만히 입을 대는 것으로도 괜찮으니까 무리하게 마시지 않아도 되고, 술을 따를 때도 한 손으로 하고 받을 때도 한 손으로 받는 것이 전혀 실례가 되지 않는다.

일본요리 연회의 경우는 마시지 않는 사람이라도 '먼저 한 잔'이라고 권할 수 있는 경우가 많다. 마시지 않는 사람도 처음의 한 잔은 받아 마시는 것이 예의이다. 감춰진 잔의 자기 앞쪽을 오른손으로 오른손 엄지와 검지로 감싸서 나머지 세손가락을 반대쪽에 대고 위를 향한다. 오른손 손가락으로 잔을 들고, 왼손을 포개 얹어 술 따르는 것을 받는다.

(6) 맑은국(吸物, 스이모노) 먹는 법

시루모노(汁物)라고도 하며, 국 건더기의 백색 네모난 두부에는 갈색의 둥근 버섯을, 새파란 미나리에는 황색 유자를 곁들이는 것이 기조가 된다. 그리고 주가 되는 두부는 크게 썰고, 곁들이는 버섯은 약간 작게 썰며, 미나리는 길게 하여 모양의 조화를 이루게 한다. 국그릇은 적색과 흑색이 있으므로 색채배합을 고려해야 한다.

맑은국 그릇은 먼저 뚜껑을 연다. 왼손을 곁들여 잔을 집을 때와 같이 오른손으로 실굽을 감싸서 자기 앞쪽에서 반대쪽으로 조용히 열어 가장자리를 따라서 'の'자를 쓰는 것과 같이 정

가로가 될 때까지 뒤집어 반상의 우측 위에 둔다. 뚜껑을 열 때 수증기가 가득 차서 잘 열리지 않을 때는 살짝 눌렀다가 돌려서 열면 쉽게 열린다.

(7) 생선회(膾, 사시미) 먹는 법

그 신선함을 잃어버리지 않도록 간장이나 와사비는 너무 많이 묻히지 않도록 한다. 모둠생선회에 젓가락을 사용할 때는 자기 앞쪽부터 집는다. 맛이 담백한 것에서부터 농후한 것의 순서로 먹으면 맛있게 먹을 수 있다. 즉 흰 살 생선부터 먹기 시작하여 기름진 생선 순으로 먹으면 맛있게 먹을 수 있다.

(8) 구이(燒物, 야키모노) 먹는 법

구운 음식을 담는 접시는 평범하고 단순해지기 쉬우므로 나뭇잎이나 종이를 깔기도 하고, 산초 나뭇잎을 곁들이기도 하며, 레몬을 함께 내기도 한다. 뼈가 없는 것은 적당히 젓가락으로 잘라 감싼 종이를 곁들여 입까지 옮긴다. 생선은 등살을 먹고 나면 젓가락으로 뼈를 떼어내고, 뱃살을 머리와 꼬리의 부분으로 자를 수 있도록 자기 앞에 조금 비키어놓고, 뼈는 반대쪽에 둔다. 본래 뼈는 떼어내기 쉽게 제공되고 있으므로, 뼈가 붙은 채로 뒤집어서 먹지는 않는다.

(9) 조림(煮物, 니모노) 먹는 법

조림 그릇은 국물이 많아 소복이 담기지 않는 것은 운두가 깊은 그릇을 쓰고, 국물이 적거나 없는 것은 납작한 그릇, 형태가 곱고 반듯한 것은 위가 벌어진 그릇에 담는다. 작은 크기의 그릇은 손으로 들고 먹어도 관계없지만 젓가락으로 잘라서 나눌 때는 반드시 반상에 놓고 잘라서 먹는다.

(10) 그치는 국물(止椀, 토메완) 먹는 법

그치는 국물과 동시에 밥과 절임이 제공된다. 맑은국과 같은 요령으로 그릇의 뚜껑을 열고 반상의 우측에 둔다. 밥 뚜껑은 오른손으로 뚜껑의 실굽을 감싸 뒤집어 열어 왼손으로 바꿔 들고 그대로 반상의 좌측에 둔다. 밥을 먼저 떠서 한입 먹고 다음에 국물을 한입 마신다. 이것을 반복해서 마지막에 밥을 한입 남겨서 절임류를 먹는다. 절임은 밥 위에 얹어 먹어서는 안 된다. 불교식에서는 국물→밥→국물의 순서로 먹는다. 이것은 축하의식 때의 방법이므로 항상 순서가 역으로 되지 않도록 주의한다. 차회석에서는 불교식으로 되어 있는 국물을 먼저 한 입 먹는 것이 식사법으로 되어 있다.

6. 일본요리의 주방조직 및 직무분담

일본 조리사의 등급 및 호칭은 지방에 따라, 조리장의 크기에 따라 다소 차이가 있다. 이를 관동지방・관서지방 및 우리나라 특급호텔 주방으로 나누며, 그의 구성과 직무분장은 다음과 같이 구분할 수 있다.

1) 주방조직

(1) 관동지방의 주방조직

관동지방(關東地方)의 경우는 위에서부터 이타마에(板前, いたまえ)→니가타(煮方, にかた)→야키가타(燒方, やきかた)→다치마와리(立ち回り, たちまわり)→아라이가타(洗い方, あらいかた)의 순서이다. 이 외 조리장의 규모 또는 요리의 형태에 따라 와키이타(脇板, わきいた), 와키나베(脇鍋, わきなべ), 모리가타(盛方, もりかた)를 두는 경우도 있다. 각각의 맡은 역할과 기능은 다음과 같다.

① 이타마에(板前, いたまえ): 생선회를 자르고, 요리 전체의 맛을 조정하며, 콘다테(獻立, こんたて, 메뉴) 작성 등 조리장 전체를 파악하고 조리업장을 이끌어 나간다. 이타마에(板前, いたまえ)의 보좌역을 와키이타(脇板, わきいた)라 한다.

② 니가타(煮方, にかた): 니모노(煮物, にもの, 조림요리)를 만든다. 니가타는 가장 중요한 위치로서 장기간의 경력과 노력을 요구한다. 니가타(煮方, にかた)의 보좌역을 와키나베(脇鍋, わきなべ)라 한다.

③ 야키가타(燒き方, やきかた): 야키모노(燒き物, やきもの)를 담당한다. 구이류의 곁들임과 구이용 생선을 용도에 맞게 양념하는 등 구이에 관한 모든 것을 담당한다.

[그림 1-1] 관동지방 조리사 계급

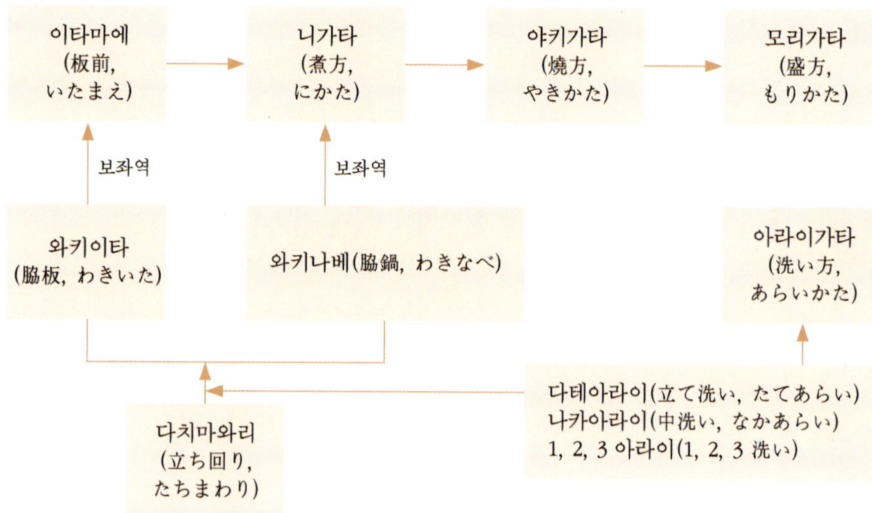

④ 다치마와리(立ち回り, たちまわり): 니가타(煮方, にかた), 야키가타(燒き方, やきかた), 모리츠케(盛り付, もりつけ) 등을 전반적으로 도와주면서 일이나 양념하는 법 또는 담는 법 등을 배운다.

⑤ 모리가타(盛り方, もりかた): 요리의 담는 것을 처음부터 끝까지 책임져서 요리를 완성하여 고객에게 제공하는 역할을 담당한다.

⑥ 아라이가타(洗い方, あらいかた): 야채의 세척이나 어개류의 세척 및 생선을 오로시하기도 한다. 아라이가타의 1번을 다테아라이(立て洗い, たてあらい)라 하고, 사시미에 사용하는 생선을 오로시할 수 있다. 또 냉장고 내의 식재료를 관리한다.

(2) 관서지방의 주방조직

관서지방(關西地方)에서는 위에서부터 싱(しん), 니가타(煮方, にかた), 모코우이타(向こう板, むこういた), 야키바(燒き場, やきば), 모리츠케(盛りつけ, もりつけ), 아라이가타(洗い方, あらいかた), 오이마와시(追い回し, おいまわし), 보우슈(坊主, ぼうしゅ)로 구성된다. 이 외 조리장의 규모나 형태에 따라 다테이타(立て板, たていた), 와키나베(脇鍋, わきなべ), 와키이타(脇板, わきいた)를 두는 경우도 있다.

① 싱(しん): 관동지방에서의 이타마에(板前, いたまえ)를 말하고 주임이라고 한다. 메뉴 작

[그림 1-2] 관서지방 조리사 계급

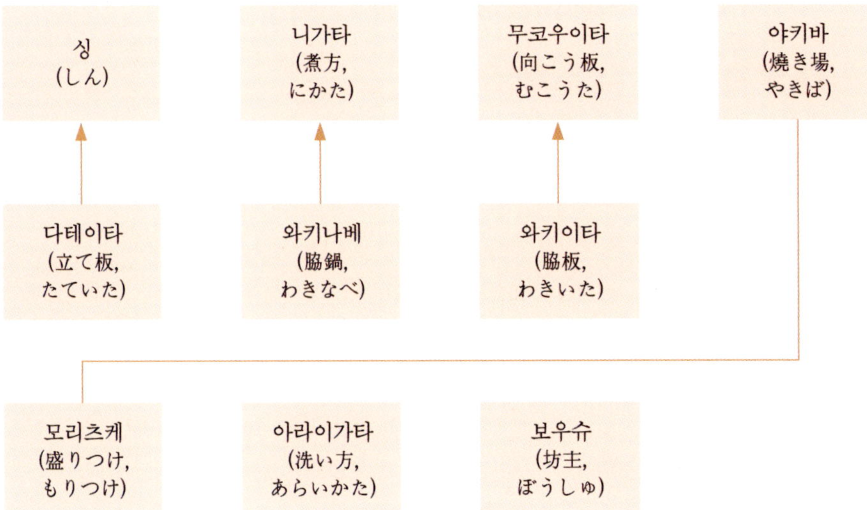

성에서부터 조리장·조리사 등을 전체 관리한다. 다테이타(立て板, たていた)는 주방장의 실질적인 업무를 수행하고 지시한다. 때로는 주방장 부재 시 실질적인 주방장 역할을 하는데, 사시미를 썰기도 하고 조리장 전체를 지시·관리한다.

② 니가타(煮方, にかた): 조림류를 만들고 요리 전체의 맛을 조정·관리한다. 와키나베(脇鍋, わきなべ)는 니가타의 잔일을 도와주고 보좌한다.

③ 무코우이타(向こう板, むこういた): 메뉴를 보고 어개류를 중심으로 하는 재료를 각 담당 섹션에 배분하고 냉장고 내의 식재료를 관리한다. 무코우이타를 도와주는 사람을 와키이타(脇板, わきいた)라고 한다.

④ 야키바(燒き場, やきば): 구이를 담당하는 것은 물론, 튀김이나 찜 등을 하는 경우도 있다.

⑤ 모리츠케(盛り付, もりつけ): 모리츠케는 사시미를 뺀 요리의 담는 것을 모두 담당한다. 또 야채를 주체로 한 준비, 곁들임류, 사시미, 츠마 등을 만들고 츠케모노를 담당·관리한다. 조리장에 따라서는 니가타(煮方, にかた)이면서 싱(しん)인 경우도 있다. 이것은 니가타의 경험이 길고 싱과 같은 일의 지시를 할 수 있는 사람을 말한다. 이들의 등급은 단순히 직장의 상하관계로 보지 않고 수업의 순서나 일의 역할분담을 얼마나 잘 시켜 효율적으로 관리하느냐에 따라 등급이 결정된다 할 수 있겠다.

⑥ 처음 식당에 입사하게 되면 특별히 주어진 업무가 없어 여러 가지 잡일을 하게 되는데, 이것을 아라이가타(洗い方) 또는 보우슈(坊主)라고 하며 식당 전체의 업무구성과 흐름을

파악하고 잔심부름을 맡아 하면서 업무를 익혀나간다.

2) 관광호텔 주방조직 및 업무분장

(1) 직급에 따른 업무분장

우리나라의 외국체인호텔 일식당의 직급체계는 주방장(Sous Chef) → 부주방장(A.S. Chef) → 과장대리 또는 계장(Chef de Parti & Demi Chef de Parti) → 주임조리사(1st Commie) → 조리사(2nd Commie) → 견습조리사 · 조리사보조(3rd Com & Helper)로 나눌 수 있으며, 직급에 따른 업무는 다음과 같이 나눌 수 있다.

주방장(Sous Chef) 일식 주방장은 각 호텔의 성격에 따라 차이가 있지만 과장이나 차장이 주방장의 역할을 수행한다(부장이 맡는 곳도 있다). 하지만 규모가 그다지 크지 않은 곳에서는 과장대리나 계장이 주방장의 역할을 대신하는 곳도 있다. 주된 업무는 전 종업원의 인사고과, 근태관리 및 메뉴, 코스트, 영업실적 등 주로 관리부문의 업무를 많이 담당한다. 원활한 부서의 운영을 위하여 탁월한 리더십과 자질이 강하게 요구되는 직책이기도 하다.

부주방장(Assit Sous Chef) 주방장 유고 시 주방장을 대행하고, 실질적인 요리에 있어서의 전문가로서 직원들의 교육 · 훈련 등을 담당하며, 요리에 대한 해박한 지식과 정보를 많이 알고 있어야 한다. 또한 부하직원에게 그 지식과 정보를 전수해줄 수 있는 능력을 배양해야 하며, 부서의 단합과 화합을 위하여 부주방장의 역할이 크다고 할 수 있다.

과장대리 또는 계장(Chef de Parti & Demi Chef de Parti) 주방장과 부주방장을 보좌하는 한 섹션의 책임조리장을 담당한다. 일식주방의 여러 섹션(스시바 · 니가타 · 무코우이타 등)을 전부 소화할 수 있는 조리에 대한 업무지식과 노하우를 많이 가지고 있어야 한다. 그를 바탕으로 기술을 축적하고 능력을 길러 주방의 원활한 운영을 위하여 노력하여야 한다.

주임조리사(1st Commie) 주방의 한 섹션을 담당하는 책임조리사로서 상사와 부하직원 간의 중간 대변자로서의 역할을 잘 수행해야 하는 곳이기도 하다. 다른 섹션의 책임자와의 업무협조 및 이해로 모든 섹션의 업무를 파악하고 직원에 대해 잘 알고 있어야 한다. 요리에 대한 고객의 불평과 부하직원들의 불평 · 불만을 잘 파악하여 상사에게 전달하여 원활한 부서의 운영이 되게끔 하여야 한다. 또한 요리에 대한 실질적 책임자로서 노하우와 스킬 함양에 정진하

[그림 1-3] 관광호텔 주방 조직도

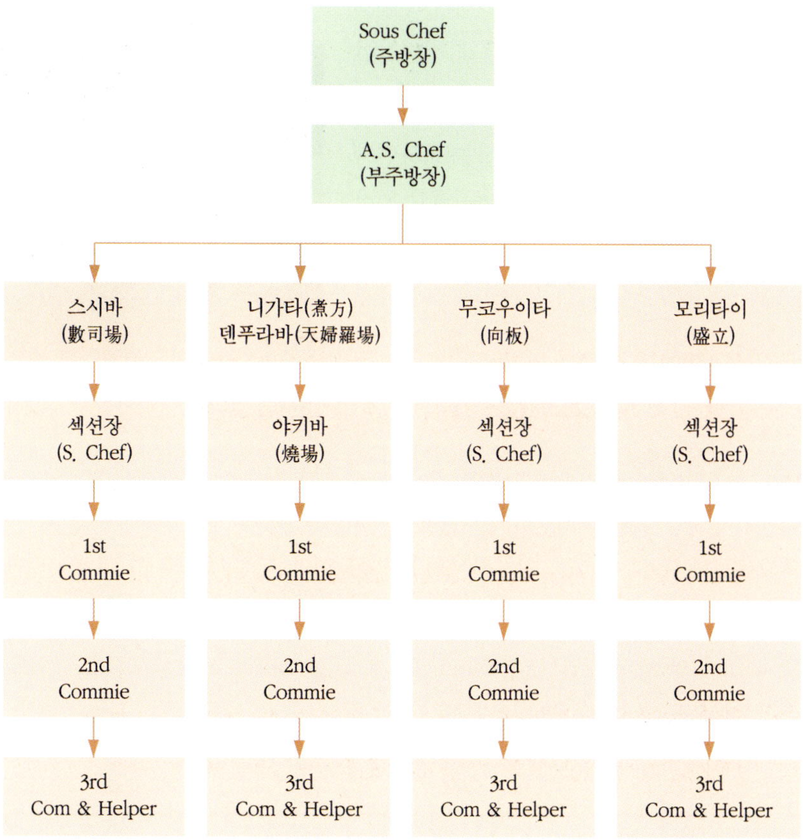

여야 한다.

조리사(2nd Commie) 주임조리사를 보좌하며 한 섹션의 요리를 담당한다. 주방 전체의 메뉴 구성, 요리 구성 및 고객의 접대와 환대 등 전반적인 업무습득에 열심히 노력하여야 한다.

견습조리사 · 조리사보조(3rd Commie & Helper) 주로 주방에서 사용하는 식자재의 수령 및 냉장고의 정리정돈, 주방의 청소, 위생상태 등을 점검한다. 항상 유효기간을 점검하여 유효기간이 경과한 간부스(乾物, 마른 식품)나 상태가 좋지 않은 식자재를 선별하여 상사에게 보고하여 처리한다. 특히 상하기 쉬운 생선을 많이 사용하기 때문에 더운 여름철에는 관리에 유념하여야 한다.

(2) 섹션에 따른 업무분장

스시바(壽司場, すしば) 일본요리 가운데 세계적인 요리가 된 것 중 대표적인 요리로서 주방의 대고객 창구 역할을 하는 섹션이다. 고객과 직접 대화하면서 요리를 제공하는 공간이므로 청결한 위생, 정성 어린 배려와 서비스, 신선한 음식, 즐거운 분위기를 제공해야 한다.

카운터에 앉은 고객의 식사접대는 물론, 업장 전체 고객의 스시 및 사시미를 준비해야 하는 섹션으로 생선을 다루는 스킬과 손놀림이 좋아야 하며, 숙련된 기술과 깔끔한 외모 및 해박한 지식과 화술, 서비스 매너가 요구되는 곳이기도 하다. 또한 일식업장의 얼굴이라 할 만큼 대고객 창구 역할을 하는 곳으로, 단골 고객관리를 위하여 고객관리장부를 기록하고 단골고객의 취향과 성향을 잘 파악하여 신속 · 정확 · 친절한 서비스가 요구되는 곳이기도 하다.

또한 주방음식에 대한 평가를 직접적으로 알 수 있는 공간으로 고객의 요구도를 반영하여 메뉴구성에도 활용할 수 있다. 최근에는 특급호텔과 고급 스시집에서는 쇼케이스 냉장고를 없애는 추세로 변모해가고 있다.

니가타(煮方, にかた) 뜨거운 요리를 담당하는 섹션으로, 일정한 맛을 유지하기 위하여 오랜 경험과 숙련을 요구한다. 주로 코스요리의 조림요리와 냄비요리를 끓여내는 니가타(煮方, にかた: 주로 부주방장급이 담당한다)와 튀김만을 전문으로 하는 덴푸라바(天婦羅場, てんぷらば), 각종 구이를 담당하는 야키바(燒場, やきば)로 나뉜다. 각 호텔의 업장에 따라 니가타, 덴푸라바, 야키바의 구성이 다 다르겠지만, 이 세 섹션은 업무의 특성상 같이 한데 모여 주방의 한쪽 벽면에 위치하는 것이 가장 효율적인 배치라고 할 수 있다.

무코우이타(向板, むこういた, 칼판) 무코츠케(向付)라고도 하며, 업장 전체의 생선회와 코스요리의 생선회 · 초회 등을 만들고, 냄비요리의 생선과 야채 등 냄비를 완성하여 니가타에 넘겨주는 역할을 한다. 대부분의 호텔은 무코우이타(向板)가 뒷 주방에 있어 여기서 사시미를

만들지만, 스시바에 같이 붙어 있어서 스시(壽司)와 사시미(刺身)를 함께 만드는 곳도 있다.

규모가 작은 업장일수록 스시바에서 사시미를 겸한 업무를 수행한다. 무엇보다도 사시미는 신선도가 생명이기 때문에 니가타(煮方)와는 떨어진 공간에 배치되어야 한다. 수족관이 설치되어 있는 업장의 경우 수족관을 관리하여야 하기 때문에 생선에 대한 지식을 인지하여 생선관리에 주의를 기해야 한다. 활어를 보관하기 때문에 수족관의 온도관리에 특히 신경 써야 하며, 생선 하나하나의 보관온도 및 특성에 대해 잘 알고 있어야 한다.

모리타이(盛立, もりたい)　카이세키요리(會席料理)의 코바치(小鉢)・젠사이(前菜)를 만들고, 각종 샐러드 및 오싱코를 담당한다. 구이요리와 도시락 등 완성된 요리를 작품성 있게 접시에 담아 제공하기도 하는 곳이기도 하다.

아라이바(洗場, あらいば, 세척부)　세척부(Steward)를 의미하며, 일식당에서 사용하는 기물 일체를 담당하는 부서로, 특히 기물의 파손(Breakage)에 유의해야 한다. 일식기물은 작지만 형태와 모양이 다양하여 고가인 것이 대부분이다. 따라서 주의하여 다루어야 한다. 세척부는 일식당에 소속된 곳도 있으나, 대부분 기물관리과 소속으로 일식당 업장에 순환근무 형식으로 와서 근무하게 된다. 그래서 일식당의 관심과 협조가 필요한 곳이기도 하다.

7. 일본 조리도와 썰기

1) 일본 조리도(包丁, ほうちょう)

(1) 일본 조리도의 특징과 손질

일본요리의 시작은 칼의 사용으로부터 시작된다고 해도 과언이 아니다. 하나의 칼을 막연하게 사용하고 있는 것과 칼의 각 부분의 사용하는 방법을 알고 있는 것은 요리의 모양이나 만드는 시간도 많은 차이가 난다. 일본요리는 칼의 뛰어남과 날카로움이 직접 요리에 표현되고 나타나는 경우가 많다. 칼의 성질과 취급하는 방법을 잘 알고, 어떤 용도와 재료 및 목적에 적합한 칼을 사용할 것인가가 중요하다. 조리사가 조리도를 사용하는 것을 보면 그 사람의 조리 숙련도와 조리업무에 대한 기본적인 정신자세를 가늠할 수 있다. 숙련된 조리사라 하더라도 조리도에 이가 빠지고, 녹이 슬어 있다면 기능을 발휘하기에 앞서 기본 자세부터 틀렸다고 할 수 있다. 자신이 사용하는 칼을 소홀히 한다는 것은 전문 조리인으로서 직업에 대한 긍지와 애착이 결여된 것으로 볼 수 있다.

일본요리에 사용되고 있는 칼은 칼끝의 형태, 중앙의 칼날, 측면의 폭, 칼등의 폭, 칼등의 두께에 따라 종류와 크기가 달라 수십 종류 이상이다. 일본요리에서는 주로 한쪽 날(片刀, 가타바)의 칼이 사용된다. 이는 재료를 얇게 자를 수 있으며 얇게 깎을 수 있고, 절삭된 면이 깨끗하게 잘리기 때문이다. 따라서 칼을 갈 때도 한쪽 날인 만큼 날이 있는 부분을 8부, 칼의 뒷면을 2부 정도 갈아서 칼을 손질해야 한다. 칼을 처음 사용할 때는 칼 표면이 녹스는 것을 방지하기 위해 발라둔 기름이나 도료를 비눗물로 깨끗이 씻어내고 숫돌에 며칠간 계속해서 갈아 칼날을 세운 후 물기를 바짝 말린 다음 습기가 없는 곳에 보관한다. 매일 업무가 종료되면 사용한 칼을 반드시 숫돌에 갈아 칼날을 세우고, 손잡이도 물비누 등으로 깨끗이 씻은 후 물기를 완전히 제거한 다음 칼집에 넣어서 보관한다. 이때 커피 찌꺼기를 따로 모아서 칼집에 함께 넣어두면 커피의 지방 때문에 칼이 쉽게 녹슬지 않는다. 또 사용하고 난 칼은 끓는 물에 2~3초간 수직으로 넣었다 뺀 후 식용유를 발라 보관하는 것이 좋다.

일본요리에 있어서 칼은 생명과도 같은 만큼 자기 칼을 지정하여 책임지고 관리・손질하여 항상 최상의 상태로 준비・유지해야만이 일식요리사의 기본을 갖추었다고 말할 수 있다.

(2) 조리도의 재질과 종류

칼의 재질 칼의 제조법은 여러 가지가 있지만 일본도(日本刀)와 같이 한 장의 강철을 두드려서 만드는 혼야키보우초우(本燒包丁, ほんやきぼうちょう)와 칼날(刀物)을 다른 금속에 붙여서 만드는 카스미보우초우(かすみ包丁, かすみぼうちょう) 두 종류의 칼이 전문가용으로 사용되고 있다.

혼야키보우초우는 합금강으로 만들며, 수십 번의 담금질을 거쳐서 만들기 때문에 칼날의 지연성・내구성이 뛰어나고, 한 번 갈면 녹이 잘 슬지 않는다. 그래서 가격이 상당히 고가이다. 만드는 법이 까다롭고 너무 단단하기 때문에 가는 데 오랜 시간이 걸리며 칼날이 작게 부러질 염려가 있다. 따라서 혼야키보우초우를 많이 갈아본 경험이 있는 사람이 칼을 갈아야만 혼야키칼의 장점을 살릴 수 있다. 반면 붙여서 만든 카스미보우초우는 가격이 저렴하고 쇠를 붙여서 만들었기 때문에 칼날이 쉽게 부러질 염려가 없어서 좋다. 그러나 칼의 겉과 속의 재질이 달라 고온의 열이나 주변환경에 따라 강의 모양이 달라질 수 있는 결점을 안고 있다. 최근에는 스테인리스를 사용한 일식 칼이 많이 제작되고 있다. 종래의 강에 비해 단단하고 녹에 강한 스테인리스의 장점을 살린 일식 칼을 많이 볼 수 있다.

일식 칼을 분류하면 〈표 1-1〉과 같다.

〈표 1-1〉 일식 칼(和包丁)의 분류

구분	재질	품명
혼야키하가네 (本燒鋼)	아오하가네(青鋼)	혼야키아오니(本燒二)
	시로하가네(白鋼)	혼야키(本燒)
혼야키스테인리스(本燒) ステンレス	긴상하가네(銀三鋼)	셰프혼야키(Chef本燒)
	긴상하가네(銀三鋼)	특수강혼야키(特殊鋼本燒)
단조(鍛造) (鐵과 鋼)	青二鋼	청이강(青二鋼)
	白二鋼	수연(手研)
	白二鋼	특상(特上)
	白三鋼	본하연(本霞研)
		하연(霞研)
	황강(黃鋼)	개량하연(改良霞研)
		입연(立研)
단조(鍛造) (스테인리스 스테인리스강)	은삼강(銀三鋼)	셰프와 보우초우(Chef和包丁)
	8A鋼	イノックス和包丁

칼의 길이 표시 사시미칼의 길이는 이음쇠에서 칼끝까지로 나타내며, 일반적으로 270mm, 300mm, 330mm 길이의 칼이 있고, 데바칼은 턱에서 칼끝까지를 길이로 나타내며 크기에 따라 대 · 중 · 소로 나뉘며, 특대 크기의 데바칼(대형 참치 포 뜨는 칼)도 있다.

[그림 1-4] 칼의 길이 표시

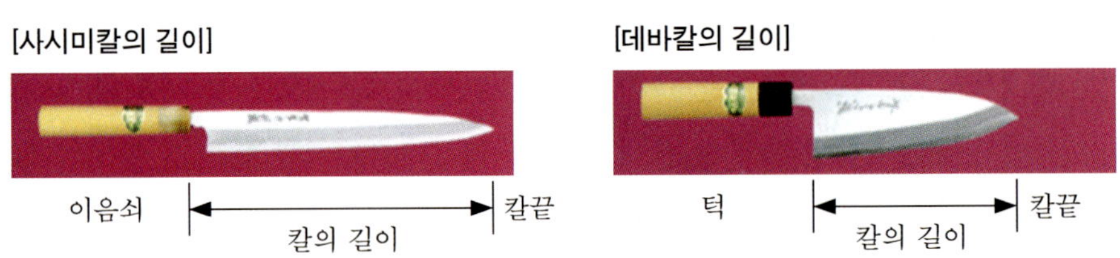

① 아라이시(荒砥): 도라이시(虎砥), 시로이시(白砥)라고도 하며, 새 칼을 사용할 때 칼의 형상을 조절하고, 형태가 깨진 칼끝의 형태를 수정하기도 한다. 또한 데바칼 등 칼날이 두껍고 이가 많이 빠진 칼 등을 가는 데 용이하다. 거친 숫돌을 사용할 경우에 칼끝에 요철이 심하므로 중간 숫돌과 마무리 숫돌을 함께 사용하여야 한다.

② 나카이시(中砥): 아오몽마에(青門前), 아카몽마에(赤門前)라고도 하며 거친 숫돌 대용으로 사용하기도 하고, 거친 숫돌로 간 다음 잘리는 칼의 면을 어느 정도 부드럽게 해준다. 대부분의 일반적인 칼 갈이에 많이 사용한다.

③ 시아게이시(仕上げ砥): 어느 정도 부드럽게 손질된 칼날을 더욱더 윤기 나고 광나게 갈아준다. 숫돌 사용 시 먼저 거친 숫돌에 갈아 칼날을 세운 다음 부드러운 숫돌에 갈아 마무리한다. 칼날이 심하게 마모되었으면 두 가지 정도의 숫돌에 갈고 마무리한다.

2) 썰기

(1) 기본 썰기

썰기와 조리의 관계 써는 방법과 조리는 밀접한 관계를 가지고 있는데, 특히 일본요리에서는 써는 방법을 매우 중요시한다. 따라서 시각적, 미각적, 요리의 종류, 쓰이는 용도에 따라 써는 법을 달리하여 그 재료가 가진 고유의 맛을 실릴 수 있는 썰기를 하여야 한다. 또한 요리의 완성 시 일체감 및 균일감을 주어 편안함을 느낄 수 있고, 균등한 맛을 낼 수 있기 때문에 같은 크기로 써는 것은 조리의 기본이자 중요한 요소이다.

기본 썰기의 종류

① 둥근 썰기(와기리, 輪切り, わぎり): 무・당근・고구마 등의 둥근 것을 모양 그대로 살려 둥글게 써는 형태를 말하며 두께는 쓰이는 용도에 맞게 달리한다.

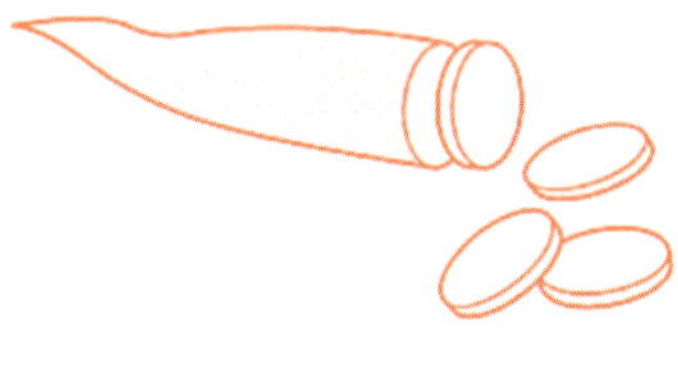

② 반달 썰기(한게츠기리, 半月切り, はんげつぎり): 무・당근・오이 등의 둥근 야채를 세로로 반 잘라서 반달 형태로 써는 것을 말한다.

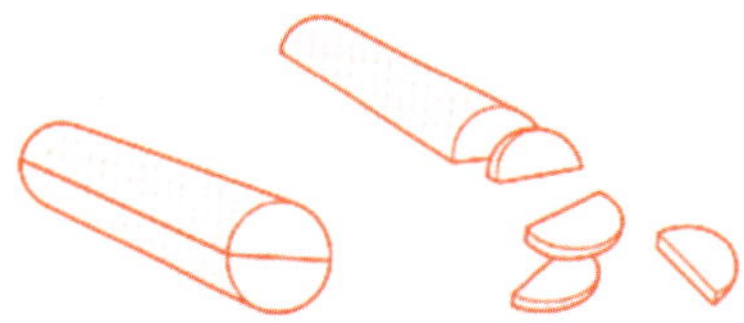

③ 은행잎 썰기(이초기리, 銀杏切り, いちょうぎり): 둥근 형태의 야채를 십자형으로 잘라 적당한 두께로 썰어 조림요리나 국물요리의 건더기로 이용한다.

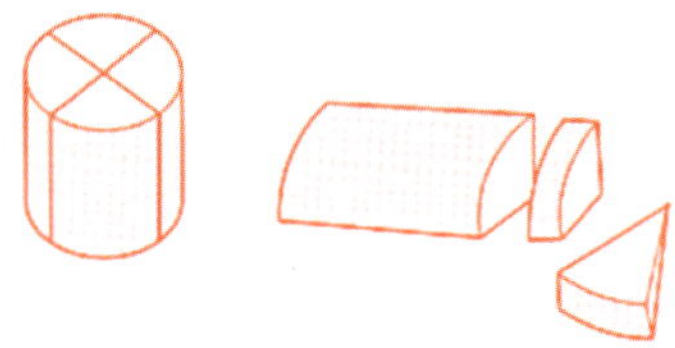

④ 부채 모양 썰기(지가미기리, 地紙切り, じがみぎり): 은행잎 썰기 한 무・당근의 가운데를 둥글게 자른 형태를 말한다.

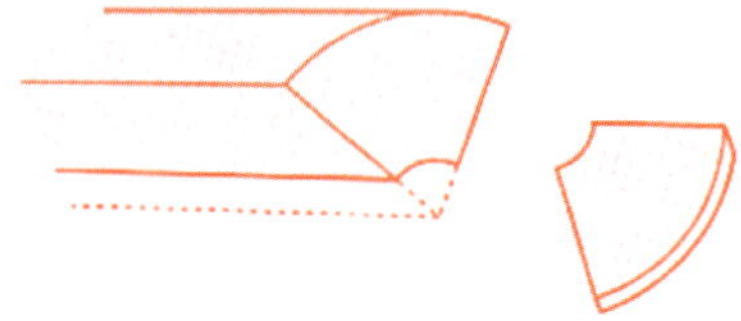

⑤ 엇비슷 썰기(나나메기리, 斜め切り, ななめぎり): 우엉・대파 등의 야채를 엇비슷하고 약간 도톰하게 써는 형태를 말하며, 조림요리에 많이 이용한다.

⑥ 육면체 막대 썰기(효시키기리, 拍子木切り, ひょうしきぎり): 무・감자 등을 5~6cm, 두께 7~8mm의 크기로 자르는 것을 말한다.

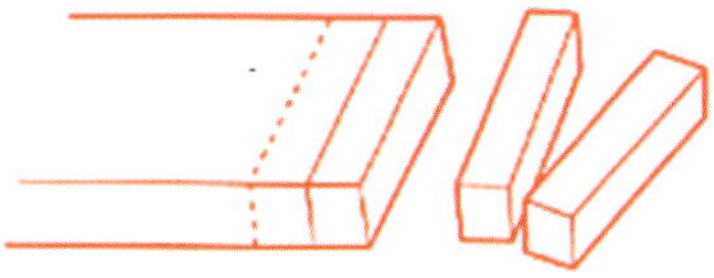

⑦ 주사위 썰기(사이노메기리, 賽の目切り, さいのめぎり): 사방 1cm 크기의 주사위 형태의 모양으로 써는 것을 말한다.

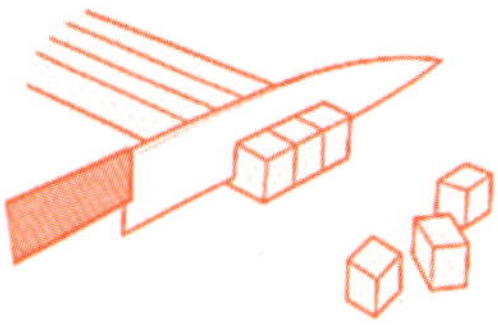

⑧ 작은 주사위 썰기(아라레기리, 微霰切り, あられぎり): 5mm 두께 정도의 작은 주사위 형태로 써는 것을 말한다.

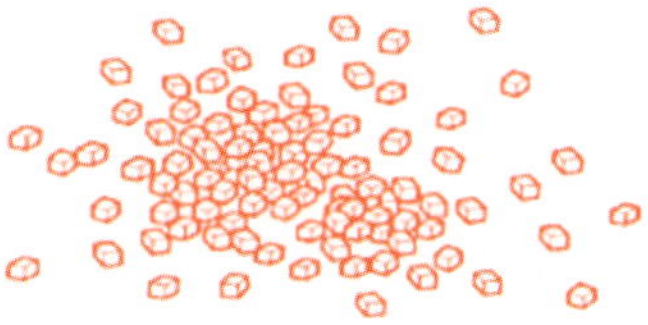

⑨ 곱게 다지기(미징기리, 微塵切り, みじんぎり): 마늘・생강・파슬리 등을 곱게 다지는 것을 말한다.

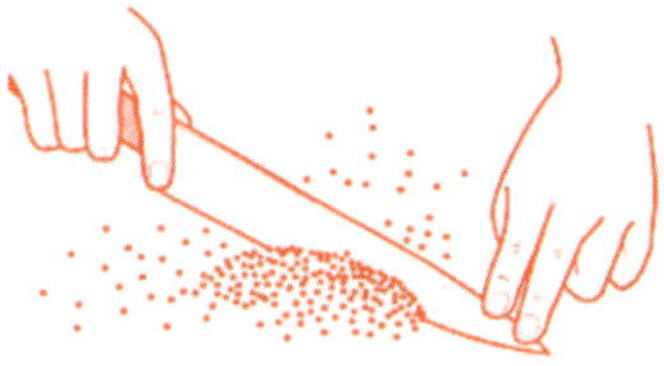

⑩ 잘게 썰기(고구치기리, 小口切り, こぐちぎり): 실파・셀러리・야마고보 등의 가는 것을 끝에서부터 잘게 써는 것을 말한다.

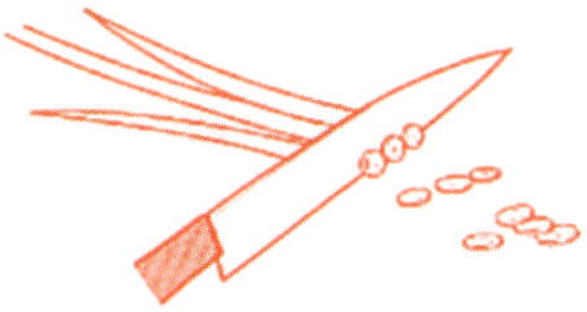

⑪ 채썰기(센기리, 千切り, せんぎり): 무・당근・오이 등의 야채를 가늘게 채써는 것을 말한다.

⑫ 굵은 채썰기(센롯폰기리, 千六本切り, せんろっぽんぎり): 성냥개비 정도 크기의 약간 굵은 채썰기를 말한다.

⑬ 바늘 썰기(하리기리, 針切り, はりぎり): 생강이나 생와사비 등을 바늘처럼 곱게 채써는 형태를 말하며, 요리의 텐모리(완성된 요리 위에 곁들이는 것)로 이용한다.

⑭ 엷은 직사각형 썰기(단자쿠기리, 短册切り, たんざくぎり): 무・당근・오이・두릅 등의 야채를 폭 1cm, 길이 4~5cm 크기로 자르는 것을 말한다.

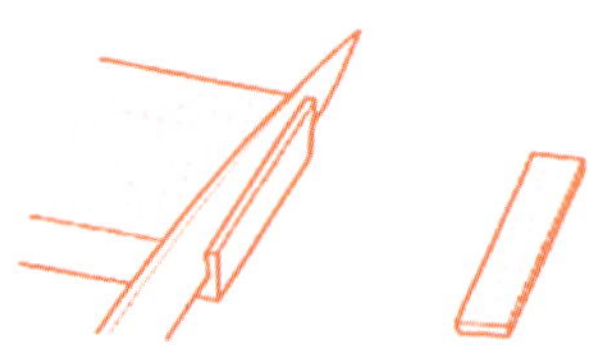

⑮ 얇게 벗기기(가츠라무키, 桂むき, かつらむき): 둥근 형태의 야채를 돌려가면서 깎아 최대한 얇게 벗겨내는 것을 말한다.

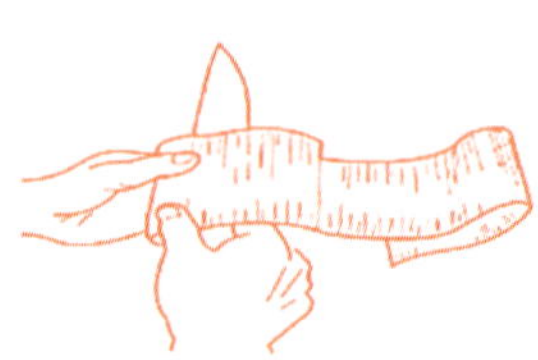

⑯ 색종이 썰기(이로가미기리, 色紙切り, いろがみぎり): 무・당근 등을 2.5cm 크기로 정사각 형태로 얇게 써는 것을 말한다.

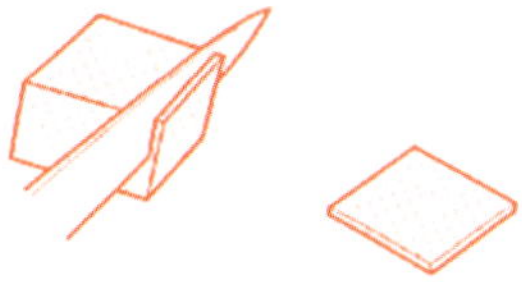

⑰ 용수철 모양 자르기(요리키리, 縒切り, よりきり): 두릅・무・당근 등을 약간 두꺼운 가츠라무키로 벗겨서 엇비슷하게 사선으로 0.5cm 두께로 잘라 젓가락 등을 이용하여 용수철 모양으로 꼬아서 얼음물에 담가 풀리지 않게 한 후 사용한다.

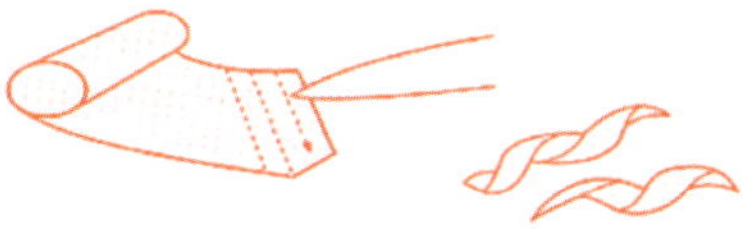

⑱ 연필깎이 썰기(사사카키, 笹掻, ささがき): 우엉 등의 단단한 야채를 가로로 칼을 넣은 후 연필 깎듯이 돌려가면서 얇고 가늘게 써는 것을 말한다.

⑲ 멋대로 썰기(란기리, 亂切り, らんぎり): 우엉・당근 등의 둥근 야채를 돌려가며 엇비슷하게 써는 것을 말한다.

(2) 모양 썰기

① 각돌려 깎기(맨토리, 面取り, めんとり): 단단한 야채의 절단면을 돌려 깎아 손질하는 것을 말한다.

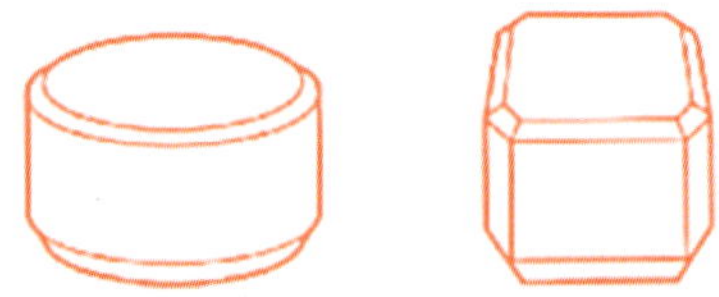

② 국화꽃 썰기(긱카기리, 菊花切り, きっかぎり): 무나 순무 등을 2.5cm 두께로 둥근 썰기 한 후 가로 ·세로로 잔칼질을 하고 정사각의 형태로 써는 것을 말한다.

③ 부챗살 썰기(츠에히로기리, 末廣切り, つえひろぎり): 죽순·생강 등의 끝부분을 세로로 절반 이상 칼을 넣어 부챗살처럼 넓게 펼친 것을 말한다.

④ 꽃 모양 썰기(하나가타기리, 花刑切り, はながたぎり): 당근 등을 5~6cm 길이로 썰어 오각형이 되도록 자른 다음 모서리를 도려내어 꽃 모양 형태로 써는 것을 말한다.

⑤ 매화꽃 돌림 깎기(네지우매, ねじ梅, ねじうめ): 매화꽃 모양을 그림의 점선과 같이 칼자국을 내고 한 칸 한 칸을 비스듬히 돌려가며 깎아내어 매화꽃 모양을 만든다.

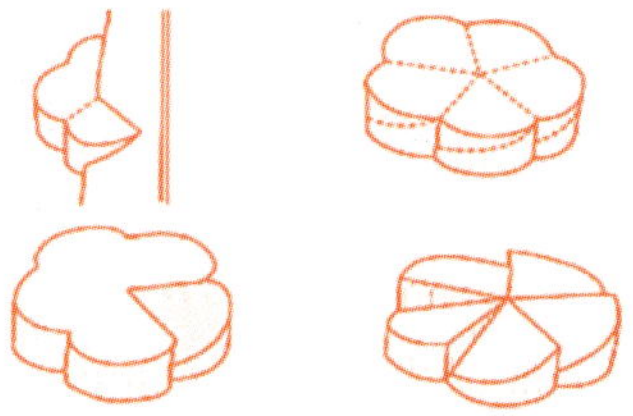

⑥ 솔잎 모양 썰기(마츠바기리, 松葉切り, まつばぎり): 무・당근 등을 껍질을 벗기고 세로로 하여 5mm 두께로 잘라 끝을 약간 남기고 중앙에 칼을 넣는다. 그다음 끝을 벌리듯이 구부리고 다시 2mm 정도의 두께로 잘라 모양을 만든다.

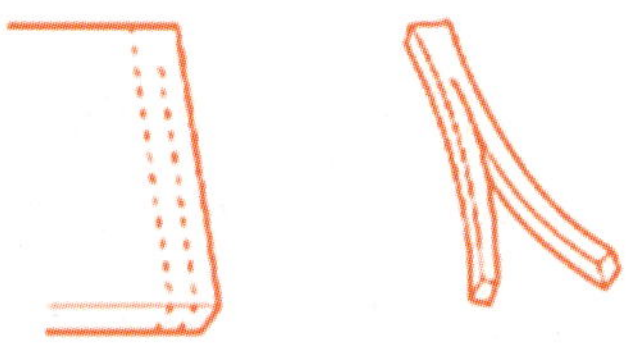

⑦ 엇갈려 솔잎 썰기(오레마츠바, 折れ松葉, おれまつば): 무・당근・베니쇼가(빨갛게 물들인 초생강) 등을 약 1cm 폭으로 잘라 2~3mm 두께로 엇갈리게 썰어 비틀어서 솔잎 모양을 만든다.

⑧ 오이 엇갈려 썰기(기리치가이큐리, 切り違胡瓜, きりちがいきゅうり): 오이를 5cm 길이로 잘라 오이의 정중앙을 1/3 정도 칼을 넣은 다음 이 칼자국까지 돌려 두 번 칼을 넣어 잘라 양분하면 된다.

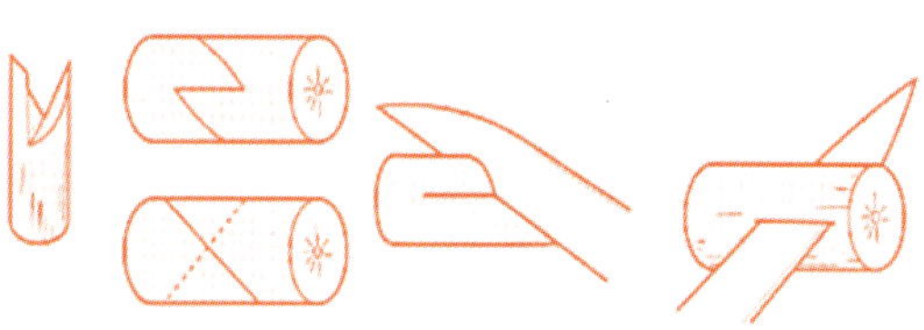

⑨ 뱀 뱃살 모양 오이(쟈바라큐리, 蛇腹胡瓜, じゃばらきゅうり): 오이의 밑부분을 1/5 정도 남겨 잘리지 않게 45° 정도로 비스듬히 칼을 곱게 넣는다. 다음 한 바퀴 돌려 전에 칼을 넣은 방향과 반대되게 45° 각도로 칼을 곱게 넣어 뱀 모양으로 길게 늘어나게 써는 것을 말한다.

⑩ 오이 모서리 깎기(카쿠도리큐리, 角とり胡瓜, かくとりきゅうり): 오이의 가운데 심을 빼내고 사각모서리를 잘라내는 썰기를 말한다.

⑪ 꽃연근 썰기(하나렌콩, 花蓮根, はなれんこん): 연근을 삶은 다음 연근 구멍을 따라 주변을 도려내어 꽃연근을 만든다.

⑫ 화살촉연근 썰기(야바네렌콩, 失羽根蓮根, やばねれんこん): 연근의 껍질을 벗겨 앞쪽을 두껍게, 반대쪽을 얇고 엇비슷하게 썰고, 그다음은 반대로 칼을 넣는다. 두꺼운 쪽을 밖으로 놓고 가운데 구멍을 중심으로 해서 세로로 썰어 세운다.

⑬ 연근 바구니 썰기(쟈카고렌콩, 蛇籠蓮根, じゃかごれんこん): 연근을 3~4cm 길이로 잘라 세로로 얇게 벗겨 적당한 길이로 잘라서 둥글게 마는 것이다.

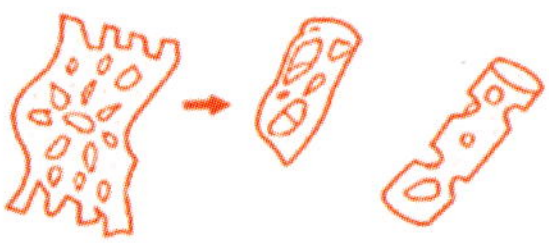

⑭ 차 젓기 썰기(자센나스, 茶筅茄子, ちゃせんなす): 꼬마가지의 상하를 조금 남기고, 세로로 깊이 칼을 잘게 넣어 조리를 한 다음 살짝 누르면 뒤틀려 보기 좋게 된다.

⑮ 우엉 구멍 내기(쿠다고보, 管牛蒡, くだごぼう): 우엉을 5～6cm 길이로 썰어 끓는 물에 한 번 삶은 후 껍질의 2～3mm 안에 있는 우엉의 심을 쇠꼬챙이 또는 쿠시를 이용하여 도려내어 빼내는 것을 말한다.

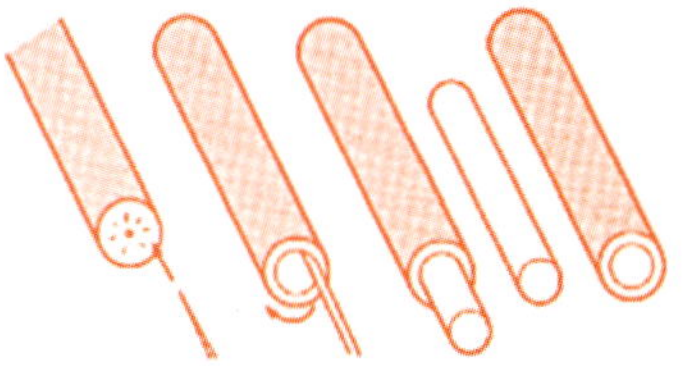

⑯ 새끼 꼬기(타즈나기리, 手綱切り, たづなぎり): 곤약 등의 재료를 1cm 두께로 자른 것을 중앙에 칼을 넣어 새끼처럼 한쪽 끝을 구부려 넣어 꼬이게 하는 것이다.

⑰ 매듭어묵(무스비카마보코, 結び蒲鉾, むすびかまぼこ): 생선어묵을 7mm 두께로 썰어 그림과 같이 칼을 넣고 다시 가운데 칼을 넣어 양끝을 통과시키는 것이다.

⑱ 붓 생강 썰기(후데쇼가기리, 筆生姜切り, ふでしょうが): 풋 생강(하지가미쇼가)의 끝을 붓 모양으로 만드는 것이다.

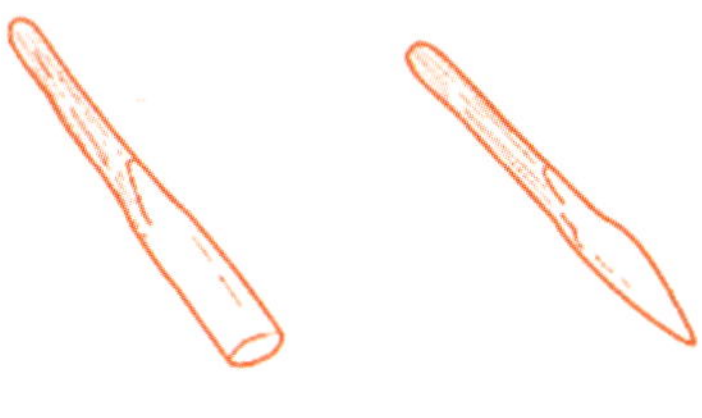

8. 일본요리의 재료 및 양념

1) 다시마(昆布, 콘부)

다시마는 자연적인 녹갈색을 띠며, 완전히 건조되어 표면에 흰 분말(Mannet: 감칠맛 성분)이 묻어 있는 것이 좋다. 따라서 통풍이 잘 되고 습기가 적은 곳에 보관한다. 특히 다시마에 묻어 있는 흰 분말은 씻지 않는 것이 좋다. 이는 다시마의 감칠맛의 주성분인 글루타민산과 아미노산의 결정체이기 때문이다. 그래서 깨끗한 행주나 가제로 표면을 닦아서 사용하는 것이 좋다.

다시마는 품종에 따라서 참다시마, 리시리콘부, 산세키콘부, 기타로 나눌 수 있으며, 다시마 가공품으로 흰 널판지 모양 다시마(白板昆布, 시로이타콘부), 대패로 밀어낸 다시마(とろろ昆布, 도로로콘부), 매듭 다시마(結昆布, 무스비콘부), 채썬 다시마(刻昆布, 기자미콘부), 바구니 다시마(箱昆布, 카고콘부) 등이 있다.

우리나라 다시마와 일본 다시마를 비교하면 우리나라 다시마의 두께는 그다지 두껍지 않으나 국물이 맑고 진하게 잘 우러나는 반면, 일본 다시마는 두께가 두꺼워 주로 다시마 자체를 먹는 가공품에 잘 어울린다. 다시마로 다시를 뽑을 때 주의할 점은 다시마를 넣고 너무 오래 펄펄 끓이지 않는 것이다. 찬물에서 넣어 물이 막 끓으려고 할 때 불을 끄고 내려서, 30분 정도 지나게 되면 다시마의 국물이 다 우러나온다.

① 마콘부(참콘부): 풍미가 좋고 최고급품으로 20～30cm로 길며 두껍다. 백색과 흑색이 있으며, 아주 맛있는 국물이 나온다.

② 리시리콘부: 일반적인 맛국물로 많이 사용되며, 참콘부보다는 좀 더 단단하며, 가늘고 길며 작다.

③ 산세키콘부: 가늘고 길며, 얇아서 빨리 부드러워진다. 콘부말이 또는 조림요리에 적당하다.

④ 시로이타콘부(白板昆布, 흰 널판지 다시마): 참다시마의 중앙 부분에서 채취하며 얇기 때문에 양념한 다시물에 담가 초밥 위에 올리거나 생선회의 곁들임, 젠사이 등에 사용한다.

⑤ 도로로콘부(とろろ昆布, 도로로 다시마): 도로로(산마 간 것)처럼 다시마를 대패로 밀어

갈아 스펀지 형태로 부드럽게 만들어놓은 것으로, 맑은국에 넣거나 조림·무침 등에 사용한다.

⑥ 무스비콘부(結昆布, 매듭 다시마): 건조 다시마를 작은 매듭을 지어 만들어놓은 것으로, 그대로 튀겨 튀김의 장식용이나 불려서 조림 등에 텐모리(고명)로 사용한다.

⑦ 기자미콘부(刻昆布, 잘게 썬 다시마): 다시마를 가늘게 채썰어 말린 것으로, 불려서 조림용이나 졸여서 고바찌 용으로 많이 사용한다.

⑧ 카고콘부(箱昆布, 바구니 다시마): 다시마를 잘게 썰어 작은 바구니 형태로 만들어놓은 것으로, 튀김의 장식용이나 구이의 곁들임을 담아내기도 한다.

2) 가다랑어포(鰹節, 가츠오부시)

다랑어포(鰹, 가츠오)를 찌거나 삶아서 훈연상자나 통에 넣어 푸른곰팡이가 발생되도록 한다. 이것을 햇볕에 말리고 재차 푸른곰팡이가 발생하도록 7~8회 계속해서 반복한다. 이렇게 하면 푸른곰팡이가 살에 침투하여 효소를 내게 된다. 이 과정에서 단백질이 분해되면서 이노신산이라는 가다랑어포의 독특한 감칠맛이 생기는데, 이렇게까지 120일 정도 소요된다.

가다랑어포는 깎아서 며칠이 지나면 맛이 떨어지므로 밀폐된 용기에 넣어 건조한 장소에 보관하고, 가능한 한 즉석에서 대패로 깎아서 사용하는 것이 좋다. 표면에 곰팡이의 색이 엷고 잘 건조되어 있으며, 서로 두드려 보았을 때 밝은 소리가 나는 것을 선택하는 것이 좋다.

큰 가다랑어포(혼부시, 本節: 참가다랑어를 4등분하여 잘라서 만든 것)와 작은 가다랑어포(카메부시, 亀節: 소형 가다랑어를 3등분하여 만든 것)로 나눌 수 있으며, 카메부시가 혼부시보다 풍미가 못하지만 경제적인 것으로, 맛국물용으로 많이 사용된다.

일반적으로 일본의 관서지방에서는 곰팡이가 생기지 않는 아라부시(荒節), 관동지방에서는 곰팡이가 붙은 카레부시(枯れ節)가 많이 소비된다. 고급 일본요리점의 다시에 관해서는 동서를 묻지 않고 곰팡이가 붙은 카레부시가 사용된다. 이것은 산뜻한 맛과 가츠오의 풍미가 어우러져 있어 국물 건더기의 맛을 더욱 살릴 수 있다.

3) 일본요리의 양념

(1) 된장(味噌, 미소)

된장의 유래 보리 또는 쌀의 코지에 찐 대두, 식염, 물을 섞어 발효・숙성시킨 것으로 그 액즙을 이용한 것이 현재의 간장이 되고 전체를 그대로 먹도록 한 것이 된장이다. 된장의 원형은 중국대륙에서 한국을 거쳐 일본으로 전해졌으며, 그 어원은 한국말의 미소(蜜祖, ミソ)에서 유래되었다는 설이 있다. 그 후 각 지방의 원재료 공급사정, 기후, 풍토, 식습관, 기호 등의 요인에 따라서 독특한 제조기술이 개발되어 오늘날에 와서는 다품종・다용도의 된장이 생산되고 있다.

된장의 분류 원료에 따른 것, 색에 따른 것, 식염 양에 따른 것, 지방에 따른 것 등의 다양한 분류방법이 있지만 일반적으로는 주로 조미료로서 사용하는 보통 된장, 부식 또는 가공용으로 사용되는 나메미소(그냥 반찬으로 먹을 수 있도록 조리한 된장)로 크게 두 가지로 나눌 수 있다. 보통 된장은 원료에 따라서 쌀된장・보리된장・콩된장으로 분류할 수 있다. 나메미소에는 양조(釀造) 나메미소와 가공(加工) 나메미소가 있다.

된장의 제법 된장의 일반적 제법인 쌀된장에 관해서 서술하면 정백미를 세정하고, 침지해서 찌며, 쌀에 맞는 쌀 코지를 만들고, 대두는 씻어 침지하고 쪄서 이것들에 식염・중수를 합해서 발효・숙성시켜 제품으로 만든다. 여전히 된장은 공업생산과 자가 양조로 만들어진 것을 소비하고 있다. 이들 분류의 색조, 단맛, 매운맛, 산지 등을 분류하면 〈표 1-3〉과 같다.

사이쿄미소(西京味噌), 핫초미소(八丁味噌) 사이쿄미소(西京味噌)는 흰 된장의 하나로 쌀을 원료로 코지를 많이 쓰고, 소금을 적게(5～7%) 넣으며, 단기간 숙성시켜 단맛이 강하다. 교토(京都)가 주산지이고 염분이 적기 때문에 저장성이 떨어진다. 각종 된장 중에서 누룩의 사용량이 가장 많아 황백색을 띠며, 광택이 있고, 상품은 풍미와 향을 가지고 있다. 된장을 담가 3주 정도가 지나야 최고의 맛이 나며, 생선류・육류・야채류의 된장절임에 많이 사용한다. 이 외에 2～3종류의 된장을 섞어 만든 아카다시미소(赤出し味噌)가 있다.

현재는 핫초미소(八丁味噌)와 신슈미소(信州味噌)를 섞어 아카미소를 만들어 사용한다. 일본 관서지방의 와카야마현(和歌山縣)의 긴잔지(金山寺)에서 만들어지는 나메미소(그냥 반찬으로

〈표 1-3〉 된장의 분류

원료에 따른 분류	색(色)	맛(味)	산지(產地)
쌀(米)된장	크림색 적갈색 황색 황오렌지색 적갈색	달다 달다 달고 짜다 짜다 짜다	• 사이쿄미소(西京味噌), 사누키미소(讃岐味噌): 긴키, 중국, 코우가와 • 에도아마미소(江戸甘味噌): 도쿄 • 아이시로미소(相白味噌): 시즈오카 • 신슈미소(信州味噌): 나가노, 관동 • 코에노치미소(越後味噌): 홋카이도, 동북, 관동, 니가타, 호쿠류
보리(麥)된장	황색 적갈색	짠맛 적다 짜다	• 규슈, 중국, 시코쿠 • 기타마, 규슈
콩(豆)된장	적갈~흑자색	짜다	• 핫초미소(八丁味噌): 아이치, 기후, 미에

먹을 수 있도록 조미한 된장)는 대두・보리・소금에 가지・오이・생강 등을 잘게 썰어 첨가하여 조미한 것으로, 그대로 술안주나 밥반찬으로 사용한다. 관서지방에서 긴잔지미소(金山寺味噌)라는 것은 더더욱 단맛을 강하게 하고, 붉은 맛을 띤다고 하여 사쿠라미소(櫻味噌)라고 부른다. 핫초미소(八丁味噌)는 대두를 주원료로 한 콩된장의 하나로, 아이치현(愛知縣) 코우사키시(岡崎市)에 있는 어느 회사의 등록상표 이름이다.

그 밖의 콩된장(三州味噌, 산슈미소), 나고야미소(名古屋味噌)보다 된장 알의 크기를 크게 담그는 것이 특징이다. 숙성기간이 길고 짠 된장으로 보존성이 높다. 농후한 맛난 맛이 풍부하고 약간의 떫은맛이 있다. 색채는 암적갈색으로 광택이 있는 것이 좋다. 어개류의 국물요리에 잘 어울려 연안지방의 요리집에서는 고급 식재료로 취급하고 있다.

(2) 간장(醬油, 쇼유; 무라사키)

볶은 밀과 찐 콩에 종균을 뿌리고 제국실에 혼합하여 넣고 효소를 생산한다. 제국 후 6개월 이상을 발효탱크에서 정제된 소금용해와 함께 숙성시킨다. 숙성 후 압착기로 눌러 짜서 살균 후 포장한 것이 간장이다. 간장의 종류로는 진한 간장(濃口醬油, 고이구치죠유), 엷은 간장(薄口醬油, 우스구치죠유), 대두를 주원료로 한 타마리 간장(たまり醬油), 대두의 사용량을 줄인 흰 간장(白醬油, 시로죠유) 등이 있다.

이들에 관해서 일본농림규격에 따르면 성분의 농도와 종류 및 관능검사에 따라 특급・상급

·표준의 3등급으로 나누고 있다. 또 그 제법에 따라 원료의 분해를 누룩곰팡이가 하는 것을 본양조(本醸造)라 하고, 본양조 또는 신식양조 간장에 아미노산액 또는 효소처리액을 첨가해서 제조한 아미노산액혼합, 효소처리액혼합으로 나누고 있다.

간장의 성분으로는 지미성분(旨味成分)인 글루타민산·아미노산, 감미성분(甘味成分)인 글루코스, 맥아당, 산미성분(酸味成分)인 초산·유산 등이 존재한다. 조리 시 조미료의 사용 순서는 사(설탕, 砂糖), 시(소금, 鹽), 스(식초, 酢), 세(간장, 醬油), 소(된장, 味噌)의 순으로 조미료를 사용한다.

각 간장의 종류와 특징은 다음과 같다.

진한 간장(濃口醬油, 고이구치죠유) 일반적으로 간장이라고 하면 이 간장을 말한다. 특유의 방향이 있는 간장으로 향기가 좋아 그대로 생선회나 구이 등을 찍어 먹거나 뿌려 먹는 데 많이 사용한다. 또한 재료를 단단하게 조이는 역할을 하는데, 이를 이용하여 끓임요리에 많이 사용한다.

엷은 간장(薄口醬油, 우스구치죠유) 색이 엷고 방향이 없어 재료가 가지고 있는 색·맛·향기를 살리는 요리에 적합하다. 감칠맛 성분이 없으므로 감칠맛 성분이 충분한 맛국물을 사용하여 조리하여야 한다. 식염 함량이 고이구치죠유(15%)보다 높은 16%의 염분을 함유하고 있다.

고인 간장(たまり醬油, 타마리죠유) 전분원료를 거의 사용하지 않고 대두 또는 탈지대두와 식염수로 만든다. 일본의 아이치(愛知), 미에(三重) 지방의 특산품이다. 색깔이 짙고 단맛과 향기를 가지고 있다. 주로 끓임요리와 소스를 만드는데, 색을 내기 위하여 많이 사용한다. 타마리를 뽑은 나머지를 타마리미소라고 하는데 이것을 식용한다. 또 나머지를 이용해 다시 만든

간장을 니이라타마리라고 하는데, 2등품이다.

백간장(白醬油, 시로죠유)　주로 밀로 만들어진다. 소량의 대두에 밀을 첨가한 것과 간장 누룩곰팡이를 원료로 하고, 제조공정에 있어서 색의 농도를 강하게 억제한 것이다. 간장 중에서 색은 가장 엷지만 향과 단맛은 강하다. 식염 함량은 고이구치와 같은 15%로 재료의 색을 살리는 조림요리나 향을 살리는 맑은국(吸物, 스이모노)에 적합하게 쓰인다. 백간장은 3개월 이상 두면 흑변(黑変)하므로 주의해야 한다.

생간장(生醬油, 나마죠유)　생간장으로, 특히 향이 좋다. 오랜 시간 끓여도 향기가 날아가지 않는 것이 특징이며, 저온에서 보관한다.

(3) 식초(酢, 스)

3～5%의 초산을 주성분으로 한 산성 조미료로서 영어로는 Vinegar라고 하며, 그 어원은 프랑스어의 Vin(와인)과 Aigre(시다)에서 유래하였다. 식초의 산뜻한 산미와 상쾌한 맛은 식욕을 돋우고, 입안의 뒷맛을 깔끔하고 산뜻하게 하는 입가심으로 최적이다. 또한 단백질의 응고를 빠르게 하고, 방부작용과 살균력이 있어 오랫동안 사용이 가능하다.

크게 양조식초와 합성식초로 나뉘며, 이들의 용도는 스아라이(酢洗い: 초회 등에 사용하는 재료를 조미하기 전에 식초를 첨가한 와리즈로 가볍게 씻는 작업)하거나 스지매(酢締め: 생선을 소금에 절인 후 소금을 씻고 식초에 담가 신맛을 들이고, 살을 단단하게 하여 비린내를 제거하고 보존성을 높여 장시간 보관도 가능하게 절임하는 것)에 많이 사용하며 그 밖에 음식의 조리 시 신맛을 내기 위하여 많이 사용한다.

양조식초는 향이 좋고 순한 맛이 혀에 감돌며 뒷맛이 산뜻하다. 맛을 엷게 해도 싱겁지 않은 특징이 있고, 양조초를 넣고 생선을 끓이기 시작하면 중심까지 신맛이 들어간다. 또한 가열하여도 풍미는 날아가지 않는 특징이 있다. 반면 합성식초는 코끝이 찡할 정도의 냄새를 가지고 있고, 강한 산이 혀를 자극하여 떫은맛이 입안에 남는다. 합성식초를 넣고 생선을 끓이면 식초가 침투하지 못하며, 가열하면 향기는 날아가고 신맛만 남는 특징이 있다. 따라서 식초를 사용할 때는 식초의 성질을 잘 이해하고 용도에 맞게 사용하여야 한다.

식초를 분류하면 다음과 같다.

식초(食酢)

합성식초와 양조식초는 아세트산 외 다른 영양소는 없기에 식품의 신맛을 내거나 저장기간을 연장시키는 용도로 사용하기 좋고, 발효식초는 식품자체 영양성분이 있어 초산 발효과정에서 다양한 유기산 성분이 생성되어 건강기능성에 더 효과적이다.

1. 발효식초

과실착즙액, 곡물주, 곡물당화액, 주정 또는 당류 등을 원료로 하여 초산 발효한 액과 이에 과실착즙액 또는 곡물당화액을 혼합·숙성한 것을 말한다.

- **양조식초:** 주정(95% 알코올)을 주원료로 영양소 등을 첨가해 급속히 초산 발효시키거나, 이에 곡물당화액, 과실착즙액 등을 혼합·숙성하여 만든 식초
- **곡물 / 과실 식초:** 양조(주정)식초를 이용하여 1차로 식초를 만든 후, 각종 곡물과 과일 등을 혼합하여 만들어낸 식초
- **순발효식초:** 어떤 첨가물도 넣지 않고 원물이 술이 되는 발효단계와 식초가 되는 발효단계를 거친, 자연 방식 그대로 만든 정통 발효식초

2. 합성식초(빙초산)

식초의 주성분은 아세트산인데 이 아세트산을 석유에서 추출한 함유량 99% 이상의 식초를 말하며, 초산을 희석하여 식용으로 제품화 한 것이다.

3. 기타 식초

발효식초와 합성식초로 정해지지 않은 식초를 말한다.

자료: 한국한림원, 발효식품과 산업의 종합발전 방향, 2014.

(4) 미림(味醂, 미린)

소주나 40% 정도의 알코올에 찐 맵쌀과 찹쌀 코지를 혼합하고 40~60일간 숙성시켜서 당화하고 건더기를 압착시켜 얻은 술이다. 알코올 용액 중에서 코지에 따르는 완만한 효소반응에 따라 생성되고, 효모에 따른 알코올 발효가 관여하지 않으므로 재제주(再製酒)로 분류된다. 일본에서는 옛날 독특한 단맛이 있는 음료로 이용되었지만, 지금은 조미료로서 많이 이용되고 있다. 주세법에 10종류의 주류에 들어 있어 다음과 같이 정의되고 있다.

① 쌀 및 쌀 코지에 소주 또는 알코올을 더해서 거른 것(엑기스분 16% 이상)

② 쌀, 쌀 코지 및 소주 또는 알코올에 미린, 그 밖에 설탕 · 유기산 · 아미노산 · 소금류 등을 더해서 거른 것(혼미린)

③ 미린에 소주 또는 알코올을 더한 것(혼나오시미린)

④ 미린에 미린 건더기를 더해서 거른 것

미린의 품목은 혼미린(本みりん)과 혼나오시미린(本直しみりん)의 두 가지로 구분된다. 일반적으로 미린이라고 하면 혼미린을 말하며, 혼나오시미린도 식용이지만 생산량은 점차 감소하고 있다. 혼미린의 주성분은 알코올 14.0%, 당질 약 42%이다. 이 외 미량성분으로서 유기산류 · 아미노산류 · 페놀화합물 등이다. 혼나오시미린은 평균 알코올 22.0%, 당질 약 14.5%이며, 조리에 이용되는 미린은 요리에 단맛과 만난 맛을 부여해주는 역할 이외에 요리에 광택을 부여하는 효과도 있다.

(5) 소금(鹽, 시오)

식용으로 하는 소금(염화나트륨)을 주성분으로 한다. 조미료로서 생리적으로 없어서는 안 될 물질이고, 역사적으로 보아도 식재로서 사용된 가장 오래된 물질 중 하나이다.

식염제조의 자원으로서 해수(海水) · 암염(岩鹽) · 염호(鹽湖) 등이 있으며, 주로 해수를 자원으로 하여 소금을 제조하고 있다. 소금을 만드는 법에는 염전법(鹽田法)과 이온교환막법이 있다.

염전법은 소금을 얻기 위해 설치한 설비 내에 해수를 가두어 햇볕으로 증발시켜 소금을 얻는 방법인데, 넓은 염전과 많은 노력을 필요로 하고 날씨에 따라 좌우되는 경향이 많아서 지속적인 생산과 안정적인 공급을 위하여 새로운 방법이 요구되었다. 이 방법이 이온교환막법인데, 이온교환막법은 이온교환막을 이용해서 해수를 전해투압하여 농후염수를 얻는 방법이다.

소금의 종류는 식탁염(Nacl 99% 이상), 정제염(Nacl 99% 이상), 특급정제염(Nacl 99.8% 이상), 식염(Nacl 99% 이상) 등으로 나뉠 수 있다.

소금은 식염과 인체의 관계에 있어서 체액의 항상성 유지에 필요한 물질이지만 건강상 과잉섭취가 문제되고 있다. 일반적으로 1일 섭취량은 10g 이하를 권장하고 있다.

소금은 짠맛을 들이는 외에 다음과 같은 역할을 한다.

① 미생물 발생을 억제해서 부패를 방지한다.

② 단백질의 응고를 촉진한다.

③ 글루텐의 점성과 탄성을 높인다.

④ 침투압에 따른 탈수작용을 한다.

⑤ 클로로필의 녹색을 안정하게 유지시킨다.

⑥ 효소작용을 억제시켜 갈변을 방지한다.

⑦ 글로부린계의 단백질 용해성을 높인다.

(6) 향미료(香味料, 코우미료)와 양념

일본요리에서 향미료라고 하는 것은 요리에 약간의 향을 더해주거나, 비린 맛 또는 잡맛을 없애주는 역할을 하는 것으로, 시소(紫蘇)・유자(柚子)・기노메(木の芽)・산초가루(山椒粉)・스다치(酢橘)・미츠바(三つ葉)・와사비(山葵) 등이 있다. 일본요리는 재료 그 자체를 살려서 조리하는 것이 큰 특징이기 때문에, 그 재료가 가지고 있는 고유의 맛을 잃을 만큼의 향미료는 쓰지 않는다.

고추냉이(와사비, 山葵, わさび)　유채과에 속하는 상록야채 다년생 반음지 식물로서 매운맛과 단맛을 가지며, 깊은 산골에서만 자생하는 와사비는 환경에 민감한 작물로 생육범위가 상당히 좁다.

경사도 5~15% 정도의 깊은 산간계곡이 좋으며, 가장 적당한 표고는 400~500m이다. 와사비는 산소가 물속에 녹아 있어야 뿌리가 썩지 않기 때문에 물이 혼탁하거나 부유물이 들어가면 안 되며, 물이 많을수록 재배에 양호하다. 봄・가을에 수량이 부족하지 않아야 하며, 일 년 내내 균일한 수량을 보이는 지역에서 상품성 있는 와사비가 재배된다.

종류는 물고추냉이와 밭고추냉이가 있는데, 밭재배보다 물재배가 품질이 좋아 가격이 비싸며, 대부분 물재배를 원칙으로 한다. 와사비는 단맛이 살짝 감돌며 매운맛과 향기가 어우러지는 것을 최상품으로 여기는데, 3년 키운 와사비가 최적격이다. 와사비는 냉랭한 기온(10~13℃)을 좋아해 몸 전체에 방향(芳香)과 매운맛이 있으며, 특히 뿌리에 매운맛이 강하다. 이 향미가 선어・간장・초밥과 잘 어울려 향신료(香辛料)와 절임용으로 사용된다. 줄기와 잎도 매운맛이 있어 사시미 곁들임 등에 삶아서 무치면 향이 좋다. 또 과자에도 사용된다. 줄기와 잎의 색채에 따라 청경종(青莖種)・적경종(赤莖種)・백경종(白莖種)으로 나눈다.

일본의 주산지는 시즈오카(靜岡)・나가노(長野)・야마구치(山口) 지방 등이다. 매운맛은 시니그린(Sinigrin: 매운 성분)이라는 배당체를 발효 미로시나제로 분해시키고, 이 외에 2~3가지 물질을 섞어서 알릴카라시유로 되기 때문이다. 근경(根莖)의 시니그린(Sinigrin) 양은 중앙과 상단에 많고 하단부에는 적으므로 상단에서부터 가는 것이 좋다. 근경(根莖)이 검게 변하기도 하고 암갈색으로 썩는 병이 있는데, 끝을 조사해서 변색이나 상처 난 것을 골라낸다. 따라서 잎의 녹색이 선명하고 싱싱할수록 신선한 것이다.

차조기 잎(시소, 紫蘇, しそ) 시소과의 일년초이다. 원산지는 동인도・중국・아시아의 온대 지방으로 폭넓게 재배되고 있다. 종류는 잎의 색에 따라서 나눌 수 있는데 잎의 양면이 홍자색(紅紫色)인 아카시소(赤シソ), 청록색(青綠色)인 아오시소(青シソ), 겉(表)이 녹색(綠色)이고 속(裏)이 자색(紫色)인 편면시소(片面シソ)가 있다. 초여름에 홍자색의 작은 꽃이 이삭 끝에 가득히 핀다.

충분히 커진 잎을 하지소(葉ジソ)라 하고, 어린 꽃 이삭을 호지소(穗ジソ), 열매를 시소노미(シソの實)라 한다. 잎도 열매도 향이 좋아 옛날부터 향미료로 쓰여왔다. 적(赤)시소는 수용성 안토시안계 색소의 시소닌을 함유하고 우메보시・시바츠케 등의 절임물 착색용으로, 청(青)시소는 생선회의 곁들임, 튀김 및 초회 등의 장식으로 사용된다. 시소의 잎에는 무기질・비타민 등의 영양성분이 풍부해 영양가치가 높다.

산초(산쇼, 山椒, さんしょう) 일본의 북해도와 규슈의 산야에 자생하는 이외에 한국과 중국에도 분포한다. 잎과 열매에 특유의 향과 매운맛을 가져 예로부터 향신료로 사용되고 있다. 3월경부터 싹이 트는데, 이 어린 싹을 기노메(木の芽)라 하고 텐모리(요리의 고명으로 얹는 것)나 맑은국, 무침류의 무침옷 등으로 사용한다. 4월 말경부터 5월까지 녹황색의 작은 꽃이 피는데, 이것을 하나산쇼(花山椒)라고 부르고 맑은국・텐모리・구이류 등의 곁들임으로 사용한다. 6월 말에 특유의 강한 매운맛과 쓴맛을 갖는 열매산초가 된다. 최초는 파란색이어서 청산쇼라고 하고, 삶아서 거품을 뺀 후 조림・초절임 등에 사용한다. 과실은 9월경에 차적색으로 숙성하고 껍질이 둘로 갈라져 검은 열매를 내보이게 된다. 이것의 종자를 제거하고 껍질을 분말(粉山椒)로 하여 시치미토우가라시(七味唐からし)에 섞기도 하고 카바야키에 뿌리기도 한다. 매운 성분은 산쇼올이다.

유자(유즈, 柚子, ゆず) 중국 원산인 밀감과의 나무로, 감귤류 중에서는 가장 내한성이 좋고 넓은 지역에 재배되고 있다. 과육은 산미가 강해 생식으로는 어울리지 않지만, 향이 높아서 과

실이나 봉오리를 향미료로서 이용한다. 초여름에 하얀 꽃이 피는데, 이 꽃에도 유자의 방향이 있어 하나유즈라고 칭하며, 봉오리를 손가락 끝으로 가볍게 부셔 국물요리에 넣어서 향을 내는 데 사용한다. 6월 말경이 되면 작은 알의 녹색을 한 열매 유자가 생긴다. 열매유자는 반달 썰기 하여 초여름에 맑은국에 넣어 부드러운 풍미를 즐길 수 있다. 초가을에 열매유자가 커져 청유자가 된다. 11월경에 거기까지 녹색이었던 과피(果皮)가 노란색을 띠어 노란 유자가 된다. 과피는 울퉁불퉁하고 두껍고 향기가 풍부하며 과육은 부드럽고 즙이 많아진다. 다른 감귤류에 비해서 씨가 많다. 껍질을 얇게 벗겨 채썰어(하리유즈) 텐모리나 맑은국에 향으로 사용한다. 과즙은 짜서 식초로 하기도 하고, 냄비요리 · 초회 등에 사용한다.

생강(쇼가, 生姜, しょうが) 원산지는 열대아시아 지방이지만 현재는 온 세계에서 재배되고 있다. 하지가미(ハジカミ)라고 불린다. 지하 뿌리는 육질이 많아 강한 방향과 매운맛이 있어 식용 · 약용 · 향신료로서 폭넓게 이용되고 있다. 품종은 20여 종이 있고, 재배법으로는 싹생강 · 잎생강 · 뿌리생강이 있다. 싹생강은 빛을 차단하고 새싹을 30cm 정도로 재배한 것이며, 잎생강은 뿌리가 작은 것을 잎이 붙은 채로 수확한 것이다.

생강의 용도로는 초여름에 출하되는 매운맛이 적은 잎생강은 된장을 찍어서 생으로 먹기도 하고, 튀김으로 하기도 하며, 초생강을 만들어 구이의 곁들임으로 사용하기도 한다. 뿌리생강은 고기나 생선의 비린내를 제거하는 야쿠미나 베니쇼가(紅生姜) 등의 절임용으로 많이 사용한다. 채썬 바늘생강은 초회나 무침류의 텐모리로서 식욕을 돋운다.

깨(고마, 胡麻, ごま) 종자의 색에 따라서 흰깨(白胡麻) · 검정깨(黑胡麻) · 차깨(茶胡麻)로 나눈다. 흰깨는 품질도 함유율(含油率: 약 55%)도 좋지만 수량은 적다. 검정깨는 수량은 많지만 품질이 나쁘고 함유율도 낮다. 차깨는 향은 좋지만, 흰 · 검정깨보다 생산량이 적다. 함유율(含油率)은 검정깨보다 약간 많다. 성분으로는 지질 · 단백질이 풍부하고 각종 필수 아미노산을 포함하고 있어 식물성 단백질로서 더없이 좋다. 그 외 비타민, 칼슘, 철, 비타민 B_1 · B_2를 많이 함유하고 있다.

참기름은 함유율이 50% 이상으로 높고, 올레산·리놀산이 80%를 차지하는 양질의 식용유로서 향기가 좋다. 정제된 씻은 깨 그대로는 외피가 단단해 소화흡수도 어렵고, 깨 특유의 냄새가 있어서 요리에 사용할 때는 반드시 볶아서 볶은 깨를 만들어서 사용한다. 동량의 소금과 함께 볶아서 깨소금으로 하고, 팥밥에 뿌리기도 하고 깨를 갈아서 무침 옷과 깨 두부에 사용한다.

초귤(스다치, 酢橘, すだち) 밀감과의 유자에 가까운 종으로 일본 도쿠시마현(德島縣)의 특산품이다. 우리나라에서도 제주도에서 영귤이라고 해서 생산되고 있다. 구형을 한 과실의 무게는 30~40g이고, 유자보다 작다. 과피는 2mm 정도로 과피 색깔이 녹색인 미숙과 상태에서 가장 향이 좋고, 쓴맛이 없다. 영귤은 다른 감귤과는 달리 완숙과가 되면 향이 소실되므로 청과(青果) 상태인 미숙과로 수확하는 것이 특징이다. 따라서 제주도의 수확시기는 하우스재배인 경우 4월부터 수확할 수 있고, 노지에서는 9월이 수확시기이다. 향과 신맛이 일본요리에 잘 어울리며 향미료로서 과즙 및 과피를 사용한다.

과피는 등황색이고, 과육은 담황색이다. 11월경부터 색이 들지만 어린 녹색 과실이 향이 높기 때문에 여름부터 가을에 수확한다. 간 것은 양념으로 과즙은 생선회, 구운 생선, 냄비요리 등에 짜서 뿌린다. 송이요리에는 특히 잘 어울린다.

파(네기, 葱, ねぎ) 백합과의 엽채로서 중국 서부가 원산지라는 설이 유력하지만, 야생종이 발견되지 않아서 정확하게 알지는 못한다. 중국에서는 재배 역사가 오랜 야채의 하나로 알려져 있다. 더위와 추위에 강하고 적응성이 좋아 전국 각지에서 재배되고 있다. 파의 뿌리보다 잎 부분이 당질을 뺀 무기질과 비타민류의 영양소가 많다. 파류 특유의 자극취 성분은 알리신이고, 요리의 야쿠미나 향미야채, 구이류, 조림, 튀김, 냄비, 볶음, 국물요리의 건더기 등으로 넓게 쓰이며, 양식과 중식에도 폭넓게 쓰인다. 일본요리에서는 잎 부분은 많이 쓰지 않으며, 주로 흰 부분인 줄기를 많이 사용한다. 파의 흰 부분을 곱게 채썰어 시라가네기(白髮葱: 흰머리카락 모양의 파)를 만들어 국물요리에 넣기도 하고 얇게 채썰어 샤부샤부에 사용하기도 한다.

양하(묘가, 茗荷, みょうが) 생강과의 다년초로서 원산지는 열대아시아 산야에 자생하고 재배된다. 여름에 뿌리줄기에서 달걀형의 짧은 꽃 이삭이 나온다. 이 꽃 이삭을 하나묘가 혹은 묘

가노코라고 하고, 식용으로 하는 외에 연화 재배한 어린 싹의 줄기도 먹는다. 꽃 이삭이 7~8월에 나타나는 것을 여름묘가, 9~11월에 나타나는 것을 가을묘가라고 한다. 향기가 풍부하고 향신료로서 요리의 반찬, 야쿠미 외에 절임, 초회, 국물의 건더기, 튀김 등에 사용한다.

고추(토우가라시, 唐辛子, とうがらし) 가지과의 식물로 열대 아시아가 원산지이다. 과실이 익으면 녹색에서 적색으로 변한다. 그 형태와 크기에 폭넓은 변이가 있고 품종도 다양하다. 고추는 신미종과 감미종으로 크게 나뉘는데, 신미종에는 다카노츠메, 타바스코, 카이엔 등이 있고, 주로 향신료로 사용된다. 감미종에는 피망과 꽈리고추 등이 있고, 주로 과채류로 사용된다. 또 관상용으로 오색고추가 있다. 고추를 분말로 한 것이 이치미(一味)이며, 이것과 다른 6종의 향미료를 합한 것이 시치미(七味)이다. 주로 우동이나 국물요리에 곁들임으로 많이 제공되며, 시치미토우가라시(七味唐辛子) 구성은 다음과 같은데, 고춧가루(一味, 이치미), 귤껍질(陳皮, 미칸노카와), 검정깨(黑麻, 구로고마), 파래김(青海苔, 아오노리), 차조기 열매(紫蘇の實, 시소노미), 양귀비 씨(櫻粟實, 케시노미), 산초가루(山椒紛, 산쇼노코) 등의 일곱 가지를 섞은 것을 말한다.

9. 일본요리 용어

1) 재료명

(1) 생선명

생선명	일본어		영어
가다랑어	鰹	가츠오, かつお	Whole Oceanic Bonito
가리비	凡立貝	호타테가이, ほたてがい	Scallop
가재미	鰈	가레이, かれい	Raw Flat Fish

갈치	太刀魚	다치우오, たちうお	Hair Tail
갑오징어	文甲烏賊	몬고우이카, もんごういか	Cutte Fish(Lage Sized)
갯가재	蝦蛄	샤코, しゃこ	Lobster
갯장어	鱧	하모, はも	Congereel
게	蟹	카니, かに	Crab
고등어	鯖	사바, さば	Mackerel
고래	鯨	쿠지라, くじら	Balaenoptera
관자 (조개의 근육살)	貝柱	카이바시라, かいばしら	Scallope
광어	鮃	히라메, ひらめ	Halibut
굴	牡蠣	카키, かき	Oyter
꼬치고기	梭魚(魳)	카마스, かます	Red Barracuda
꼴뚜기	飯蛸	아이다코, いいだこ	Ocellated Octopus
꽁치	秋刀魚	산마, さんま	Goose Fish
꽃게	渡蟹	와타리가니, わたりがに	Swimming Crab, Blue Crab
날개다랑어	鬢長鮪	빈나미구로, びんなまぐろ	Albacore
날치	飛魚	토비우오, とびうお	Flying Fish
날치알	飛子	토비코, とびこ	Flying Fish Roe
노랑가오리	赤鱏	아카에이, あかえい	Ray
농어	鱸	스즈키, すずき	Seabass
눈다랑어	目鉢鮪	메바치, めばち	Eye Tuna
다랑어젓갈	酒盗	슈토, しゅとう(かつお鹽辛)	Shutto
달팽이	蝸蝸牛	카타츠무리, かたつむり 덴덴무시, でんでんむし	Snail
대구	鱈	타라, たら	Cod
대합	蛤	하마쿠리, はまくり	Clam
도다리	目板鰈	메이타가레이, めいたがれい	Flog Flounder

도루묵	鰰	하타하타, はたはた	Sand-fish
도미	鯛	타이, たい	Seabream
돌가자미	石鰈	이시카레이, いしかれい	Stone Flounder
망둥이	沙魚	하제, はぜ	Goby
멍게	海鞘	호야, ほや	Sea Squirt
메기	鯰	나마즈, なまず	Skate Fish
멸치	片口鰯	카타쿠치이와시, かたくちいわし	Anchovy
명란젓	鱈子	타라코, たらこ	Cod-roe Salted
명태	明太	스케토우타라, すけとうたら 멘타이, めんたい	Walleyed Pollack
모래무지	鱚	키스, きす	Blow Fish
모시조개	淺蜊	아사리, あさり	Cavalla
문어	蛸	타코, たこ	Octopus
미꾸라지	泥鰌	도죠, どじょう	Loaches
민물장어	鰻	우나기, うなぎ	River Eel
민어	鮸	니베, にべ	Croaker
바지락조개	蜆	시지미, しじみ	Short-necked
방어	鰤	부리, ぶり	Yellowtail
방어새끼	魬	하마치, はまち	Amberfish
백새치	白梶木	시로지키, しろじき	Whate Marlin
뱅어	白魚	시라우오, しらうお	White Bait
병어	鯧	마나가츠오, まながつお	Pompret
복껍질	鐵皮	뎃가와, てっがわ	Swellfish
복어	河豚	후구, ふぐ	Swell Fish(Pufter)
볼락어	目張	메바루, めばる	Black Rock Fish
부시리	平政	히라마사, ひらまさ	Gold Striped Amberjack
붕어	鮒	후나, ふな	Cruiancarp(Silvercarp)

붕장어	穴子	아나고, あなご	Sea Eel
빙어	公魚	와카사기, わかさぎ	Rond Smelt
산새우	踊り	오도리, おどり	Live Shrimp
산천어	山女	야마메, やまめ	Masou Salmon
삼치	鰆	사와라, さわら	Spanish, Mackerel
상어	鮫	사메, さめ	Shark
새조개	鳥貝	토리가이, とりがい	Cockle
성게	海栗	우니, うに	Sea-urchin
성게알젓	鹽雲丹	시오우니, しおうに	Soused Sea-urchin
소라	榮螺	사자에, ささ°え	Bakedtop Shell
송어	鱒	마쓰, ます	Trout(Pink Salmon)
숭어	鯔	보라, ぼら	Mullet
쏘가리	鱖	코우라이겟교, こうらいけつぎょ	Mandarin Fish
쑤기미	虎魚	오코제, おこぜ	Devil Stinger
아귀	鮟鱇	안코우, あんこう	Goose Fish, Angler Fish
양태	鯒	코치, こち	Flat Heed
어란	鱲子	카라쓰미, からすみ	Trout-roe
연어	鮭	사케, さけ	Salmon
연어알젓	筋子	스지코, すじこ	Salmon-roe Salted
오분재기	常節	토코부시, とこぶし	Small Abalone
오징어	烏賊	스루메이카, するめいか	Cuttle Fish
옥도미	甘鯛	아마타이, あまたい	Tile Fish
옥새송어	虹鱒	니지마쓰, にじます	Trout
왕우럭조개	海松貝	마루가이, みるがい 미루쿠이, みるくい	Mirugai Clam
우렁이	田螺	타니시, たにし	River Snail
유엽어	柳葉魚	시샤모, ししゃも	Japanese Capelin

은어	鮎	아유, あゆ	Sweetfish(Silverfish)
은어알젓	鮞, 鱁鮧	우루카, うるか	Sweet Fish Soused
잉어	鯉	코이, こい	Carp
자라	鼈	슷폰, すっぽん	Softshelledturtle, Snappingturtle
잿방어	間八	칸바치, かんぱち	Greater Amberjack
전갱이	鱢(鯵)	眞鱢: 마아지, まあじ 室鱢: 무로아지, むろあじ 縞鱢: 시마아지, しまあじ め鱢: 메아지, めあじ	Horemackerel
전복	鰒, 鮑	아와비, あわび	Abalone
전어	鰶	고노시로, このしろ 고하타, こはた	Punctatusshad
정어리	鰯	이와시, いわし	Sardine
젓갈	鹽辛	시오카라, しおから	Soused Seafood
조기	石頭魚	이시모치, いしもち	Yellow Tailrunner
준치	曹白魚	히라, ひら	Halibut
쥐노래미	鮎並	아이나메, あいなめ	Fatgreenling
쥐치	皮はぎ	카와하기, かわはぎ	File Fish
차새우	車海老	쿠루마에비, くるまえび	Shrimp
참가재미	眞鰈	마카레이, まかれい	Flounder, Brownsole
참다랑어	本鮪	혼마구로, ほんまぐろ	Blue Fin Tuna
청새치	青梶木	마카지키, まっかじき	Striped Marlin
청어	鰊	니신, にしん	Herring
청어알	數の子	카즈노코, かずのこ	Herring-Roe
털게	毛蟹	케카니, けかに	Hairingcrab
피라미	鮠	하에(하야), はえ(はや)	Minnow
피조개	赤貝	아카가이, あかがい	Arkshell
학꽁치	針魚	사요리, さより	Snipfish

한치	槍烏賊	야리이카, やりいか	Dried Cuttlefish
해삼창자젓	海鼠腸	코노와타, このわた	Salted Sea-urchin
해삼	海蔘	나마코, なまこ	Seacucumber
해파리	海月	쿠라게, くちけ	Jelly Fish
홍합	貽貝	이가이, いがい	Mussel
황다랑어	黃鮪	기하타마구로, きはたまぐろ	Yellowfin Tuna
황새치	黃梶木	메카지키, めかじき	Sword Fish
흑다랑어	黑鮪	쿠로마구로, くろまぐろ	Black Fin tuna

(2) 야채명

야채명	일본어		영어
가지	茄子	나스(비), なす(び)	Egg Plant
감자	馬鈴薯	자가이모, じゃかいも	Potato
갓	芥子菜	카라시나, からしな	Leaf Mustard
강낭콩	隱元豆	사야엔도, さやえんどう 인켄마메, いんけんまめ	Green Beans
겨자채	芥子菜	카라시나, からしな	Broron Musted
고구마	甘藷	사츠마이모, さつまいも	Sweet Potato
고비	薇	젠마이, ぜんまい	Fernbeale
고사리	蕨	와라비, わらび	Braken
고추	唐辛子, 唐芥子	토우가라시, とうがらし	Green Pepper
곤약	崑蒻	콘냐쿠, こんにゃく	Elephant Foot
교오나	京菜	쿄나, きょうな	Potherd Mustad
깻잎	胡麻の葉	코마노하, こまのは	Sesame Leaf
느타리버섯	平茸	히라타케, ひらたけ	Oystermushroom
달래	野蒜	노비루, のびる	Red Garlic

닭벼슬형 해초	鶏冠海苔	토사카노리, とさかのり	Tosalcanori
담자균버섯	滑子	나메코, なめこ	Nameko
당근	人蔘	닌진, にんじん	Carrot
대파	大葱	오오네기, おおねぎ	Large Green Onion
두릅	楤穗	타라노메, たらのめ 타라보, たらぼ	Budofaralia
땅두릅	獨活	우도, うど	Aralia of Bud
락교, 염교	荣芝	락교, らっきょう	Bakeni Garlic
마늘	大蒜	닌니쿠, にんにく	Garlic
머위	蕗	후키, ふき	Japanese Butterbur
목이버섯	木耳	키쿠라게, きくらけ	Juda's Ear
무	大根	타이콘, たいこん	Turnip
무순	貝割菜	카이와레, かいわれ	Kaiware
미나리	芹	세리, せり	Watercress
박꼬지	干瓢	칸표, かんぴょう	Kanpyo
배추	白菜	학사이, はくさい	Cabbage, White
백합뿌리	百合根	유리네, ゆりね	Lily Root
부추	韮	니라, にら	Leek
산마	山芋	야마이모, やまいも	Yam
산초나무 잎	木の芽	코노메, このめ 키노메, きのめ	Kinome
상추	萵苣	치샤, ちしゃ	Korean Lettuce
생강	生薑	쇼가, しょうが	Ginger
석이버섯	岩茸	이와타케, いわたけ	Mannalichen
소송채	小松菜	코마츠나, こまつな	Komatsuna
송로버섯	松露	쇼로, しょろ	Truffle
송이버섯	松茸	마츠타케, まつたけ	Matsutakefumgus, Pineagaric

수수	穇子	히에, ひえ	sorghum
숙주	萌	모야시, もやし	Greenbean Sprouts
순무, 무청	蕪	쓰즈나, すずな 카부라, かぶら	Turnip
순채	蓴菜	쥰사이, じゅんさい	Watershield
시금치	菠稜草	호렌소, ほうれんそう	Spinach
실곤약	白瀧	시라타키, しらたき	Siradaki
골파	分葱	와케기, わけぎ	Shallot
실파	小葱	아사츠키, あさつき 코네기, こねぎ	Green Onion
싹차조기	芽紫	메지소, めじそ 무라메, むらめ	Perilla Sprouts
쑥갓	春菊	슌커쿠, しゅんきく	Garland Chrysanthemu
애호박	南京	난킨, なんきん	Squash
양배추	甘藍	캬베츠, キャベツ	Cabbege
양상추	玉萵苣	타마치샤, たまちしゃ	Lettuce
양파	玉葱	타마네기, たまねき	Onion
양하	茗荷	묘가, みょうが	Myoga
연근	連根	렌꼰, れんこん	Lotus Root
오이	胡瓜	큐리, きゅうり	Cucumber
옥수수	玉蜀黍	토우모로코시, とうもろこし	Corn
와사비	山葵	와사비, わさび	Wasabi
완두콩	豌豆	엔도우마메, えんどうまめ	Greenbeans
우엉	牛蒡	고보, ごぼう	Burdock
은행	銀杏	킨난, きんなん	Gingkonut
이싹차조기	紫蘇	호지소, ほじそ	Flower Shiso
자소 잎(차조기)	紫蘇	시소, しそ	Shiso
작은 송이버섯	占地, 溫地	시메지, しめじ	Shime Ji Mushroom

잠두콩, 누에콩	蚕豆(空豆)	소라마메, そらまめ	Broad Beans
죽순	筍	타케노코, たけのこ	Bambooshoots
청국장	納豆	낫토, なっとう	Fermented Soybeans
토란	里芋	사토이모, さといも	Taro
파드득나물(세닢)	三つ葉	미츠바, みつば	Mitsuba
팽이버섯	榎竹	에노키타케, えのきたけ	Wintermushroom
표고버섯	椎茸	시이타케, しいたけ	Wild Mushroom
호박	南瓜	가보차, かぼちゃ	Pumpkin

(3) 과일명

과일명	일본어		영어
감	柿	카키, かき	Persimmomhard
곶감	干し柿	호시가키, ほしがき	Persimmon
금귤	金柑	킨칸, きんかん	Kumquat
대추	棗	나츠메, なつめ	Jujube
딸기	苺苺	이치고, いちご	Strawberry
땅콩	落花生	락카세, らっかせい 난킨마메, なんきんまめ	Peanut
매실	梅	우메, うめ	Ume
메론		메론, メロン	Melon
모과	木瓜	카린노미, かりんのみ	Chinese, Quince
무화과	無花果	이치쥬쿠, いちじゅく 이치지쿠, いちじく	Fig
밀감(귤)	蜜柑	미칸, みかん	Tangerine, Mandarin Orange
바나나		바나나, バナナ	Banana
밤	栗	쿠리, くり	Chest Nut
배	梨	나시, なし	Pear

복숭아	桃	모모, もも	Peach
사과	苹果	린고, りんご	Apple
살구	杏	안즈, あんず	Apricot
석류	石榴	자쿠로, ざくろ	Pomegranate
수박	西瓜	스이카, すいか	Watermelon
앵두	梅挑	유즈라우메, ゆずらろめ 유즈라노미, ゆずらのみ	Cherry
오렌지		오렌지, オレンジ	Orange
유자	柚子	유즈, ゆず	Citron
자두	紫挑	스모모노미, すもものみ	Plum
잣	松の實	마츠노미, まつのみ	Pinenut
참외	瓜	우리, うり	Melon
체리, 버찌	櫻ん坊, 櫻桃	사쿠란보, さくらんぼう さくらんぼ	Cherry
파인애플		파인애플, パイナップル	Pineapple
포도	葡萄	부도, ぶどう	Grape
호도	胡桃	쿠루미, くるみ	Walnut Pecan

(4) 건식자재명

건식자재명	일본어		영어
가다랑어포	鰹節	가츠오부시, かつおぶし	Dried Bonito
간장	醬油	죠유, しょうゆ	Soysauce
건표고	乾椎茸	호시시이타케, ほししいたけ	Dried Pine Mushroom
검정깨	黑胡麻	쿠로코마, くろこま	Black Sesame
고인 간장	溜り醬油	타마리죠유, たまりじょうゆ	Deep(Dark) Soy Sauce
곤약	崑蒻	곤냑, こんにゃく	Elephant Foot
김	海苔	노리, のり	Laver

녹미채(톳)	鹿尾菜	히지키, ひじき	Hijiki
다시마	昆布	콘부, こんぶ	Kelp Kombu, Sea Tangle
당면	春雨	하루사메, はるさめ	Cellophane Noodles
된장	味噌	미소, みそ	Soybean Paste
두부단백	湯葉, 油葉	유바, ゆば	Yuba
두부비지	豆腐がら (卯の花)	오카라, おから 우노하나, うのはな	Okara
목이버섯	木耳	키쿠라게, きくらげ	Juda's Ear
무말랭이	切り干し大根	키리보시타이콘, きりぼしたいこん	Dried Turnip
물엿, 조청	水飴	미즈아메, みずあめ	Starch Syrup
미림	味淋	미린, みりん	Miring
미역	若布	와카메, わかめ	Sea Mustard
박꼬지	乾瓢	칸표, かんぴょう	Dried Gourd Shavings
산초가루	山椒	산쇼, さんしょ, さんしょう	Japanese Pepper
석이버섯	岩茸	이와타케, いわたけ	Manna Lichen
설탕	砂糖	사토, さとう	Sugar
소금	鹽	시오, しお	Salt
소면	素麵	소멘, そうめん	Plain Noodles
수전사노리	水前寺海苔	스이젠지노리, すいぜんじのり	Suijonjinori
술	酒	사케, さけ	Liquor
쌀식초	米酢	코메스, こめす	Vinegar
언두부	高野豆腐	코야토오후, こやとうふ	Soft Beancurd
연두부	絹こし豆腐	누노코시토오후, ぬのこしとうふ	Silken Beancurd
유부	油揚げ	아부라아게, あぶらあけ	Fried Tofu
전분	浮き粉	우키코, うきこ	Starch
참깨	胡麻	코마, こま	Sesame
찹쌀가루	白玉粉	모치코메코, もちこめこ 시로타마고코, しろたまごこ	Glutinous Rice Flour

치자	梔子	쿠치나시, くちなし	Gardenia Seeds
칡	葛	쿠즈, くず	Kudzu
큰실말	海雲	모즈쿠, もずく	Mozuku
파래	青海苔	아오노리, あおのり	Green Laver
한천	寒天	칸텐, かんてん	Agar
화학조미료	味の素, 化學調味料	아지노모토, あじのもと 카가쿠쵸미료, かがくちょうみりょう	MSG
후추	胡椒	코쇼, こしょう	Pepper

2) 조리방법에 따른 용어해설

조리용어	용어해설
겟칸(げっかん, 月冠)	달걀을 풀지 않고 사용한 요리에 이런 말을 자주 사용한다.
코모치(こもち)	물고기의 배에 무언가를 채우고, 알밴 것 같은 모습으로 하여 찌거나 데치는 것
타네(たね, 種)	맑은국의 건더기나 초밥재료 생선을 말한다.
텐모리(てんもり, 天盛)	보기 좋게 담은 요리 위에 첨가하여 담는 것(기노메, 무순, 생강채, 유자채, 김채, 이도카키 등)
레-바(レーバ)	닭·소·돼지 등의 간을 말한다.
리큐(りきゅう, 利休)	참깨를 사용한 요리에 이 말을 자주 쓴다.
마루쥬(まるじゅう, 丸十)	고구마
아오루(あおる)	데치는 것
아타루(あたる)	재료를 절구로 으깨는 것
아타리(あたり)	맛을 조절하는 것
아테루(あてる)	재료에 소금을 치는 것
야키시모(やきしも, 燒霜)	재료의 표면을 강한 불에 구워서 서리가 내린 것처럼 하는 것
요비시오(よびしお, 呼鹽)	소금절임한 것의 소금을 뺄 경우에 담그는 소금물
유비키(ゆびき, 湯引き)	재료를 뜨거운 물에 살짝 데치는 것

이소베(いそべ, 磯辺べ)	김을 사용한 요리에 이런 명칭이 붙는다.
이코미(いこみ)	여러 가지의 재료 속에 다른 재료를 채워 넣는 것
이타즈리(いたずり)	재료를 도마 위에서 두드려가며 비벼 펴는 것
쿠이키리 (くいきり, 喰切り)	그다지 많지 않은 요리를 내는 것으로, 다 먹어치울 수 있는 종의 요리를 말한다.
키지(きじ, 生地)	원래 상태의 물질이나 재료를 말한다.
하루(はる)	즙이나 국물을 넣는 것
후리시오(ふりしお)	소금 맛을 들일 때 소금을 뿌리는 것
후미비(ふみび, 文火)	약한 불을 말한다.
후쿠린(ふくりん)	재료 위에 다시 또 한 번 뿌리는 것을 말한다.
히도루(ひどる)	생선이나 야채류를 불에서 눋도록 굽는 것을 말한다.

[あ]

あえもの(아에모노, 和物)　재료와 향신료 등을 섞어서 무친 무침요리. 예를 들면 깨무침, 초된장무침, 성게알젓무침, 노른자초무침, 해삼창자 젓갈무침 등이 있다.

あおみ(아오미, 青味)　주요리에 색을 내기 위하여 곁들여지는 야채로, 강낭콩 · 쑥갓 · 미나리 · 시금치 · 순무 · 상추 · 유채꽃 등을 말하며, 국의 건더기로 사용한다.

あぶらぬき(아부라누키, 油抜)　튀긴 두부나 유부의 기름기 제거를 위하여 뜨거운 물을 뿌리거나, 때로는 데쳐 여분의 기름기를 빼는 것을 말한다.

[い]

いけじめ(이케지메, 生締)　생선이 살아 있을 때 머리에 칼을 찔러 죽음에 이르게 하는 것으로, 이렇게 하면 경직되는 시간이 늦고, 살이 살아 있는 상태가 오래 지속된다.

いたまえ(이타마에, 板前)　조리사의 다른 명칭으로, 옛날에는 중요한 손님을 초대할 때 도마를 손님 앞에 들고 나와 주인 또는 그 방면의 기술이 뛰어난 사람이 도마 앞에서 조리하고 실제의 요리법을 보이는 것이 예의였다. 이때부터 요리사를 이타마에(板前, いたま

え)라고 칭하게 되었으며, 에도(江戶)시대에 와서 일반화되었다.

[う]

うらこし(우라코시, 裏漉) 철제나 목재로 된 체에 삶거나 부드러운 식재를 체에 거르는 것을 말한다.

[お]

おきなやき(오키나야키, 翁燒) 도미의 살을 조각내어 미림·간장에 담가 두었다가 쇠꼬챙이에 찔러서 굽고, 나중에 흰 다시마를 잘게 썰어 뿌려서 구운 것이다.

おくら(오쿠라, 小倉) 팥을 사용한 음식물에 오쿠라(小倉)라는 말이 자주 붙는다. 이 어원은 '小倉山'이라는 명소가 있는데, 그곳의 단파(丹波)라는 지방에서 최상의 팥이 산출되어, 이 팥을 사용한 음식에 오쿠라라는 이름을 붙였다.

おしぶた(오시부타, 押蓋) 김치나 야채절임을 할 때 눌러주는 뚜껑이다.

おせちりょうり(오세치료우리, 御節料理) 오세치는 공찬(供饌)으로 절구요리(節句料理)이다. 옛날에는 오절구(五節句: 진지쯔〈人日, 1월 7일〉, 죠우시〈上巳, 삼월삼짓날〉, 단고〈端午, 5월〉, 타나바타〈七夕, 7월〉, 쥬요우〈중양, 9월〉)의 날에 바치는 음식을 준비했지만, 나중에 정월의 축하음식(祝饌)을 오세치라고 부르게 되었다. 오세치요리를 4단으로 채울 경우는 1단에는 청어알, 흑콩, 작은콩 등의 축하안주, 2단에는 긴똥, 다테마키 등의 입가심, 3단에는 해산물요리를 담는다. 오세치요리에는 가정의 평안과 화목, 국가의 안위를 비는 의미의 음식들을 만든다.

おちあゆ(오치아유, 落鮎) 사가리아유라고도 말하며, 가을에 산란하러 강에서 바다로 내려가는 은어를 말한다.

おとしぶた(오토시부타, 落蓋) 음식을 끓일 때 냄비의 직경보다 작은 뚜껑으로, 조린 생선이나 그 밖의 음식을 끓일 때 냄비보다 작은 뚜껑을 사용하면 국물 등의 맛이 달아나지 않고 재료에 잘 배어든다. 천천히 푹 끓이는 요리에 사용하고 가능하면 나무뚜껑이 좋다.

おべんとう(오벤토우, お弁堂)　도시락을 말한다.

벤토(弁堂)의 역사

처음엔 귀족들의 야외향연 같은 곳에서 일하는 사람들에게 식사로 제공해주던 것인데, 그 후 주먹밥, 말린 밥, 밥을 얇게 가공한 것 등을 휴대하고 다녔다. 에도(江戸)시대에 와서는 담는 상자가 다양해지고 화려해지면서 그 당시 시바벤토, 하나미벤토 등이 생겨났다. 메이지(明治)시대에는 위의 도시락을 역에서 판매하게 되었다.

도시락의 분류(도시락 용기에 따라 분류)

① 벤토(弁堂): 집에서 싸 가지고 다니는 도시락으로, 대중적이고 저렴하며, 우리나라의 일반적인 도시락과 같은 개념의 도시락을 말한다.

② 마쿠노우치(幕の内): 연극 등 막(幕)의 안(内)에서 먹던 도시락이라 해서 마쿠노우치(幕の内)라 한다. 그 형태는 주먹밥(현재는 틀에 찍어낸 밥)과 반찬이 칸이 나누어져 있는 도시락에 들어 있는 것(벤토보다는 고급)이다.

③ 쇼카토 후치다카(松花堂緣高): 후치다카(緣高)는 네모난 쟁반을 뜻하며, 일반적인 박스형의 도시락이다. 쇼카토 후치다카는 뚜껑이 있고 열십자로(＋) 된 칸이 나누어진 박스 안에 작은 그릇이 또 들어 있는 가장 고급스런 도시락을 말하며, 다음과 같이 두 가지의 형태로 나눌 수 있다.

- 대덕사 후치다카(大德寺椽高): 대덕사(大德寺) 사찰에서 사용했다 해서 이런 이름이 붙었다. 도시락 안에 칸이 없으며, 그냥 그 안에 여러 가지 그릇과 음식을 담은 것을 말한다.
- 송화당 후치다카(松花堂緣高): 송화당(松花堂)이라는 스님이 즐겨 사용해서 이런 이름이 붙었다. 도시락 안에 열십자로(＋) 칸이 나누어져 있고, 그 안에 또 작은 그릇이 들어 있어 여기에다 여러 가지 다양한 요리를 담는다.

[か]

かけじる(카케지루, 掛汁)　우동, 메밀국수, 소면 등에 뿌리는 국물을 말한다.

かけんす(카겐스, 加減酢)　간장・식초・설탕과 혼합한 것이다. 양조의 가감된 간장을 소금 대신에 사용하기 때문에 이 이름이 붙었다. 간장을 사용하지 않고 소금을 사용하면 산바이즈(三杯酢)라고 한다.

かす(카스, 粕)　주로 술을 짠 찌꺼기를 말한다.

かすづけ(카스즈케, 粕漬)　야채, 어패류, 육류, 새고기 등을 미림과 술지게미와 섞어서 재료

를 적당히 처리하고 난 다음 절이는 것을 말한다.

かっぽう(갓포우, 割烹) 할(割)은 재료를 자른다는 것을 말하고, 팽(烹)은 불을 사용해서 재료를 처리한다는 의미로 일본 회석요리집을 말한다.

かばやき(카바야키, 蒲燒) 구이 종류의 하나이다. 배를 가르고 뼈를 떼어내고 생선에 쿠시를 꿰어 데리를 발라 구운 요리를 말한다. 바닷장어・미꾸라지・꽁치・갯장어 등을 사용하고, 우나기카바야키(鰻蒲燒)가 대표적이다. 카바(蒲)라는 의미는 옛날에 장어의 머리에서 꼬리까지 꼬챙이를 꿰어서 돌려가면서 구웠는데, 이 꼬챙이에 꽂힌 장어의 모습이 카바노호(蒲の穗: 부들의 이삭)를 닮았기 때문에 붙여진 이름이다. 카바(蒲)는 부들과의 다년초 식물이다.

かまくらあえ(카마쿠라아에, 鎌倉和) 생선을 주사위 모양으로 썰어 비빈 김・와사비・간장과 섞어서 무친 것을 말한다. 옛날 카마쿠라(鎌倉) 지방은 김의 고장이었다. 김을 사용해 만든 요리에 카마쿠라(鎌倉)라는 말이 쓰이게 되었다.

かみなべ(카미나베, 紙鍋) 종이로 만든 특수한 냄비 또는 그것을 사용한 요리를 가리킨다. 냄비 모양의 철망 안에 종이냄비를 넣고, 그 안에 어류나 야채 등의 좋아하는 재료를 넣어서 끓이는 냄비요리이다.

からあけ(카라아게, 空揚) 튀김 종류의 하나로, 재료에 아무것도 무치지 않고 튀긴 모토아게(素揚)를 말하는 경우도 있지만, 일반적으로는 가루를 묻혀 튀긴 것을 말한다. 재료를 그대로 또는 밑간을 해서 전분이나 밀가루를 발라서 튀긴다. 어개류・조육류・야채류 등을 재료로 사용한다.

からあけ(카라아게, 唐揚) 중국식의 재료에 간장・술・미림・마늘・생강 등으로 맛을 들이고 녹말가루를 무쳐서 튀긴 것으로, 중국식으로 튀기기 때문에 카라아게(唐揚)라 한다. 현재 호텔에서 튀겨서 판매하고 있는 소고기 카라아게, 전복 카라아게가 여기에 해당한다.

からすみ(카라스미, 唐墨) 숭어 따위의 알집을 소금에 절여 말린 식품으로, 모양이 중국의 먹과 닮아 카라스미(唐墨: 당나라 먹)라는 이름이 붙었다.

かんもどき(칸모도키, 雁疑, 丸疑) 으깬 두부 속에 야채를 넣어 둥글고 약간 평평하게 만들

어서 중간 불에서 튀긴 것이다. 기러기고기 맛과 비슷하기 때문에 칸모도키(雁疑)라는 이름이 붙었다. 그리고 둥글게 만들지만 약간 평평하기 때문에 칸모도키(丸疑)라고도 한다.

[き]

きぬたまき(키누타마키, 砧巻)　무 · 당근 · 순무 등을 돌려 깎기로 깎아 살짝 데치거나 삶아서 새우, 닭, 민치고기나 으깬 어육 등을 말아서 자른 것을 말한다.

[ぐ]

ぐそくに(구소쿠니, 具足煮)　새우를 삶는 방법으로, 새우의 몸통을 가로로 자르면 무구(武具)의 몸통과 닮아서 붙여진 이름이다.

[こ]

このこ(코노코, 海鼠子)　해삼의 알을 말한다. 해삼의 복부를 열면 장이 나오는데, 그 등줄기에 가늘고 길게 부착해 있는 것이 해삼의 알이다. 나오는 양이 적어 가격이 비싸다.

こぶじめ(코부지메, 昆布締)　재료가 가진 맛을 살리고, 다시마의 맛과 향을 들게 한 요리법으로, 생선회 외에 초회 · 초밥다네 등에 사용된다. 담백한 흰 살 생선이나 관자 · 오징어 등에 가볍게 소금을 해서 다시마 사이에 끼워 눌러둔다. 생선의 선도, 종류, 계절에 따라 절이는 시간은 다르지만 약 2~5시간 둔다. 마츠마에지메(松前締)라고도 한다.

[さ]

さいきょうづけ(사이쿄즈케, 西京漬)　된장절임의 일종이다. 사이쿄된장(西京味噌)을 미린이나 술로 묽게 한 다음, 여기에 자른 생선살을 넣어 절이는 것을 말한다. 삼치나 병어를 자주 사용한다.

さかむし(사카무시, 酒蒸し)　술을 사용해서 찌는 조리법으로, 재료는 대합 · 전복 · 조개류 및 흰 살 생선 등이며, 조개류는 술과 끓인 다시를 동량으로 하고 소금으로 간을 하여 찐다. 생선은 술과 소금 간을 해서 찐다.

さくとり(사쿠토리, 作取り) 생선의 비늘을 제거하고 배를 열어 내장을 꺼내 깨끗이 손질한 다음, 이것을 세 장 포 뜨기 해서 요리에 적당한 모양으로 구분하는 것을 말한다.

さけかす(사케카스, 酒粕) 거르지 않은 술을 술자루에 넣고 압축하여 술을 짜고 남은 술지게미로 카스지루(粕汁: 술지게미를 넣은 된장국), 냄비요리, 야채절임 등에 사용한다.

ささかき(사사카키, 笹缺, 笹搔) 야채를 자르는 방법의 하나로, 우엉이나 당근을 연필 깎듯이 가늘고 길게 써는 것이다. 조릿대 잎(笹: 사사)과 비슷하여 붙여진 이름이다.

ささやき(사사야키, 笹燒) 큰 조릿대 잎으로 재료를 싸서 구운 것으로 재료로는 육류・생선・새우・송이버섯・은행 등 그 밖의 여러 가지 재료를 사용할 수 있다.

さつまいもあめに(사츠마이모아메니, 薩摩芋飴煮) 고구마를 적당히 썰어 명반 물에 담가 떫은맛을 빼고, 물기를 제거한 다음 시럽에 조려내는 것을 말한다.

さばをよむ(사바오요무, 鯖をよむ) 요무(よむ)는 물건을 세는 것을 말하며, 옛날에는 고등어가 저렴하여 10마리를 사는데 한두 마리를 더 집어왔던 것을 말하며, 현재의 의미는 관용어로서 '남을 속이다'라는 의미이다.

さらしねぎ(사라시네기, 晒葱) 파를 채썰거나 한입 크기로 얇게 썰어 물에 씻어 끈기와 매운 냄새를 제거하고, 행주로 싸서 물기를 충분히 제거해서 양념이나 곁들임으로 사용한다.

[し]

しいざかな(시이자카나, 强肴) 카이세키요리(懷石) 중에서 코바치・맑은국・생선회・구이・조림 등을 제공하고 난 후 내놓는 일품안주를 말한다.

しおづけ(시오즈케, 鹽漬) 야채절임용(고노모노, 香の物: 야채를 소금・겨에 절인 것)과 저장용 두 가지 방법이 있다. 야채절임용의 경우는 재료에 맛을 들이는 것과 다른 잡균의 활동을 막아 유산균의 번식을 쉽게 하도록 한 것이 있다. 저장용의 경우는 재료의 부패를 막기 위해 염도 30도 이상의 소금물에 절인다.

しおむし(시오무시, 鹽蒸し) 소금을 쳐서 찜

しおもみ(시오모미, 鹽揉) 야채를 얇게 썰어 소금을 뿌리고 손으로 부드럽게 주물러 수분을 빼내는 것을 말한다.

しおやき(시오야키, 鹽燒) 소금구이

しおゆで(시오유데, 鹽茹) 소금을 넣고 데치는 것

しぐれに(시구레니, 時雨煮) 조림류의 하나로, 어개류를 간장의 맛과 색을 살려 조린 조림이다. 반드시 생강이 들어가므로 생강조림이라고도 불린다. 대합시구레니가 대표적이고, 그 외 바지락·피조개·다랑어·참치 등도 재료로 사용할 수 있다.

したあじ(시타아지, 下味) 요리를 하기 전에 미리 간을 해두는 것을 말하며, 주로 튀김·찜 등에 이 방법을 이용한다.

したに(시타니, 下煮) 요리의 사전준비로, 잘 익지 않는 것 따위를 간을 맞추기 전에 다른 것보다 미리 익혀두는 것을 말한다.

しのた(시노타, 信田, 篠田, 信太) 유부를 사용한 음식에 이 이름을 붙인다.

しぶかわに(시부카와니, 澁皮煮) 밤을 속껍질이 붙은 채로 달게 조린 것

しめさば(시메사바, 締鯖) 고등어를 소금과 식초로 간한 것

しもふり(시모후리, 霜降) 생선이나 닭고기 등을 적당히 썰어 뜨거운 물에 재빨리 데쳐 물로 씻어 만든다. 이렇게 하면 표면이 하얗게 서리가 낀 것 같은 상태가 된다.

しゅん(슌, 旬) 생선이나 야채가 제 계절에 출회(出回)하는 가장 맛있는 시기를 말한다.

しょうがつりょうり(쇼우가츠료우리, 正月料理) 오세치요리, 조우니(雜煮: 일본떡국), 나나쿠사가유(七草粥: 칠초죽), 팥죽 등의 정월에 먹는 요리를 말한다.

しょうかどうふちだか(쇼카도우치다카, 松花堂緣高) 상자 모양으로 덮는 뚜껑이 붙은 후치다카(緣高: 가장자리가 높다)의 일종이다. 그릇의 가운데 십자형의 구분이 들어 있고, 그 구분한 한 개소 또는 두 개소에 작은 그릇을 짜 넣는다. 에도(江戶) 초기의 학승인 송화당소승(松花堂昭乘)이 좋아했다고 해서 이런 이름이 붙었다. 간단하게 송화당(松花

堂, 쇼카도우)이라고도 한다.

しんじょ(신죠, 糝薯) 흰 살 생선을 잘 다지고 우키코(浮粉: 밀가루의 전분질을 모아 정제한 것), 참마, 미림, 소금, 때로는 달걀흰자를 섞어 부드럽게 데치거나 쪄서 만든 것이다.

[す]

すあらい(스아라이, 酢洗) 초회요리의 사전준비로서 어패류를 살짝 식초로 씻는 것을 말한다.

すかたもり(스가타모리, 姿盛) 요리를 담아내는 방법으로, 재료를 원래의 모습으로 담는 것이다.

すましじたて(스마시지다테, 澄仕立, 清仕立) 다시마 또는 다랑어로 뽑은 1번다시를 소금과 간장으로 조미한 국물이다. 염분농도는 0.8~0.9% 정도가 적당하다.

すりみ(스리미, 擂身) 어개류나 조육을 두들겨 부셔서 분말기에 잘 갈아 점성을 좋게 만든 것이다. 생살 또는 으깬 살이라고도 하며, 요리에는 달걀흰자를 넣거나, 산마를 갈아 넣기도 하는 등 여러 가지의 요리재료로 사용한다.

[せ]

せびらき(세비라키, 背開) 생선처리방법의 하나로, 등 쪽부터 칼을 넣어 포 뜨는 방법을 말한다. 전갱이나 보리멸 등과 같은 생선을 손질할 때 사용한다.

せんちゃ(센차, 煎茶) 달인 엽차이다. 옛날에는 차를 달여 마셨기 때문에 이런 이름이 붙었다. 차를 분류하면 일본식인 맛차(抹茶)와 중국식인 센차(煎茶)가 있다. 좋은 센차(煎茶)를 만드는 방법은 차 새싹이 나기 전에 나무 위에 키를 얹고, 이 위에 짚을 달아 일광이나 강한 바람 및 밤이슬을 막는다. 뜯어둔 잎은 하룻밤 그대로 두고 재빠르게 뜨거운 솥에 볶아 바람에 스며든 수분을 제거하고, 호이로(건조로)에 건조시킨다. 이 과정 중 잎 그대로 건조한 것이 센차(煎茶)이고, 비비면서 호이로에 건조시킨 것이 교쿠로차(玉露茶)이다. 전차와 교쿠로차의 잎을 발췌하고 난 나머지 잎으로 제조한 것이 반차(番茶)이다. 늦게 제조했기 때문에 만차(晩茶)라고도 한다.

[そ]

そえもの(소에모노, 添物)　주재료에 첨부해서 곁들이는 것을 말한다.

そめおろし(소메오로시, 染御)　무 오로시에 간장을 무친 것을 말한다.

[た, だ]

たきあわせ(타키아와세, 焚き合せ)　계절의 야채와 닭고기, 오리, 전복, 오징어, 청둥오리와 집오리, 조개류의 일종을 약간 담백한 맛으로 국물이 있게 끓여 졸인 것이다.

だきみ(다키미, 抱身)　조류의 가슴살을 일컫는다.

たけやき(타케야키, 竹燒)　푸른 대나무 마디를 붙여서 둘로 나누고 그 안에 생선・새우・조개・은어 등과 계절야채 약간을 넣어 소금으로 맛을 들이고, 샐러드유를 뿌려 중간 불의 오븐에서 구운 것이다. 때로는 레몬이나 둥글게 썬 유자를 얹어서 굽기도 한다.

たてしお(다테지오, 立鹽)　어류를 씻거나 재료에 소금 맛을 들일 경우에 사용하는 소금물을 일컫는다. 용도에 따라서 사용하지만, 보통 염도는 물 10컵에 소금 2~3Ts이 적당하다.

だてまき(다테마키, 伊達卷)　두껍게 부친 달걀의 하나다. 흰 살 생선을 다지고 밀가루 또는 우키코(浮粉: 밀가루의 전분질을 모아서 정제한 것)를 첨가하여 소금・설탕・미림으로 맛을 들인 후 오븐에서 편평하게 굽고, 이것을 대나무 발로 말아서 끈으로 단단하게 묶어 둥근 모양으로 한 것이다.

たにし(타니시, 田螺)　우렁이과의 담수고동으로, 논에 있기 때문에 이 이름이 붙었다. 물론 바다에서 나는 것도 있는데, 그것은 니시(にし)라고 부른다.

たまござけ(타마고자케, 卵酒)　달걀・설탕・술로 만든 것이다. 달걀 1개를 찻종에 깨 넣고 설탕 1.5Ts을 넣어 잘 섞은 후 술 1컵을 데워 첨가하여 재빠르게 섞어 만든 다음 생강즙 한 방울을 넣는다. 풍미도 좋고 옛날부터 감기약으로도 사용되고 있다.

だんご(단고, 団子)　떡은 둥글게 만들어도 단고(団子)라 하지 않고, 쌀가루로 만든 것을 단고(団子)라 말하며, 신사(神事: 일본의 신을 제사 지내는 의식)나 하례에 사용하는 것은

대부분 떡이고, 부처에게 바치는 것은 탄자(団子)인데, 이것에는 여러 가지 의미가 있다.

たんばあげ(탄바아게, 丹波揚げ) 새우 또는 다른 재료에 소금을 치고 밀가루에 달걀을 풀어 섞고, 채썬 밤을 무쳐서 밤송이처럼 튀긴 것이다. 탄바(団波)는 예부터 밤의 산지로 잘 알려져 있기 때문에 이 이름이 붙었다.

[ち]

ちあい(치아이, 血合) 붉은 살 생선 또는 살에 색이 있는 생선을 세장 포 뜨기 하면 한 중앙에 작은 뼈가 있고 그 주위에 길게 한 줄의 혈색이 진한 부분이 있는데, 이것이 치아이(血合)이다. 혈액이 많이 비리기 때문에 생선회로 할 경우 이것을 제거한다. 다랑어・삼치 ・고등어・방어 등이 특히 눈에 띈다. 영양적으로는 이 부분에 칼륨・철・비타민B_1이 많이 포함되어 있다. 그리고 물고기들이 떼 지어 이동할 때 살에 산소가 많이 축적되어 에너지의 근원이 되며, 매시간 40km의 빠르기로 이동하는 데 필요한 힘은 이 살에 의한 것이다.

ちとせあめ(치토세아메, 千歳飴) 물엿을 적당히 조린 후 엿 속에 기포를 넣어가며 가공한 것이다. 이 때문에 색은 하얗게 되고 양은 증가하여 풍미도 좋아진다. 이것에 착색을 해서 내놓은 것이 치토세아메(千歳飴)의 시초이다. 축제나 잔치 때 선물로써 가까운 사람이나 친척에게 나눠주는 풍습이 있다.

ちゃづけ(차즈케, 茶漬) 찬밥에 더운 차를 부어 간단하게 먹는 요리로, 내용물에 따라서 타이차즈케(鯛茶漬: 도미), 우메차즈케(梅茶漬: 매실), 노리차즈케(海苔茶漬: 김) 등으로 나눈다.

ちょく(초쿠, 猪口) 생선회의 간장 등을 담는 작은 접시로, 옆에서 보았을 때 형태가 멧돼지의 입(猪口)을 닮았다 하여 이런 이름이 붙었다. 일본요리의 혼젠요리의 상차림에 있어 '회나 초회 따위는 오른쪽 위에 놓는다(向附膾右上),' '다섯 종류를 배합하여 끓인 음식은 왼쪽 위로 놓는다(平左上),' '국은 오른쪽 아래에 놓는다(汁右下),' '밥은 왼쪽 아래에 놓는다(飯左下)'라는 말이 있다. 이때 중앙에 놓는 것이 초쿠(猪口)이다.

ちりれんげ(치리렝게, 散蓮華) 연꽃의 한쪽 부분의 모양을 하고 있어서 붙여진 이름으로, 국물이 많은 요리를 먹는 숟가락 대신에 사용한다.

[つ]

つきだし(츠키다시, 突出し)　전채의 일종으로, 지극히 간단한 마른 안주류이다. 관서(關西) 지방에서는 손님의 주문에 관계없이 먼저 내기 때문에 츠키다시(先付)라고 말한다. 오토오시(お通し), 젠사이(前菜)와 같은 의미로 쓰인다.

つけじる(츠케지루, 付汁)　튀김・실국수・가락국수・메밀국수 등에 찍어 먹는 국물이다. 이 츠케지루(付汁)는 지방에 따라 다르고, 진한 맛과 엷은 맛이 있다. 보통 뿌려서 먹을 때의 이름은 카케지루라고 한다.

つぼぬき(츠보누키, 壺拔)　생선의 표면에 칼집을 내지 않고 내장과 뼈를 칼로 빼서 제거하는 것으로, 단지 내장을 아가미와 함께 제거하는 것을 츠보누키라고 하는 경우도 있다.

つま(츠마, 妻)　갱이라고도 하며, 마누라처럼 생선회에는 반드시 따라다니므로 츠마(妻, 처)라고 하며, 그 종류는 여러 가지가 있는데 먹을 수 있는 재료가 아니면 안 된다.

つまみ(츠마미, 摘み)　손으로 집어서 먹을 수 있는 간단한 마른안주 등을 말한다. 말린 식품, 땅콩, 전병, 전채 등이 있다. 이 외에 술안주로 먹을 수 있는 간단한 안주류도 츠마미라고 한다.

つゆ(츠유, 露, 液, 汁)　즙, 액, 맑은장국을 말한다. 그 밖에 메밀국물・튀김간장 등을 일컫는다.

[で, て]

であいもの(데아이모노, 出合い物)　같은 계절에 출회하는 것 또는 궁합이 좋은 식품을 가리킨다. 맛・향기・자극 등이 조화롭게 서로 돋보이고 맞는 식품을 짜 맞추는 것은 조리상 가장 중요한 일이다. 영양의 편성은 물론이며, 무에 유부, 송이버섯에 스다치, 소금구이에 이배초 등이 좋은 예이다.

てうち(테우치, 手打ち)　메밀국수나 가락국수를 기계에 의존하지 않고, 손으로 반죽하여 펴서 국수를 뽑은 것이다.

てしお(테시오, 手鹽)　주먹밥을 말한다. 손으로 직접 밥을 조절하여 만들기 때문에 그릇에 먹는 밥보다 맛있게 느껴진다.

てず(테즈, 手酢) 초밥을 만들 때 손을 축이는 데 사용하는 식초물이다. 식초와 물을 동량으로 하면 좋고, 레몬즙을 짜 넣어도 좋다.

てっか(텟카, 鐵火) 다랑어를 잘랐을 때 쇠를 불에 담근 상태와 닮았기 때문에 텟카(鐵火)라고 한다.

てっさ(텟사, 鐵刺) 복어회를 말한다.

てまえみそ(테마에미소, 手前味噌) 자화자찬으로, 자기 자신을 칭찬하는 의미이다. 옛날의 된장은 자기 제조가 많았으며, 집집마다 자랑하는 맛이 있어 그런 자랑으로 인해 자기 자신을 칭찬한다는 의미로 바뀐 말이다.

てんがい(텐가이, 天蓋) 절에서 사용하는 은어로, 문어를 말한다. 채식의 선승에게 문어 등은 금지되어 있기 때문에 은어를 만들어 사용하여 부르며, 매달려 있는 모습이 텐가이(天蓋: 스님이 쓰는 삿갓)와 닮았기 때문에 붙여진 이름이다.

でんがくみそ(덴가쿠미소, 田樂味噌) 된장・미림・설탕을 섞고 체에 걸러 약한 불에서 천천히 끓인 것이다. 두부・야채・생선에 발라 구이에 많이 사용한다.

てんぴ(텐피, 天火) 가열 조리기구인 오븐을 말한다.

[と, ど]

といし(도이시, 砥石) 칼을 가는 숫돌을 말하며, 눈의 크기에 따라 아라이시(荒砥), 나카이시(中砥), 시아게이시(仕上砥) 등으로 나뉘며, 칼의 마모 정도에 따라 선택해서 사용하면 된다.

どうわり(도우와리, 同割) 재료 또는 조미료를 같은 양으로 섞어서 혼합한 것이다.

とさじょうゆ(토사죠유, 土佐醬油) 가츠오부시를 대패로 깎아서 간장과 섞고, 한 번 끓어오르면 가제에 걸러 생선회에 찍어 먹는 간장이나 데친 푸성귀의 간을 하는 데 사용한다. 가다랑어는 토사(土佐)가 본고장이므로 가다랑어포와 간장을 섞어서 만든 것을 토사죠유(土佐醬油)라 한다.

どさんこ(도산코, 道産子) 홋카이도(北海道)의 명산으로 가리비, 말린 청어알 등을 섞어서 절인 것이다. 술안주로 적합하며, 도산코라는 명칭은 홋카이도에서 생산되는 모든 것에 해당한다.

どびんむし(도빈무시, 土瓶蒸) 찜요리의 하나로, 이 요리는 송이버섯과 여러 가지 해산물을 질주전자에 담아, 약간의 술과 다시를 함께 넣고 간을 해서 찜솥에서 질주전자 채로 쪄낸 요리이다. 주로 가을 특선 송이요리에 많이 사용한다.

ともあえ(토모아에, 共和え) 동일한 재료를 무친 것이다. 예를 들면, 어패류의 재료를 처리하고 내장을 데치거나 쪄서 체에 거른 다음, 이것으로 재료를 무친 것이다.

どろず(도로즈, 泥酢) 농도가 있게 만든 초(酢)의 총칭으로, 산바이즈에 갈분을 넣어 농도를 첨가한 것이다.

とろび(토로비, 弱火) 약한 불

とろろそば(토로로소바, 薯蕷蕎麥) 메밀국수 삶은 것에 메밀국물을 뿌리고, 간 마와 비빈 김을 뿌린 것이다.

[な]

なかおち(나카오치, 中落ち) 생선을 세 장 포 뜨기 했을 때 양쪽 살을 발라낸 후의 가운데 뼈를 말한다.

なだあえ(나다아에, 灘和) 술지게미로 무친 것을 말하며, 탄(灘)은 술의 본고장이기 때문에 이와 관련되어 붙여진 이름이다. 재료는 오징어・전복・해파리・조개관자・야채 등 여러 가지가 있다.

なづけ(나즈케, 菜漬) 야채 잎의 소금절임

なまぐさしゅう(나마구사슈, 生臭) 일반적으로 생선의 악취를 뜻하는 말로서, 신선도가 떨어짐에 따라서 이 악취는 강해진다. 이 냄새에 의해 신선도를 알 수 있는 것이다. 바닷고기의 비린내는 생선의 살 속에 포함되어 있는 맛이 좋은 느낌의 성분인 '트리메칠아민 키사이드'가 신선도가 떨어짐에 따라서 분해되어 '트리메칠아민'이 되어 오래된 생선

비린내의 주원인이 된다. 생선의 피부에 포함되어 있는 피페리진이나 상어・가오리에서는 효소가 분해되어 생긴 암모니아, 그 밖에 유황을 포함하는 유화수소나 메칠메루카프탄 등도 비린내의 원인이 된다.

ならづけ(나라즈케, 奈良漬) 나라즈케는 나라(奈良)지방에서 만들어져 붙여진 장아찌 이름이다. 옛날에는 명술의 산지였던 나라(奈良)지방이기 때문에 당연히 술 주박을 이용한 카스즈케(粕漬: 주박절임)를 하였다.

なると(나루토, 鳴門) 으깬 식품의 일종으로, 으깬 어육을 대발에 편 후 그 위에 붉게 착색한 것을 얇게 펴서 만 다음 찐 것이다. 자른 자리가 소용돌이의 모양과 닮았다.

なんば(난바, 難波) 닭고기・소고기・가자미・갯장어 등을 파와 함께 요리하는데 붙는 명칭으로, 옛날 오사카의 난바무라(難波村)가 파의 명산지였기 때문에 파를 사용한 요리에 이 이름이 붙었다.

なんばやき(난바야키, 難波燒) 와카야마현(和歌山縣) 타나베(田辺)의 명산(名産)으로 구운 생선묵을 말한다.

なんばん(난반, 南蛮) 파나 고추를 사용한 요리의 총칭이다.

なんばんづけ(난반즈케, 南蛮漬) 어개류를 통째로 튀겨 구운 파, 고추를 더해 합성초에 담가 절인 것. 빙어나 작은 전갱이 등 작은 생선이 잘 어울린다.

[に]

にかた(니카타, 煮方) 조리사의 직책 중 하나를 말하며, 주로 구이・튀김・냄비요리 등의 불에서 끓이는 요리를 담당하는 직책으로, 다른 어떤 섹션보다 오랜 숙련과 스킬을 요한다.

にきり(니키리, 煮切) 고농도의 알코올 성분은 요리의 맛을 감소시키기 때문에 술이나 미림 등의 알코올분을 제거하고 알코올 냄새를 없애는 것을 말한다. 술의 경우는 니키리사케(煮切酒)라 하고, 미림의 경우는 니키리미린(煮切味淋)이라 한다. 술이나 미림 등을 냄비에 부은 후 불에 올려 끓여 냄비 안에 불을 붙여 알코올분을 태운다. 주로 무침이나 초회 등 미림이나 술을 더하고 나서 가열하지 않는 요리에 사용한다.

にこごり(니코고리, 煮凝) 생선의 조림국물을 식혀서 젤리상으로 굳힌 것인데, 이 응결하는 성질을 이용해서 재료를 끓여 식혀서 굳힌 요리를 말한다. 코고리(こごり), 니요세(煮寄せ)라고도 한다. 재료는 젤라틴 질이 많은 복어・광어・상어 등을 이용한다. 살과 껍질을 적당한 크기로 잘라 맛을 들인 조림국물을 끓여 이것을 식혀 굳힌다. 생강이나 파 등의 향미야채를 더해서 굳히기도 한다. 또 젤라틴이나 한천을 보충하는 경우도 있다.

にしめ(니시메, 煮締) 재료에 색이 물들도록 야채나 고기 따위를 조리는 것을 말한다.

にじゅうなべ(니쥬우나베, 二重鍋) 큰 냄비에 뜨거운 물을 끓여서 그 속에 다른 냄비를 넣고, 재료를 깨끗하게 볶거나 이길 때 사용한다. 중탕하면서 가열한다는 의미로서 유센나베(湯煎鍋)라고도 한다. 니쥬우나베는 열을 간접적으로 전해주기 때문에 탄 자국 없이 깨끗하게 완성할 수 있는 장점이 있다. 현재는 냄비를 두 개 사용하지 않고도 대체할 수 있는 조리기구들이 많이 생산되고 있다.

にっこうまき(닛코우마키, 日光巻) 닛코우(日光)지방의 명산물로 소금으로 절임한 고추를 푸른 차조기 잎으로 말은 야채절임이다. 썰어서 간장에 찍어 먹는다.

にぼし(니보시, 煮干) 까나리・새우・전복・정어리・조개관자 등의 재료를 데쳐서 건조시킨 것의 총칭이다.

[ぬ]

ぬかづけ(누카즈케, 糠漬) 소금겨절임

ぬきいた(누키이타, 拔板) 다리가 붙은 폭이 넓은 판이다. 주로 구운 생선의 쿠시를 뽑을 때 사용하므로 이런 이름이 붙었다. 판에 물건을 얹어서 각 단에 무거운 것을 얹어둘 때도 사용 가능하다.

ぬきかた(누키카타, 拔形) 은행잎・매화・벚꽃・단풍나무 등의 여러 가지 모양과 형태 및 크기를 가진 스테인리스로 된 틀로서, 야채나 굳힘 요리의 모양을 찍어내는 데 사용하는 도구이다.

[ね]

ねぎまなべ(네기마나베, 葱鮪鍋)　파와 다랑어를 재료로 하여 끓여서 먹는 냄비요리이다. 다랑어는 지방이 있는 것이 맛있고, 때로는 다랑어의 뼈가 붙은 것을 사용하기도 한다.

ねんぎょ(넨교, 年魚)　은어의 다른 이름이다. 은어는 봄부터 강으로 올라와 가을바람이 불기 시작하면 산란을 위해 강을 내려가 강 입구에서 산란을 하고 일생을 마친다. 이처럼 일년어(一年魚)이기 때문에 붙여진 이름이다.

[の]

のしぐし(노시쿠시, 伸串)　새우 등을 똑바로 하고 싶을 때 펴서 꼬챙이에 꽂아 데친다. 이때 꼬챙이에 꽂는 방법을 말한다. 그 외 초밥의 재료나 초회의 재료, 새우구이 등을 할 때 꼬챙이에 꽂는 방법이다.

のぼりぐし(노보리쿠시, 登り串)　은어나 민물고기를 살아 있는 모양으로 꼬챙이에 꽂는 방법이다. 생선의 표면에 바느질을 하는 것처럼 물결치듯 꿰는 것이 오도리쿠시(踊串)이고, 입부터 꼬챙이를 찔러 S자 모양으로 꼬리 부분까지 꿰는 것을 노보리쿠시(上・登串)라고 한다.

[ば, は]

ばいにく(바이니쿠, 梅肉)　매실이 부드러운 것을 체에 걸러 설탕과 술을 약간 넣고 약한 불에서 끓인 것이며, 무침에 자주 사용한다. 색이 좋지 않을 때에는 붉은 색소로 착색을 한다.

はかだ(하카다, 博多)　두세 종류의 재료 또는 색채가 있는 것을 겹쳐 누르고 벤 자리를 보인 요리이다. 벤 자리의 모양이(하카타오비: 하카타에서 나는 두꺼운 면직물로 만든 띠)의 무늬와 닮았다 하여 붙여진 이름이다.

はしりもの(하시리모노, 走物)　햇것을 말한다. 예를 들면, 12월의 죽순이나 머위 등이다.

はっぽうだし(핫포우다시, 八方出汁)　먹는 맛보다 엷은 맛으로 재료를 조림하는 경우에 이

만든 고급 종이이다. 대・중・소의 세 종류가 있지만 현재는 다섯 색의 호우쇼(奉書)도 있다.

ほうしょまき(호우쇼마키, 奉書巻)　무 또는 순무를 가츠라무키로 깎아 소금을 뿌려 두었다가 씻어서 삼배초에 절여 여러 가지 재료를 만 요리이다. 부드러운 일본종이의 호우쇼(奉書)와 닮았기 때문에 붙여진 이름이다.

ほうちょうじる(호우초우지루, 包丁汁)　밀가루를 단자(団子)로 해서 야채와 함께 끓인 국으로 오오이타겐(大分縣)의 향토요리이다.

ほうとう(호우토우, 餺飩)　밀가루로 만든 국물이 많은 요리의 총칭이다. 야마나시겐(山梨縣)에서는 호박을 넣은 것이 특징이다. 손으로 쳐서 가락국수를 만들고, 된장국이나 맑은 국 속에 호박과 함께 넣어 끓인다. 호박 외에 팥이나 버섯을 넣고 만들기도 한다.

ほおみ(호오미, 頬身)　생선 머리에서 볼 사이에 붙어 있는 살을 말한다. 이 부분의 살은 늘 움직이기 때문에 단단해져 있으므로 가장 맛이 좋다.

ほしだいこん(호시다이콘, 干大根)　무 한 개를 그대로, 또는 쪼개어 무채로 썰어서 건조시킨 것이다. 말릴 때는 햇빛이 닿는 곳보다 바람이 잘 통하는 곳이 잘 건조된다. 한 개를 통째로 썰어서 말린 것은 삼배초에 절여 아차라즈케로 하거나 된장국의 재료로도 사용한다. 그 밖에 부드럽게 데쳐 된장국이나 무침 또는 유부와 함께 섞어 조림으로 한다.

ぼせんかいき(보센카이키, 母川回歸)　송어・연어가 태어난 강으로 돌아오는 것을 말한다.

ぼたんなべ(보탄나베, 牡丹鍋)　돼지고기 냄비요리이다. 이 냄비요리는 된장을 약간 넣고 만들면 좋다. 겨울에 먹으면 몸이 따뜻해져서 좋다.

ほねぬき(호네누키, 骨抜)　전갱이・고등어・옥돔과 같은 생선의 작은 뼈를 뽑아내는 데 사용하는 소도구이다.

[ホ]

ホルモン料理(호르몬요리)　동물의 내장은 영양가가 높고 정력이 좋아진다고 해서 이런 이름이 붙여졌다.

[ぼ]

ぼんぼり(본보리, 雪洞) 초밥에 들어가는 오보로(소보로)를 말한다. 원래 새우로 만드는 것이지만, 새우가 비싸서 생선으로 만든다. 흰 살 생선을 삶아서 껍질과 뼈를 제거하고, 가볍게 으깬 다음 탈수를 하고 착색을 한 후 소금·설탕으로 맛을 들이고 중탕에서 저어가면서 말린 것이다.

[ま]

まきす(마키스, 卷簾) 김초밥 등을 마는 데 사용하는 대나무를 가늘게 깎아서 짠 것이다. 보통의 김발은 교우스다래(卷簾)라 하여 가는 대나무로 짠 것이다. 또한 오니스다래(鬼簾)라 하여 대나무가 굵고 내측이 삼각으로 되어 있는 것도 있으므로 용도에 따라 구분하여 사용해야 한다.

まむし(마무시, 眞蒸) 칸사이(關西)에서 말하는 장어덮밥의 다른 명칭이다.

まるじたて(마루지타테, 丸仕立) 자라를 사용한 맑은국이다. 자라로 냄비요리를 만들거나 삶을 때, 그리고 국으로 할 때는 술을 어느 정도 많이 사용한다. 이처럼 술을 많이 사용한 요리를 마루지타테라 한다.

[み]

みずひき(미즈히키, 水引) 그냥 미즈히키(水引)라 하면 불전이나 미코시(제례 때 신위를 모시고 메는 가마)의 전태에 치는 것이지만, 여기에서 말하는 것은 가는 끈 여러 개를 합쳐 풀을 먹여 굳힌 다음, 중앙에서 색을 갈라 염색한 끈으로 선물포장에 두르되, 축하 때에는 홍·백, 금·은 따위를 사용하고 흉사에는 흑·백, 남·백 따위의 색을 사용한다.

みそかそば(미소카소바, 晦日蕎麥) 선달 그믐날 밤에 먹는 메밀국수를 말한다. 토시코시소바(年越蕎麥)라고도 하며, 지금도 연말의 풍습으로 남아 있다.

みぞれ(미조레, 霙) 깬 얼음의 별명으로 눈이 녹는 것처럼 내리는 것을 미조레라 한다. 얼음을 간 모양이 미조레(진눈깨비)와 비슷하여 붙여진 이름이다. 그 밖에 무를 간 것도 이것과 닮았기 때문에 무즙으로 무친 것을 미조레아에라 한다.

みぞれず(미조레즈, 霙酢) 무즙과 산바이즈를 혼합한 것이다. 이것으로 재료를 무치면 진눈깨비(미조레)가 내린 후의 모습처럼 보이기 때문에 붙여진 이름이다.

みどりず(미도리즈, 錄酢) 오이를 갈아서 물기를 빼고 산바이즈(三杯酢)와 섞은 것이다.

[む]

むぢなじる(무지나지루) 오소리고기를 사용한 된장국이다. 오소리를 무지나라고 말하지만, 너구리를 무지나라고 하는 곳도 있다. 옛날에는 의외로 이 고기를 많이 먹었다.

[め]

めおとだき(메오토다키, 夫婦焚) 지진 두부와 유부, 닭과 달걀 등 이처럼 같은 개체의 것을 서로 섞어서 요리하는 것을 말한다.

めざし(메자시, 目刺) 생선에 소금을 쳐서 짚 또는 대나무 꼬챙이에 꿰어서 건조시킨 것이다. 정어리・병어 등이 재료로 쓰인다.

めだまやき(메다마야키, 目玉燒) 달걀을 깨어 풀지 않은 채 두 개를 나란히 지진 것이다. 프라이팬에 버터나 기름을 넣고 달군 다음, 달걀을 깨 넣고 물을 약간 흘려 넣는다. 그리고 뚜껑을 덮어 노른자가 반숙상태가 되었을 때 접시에 담아 소금으로 조미한다. 모습이 눈알을 닮아서 메(目: 눈), 다마(玉: 구슬), 야키(燒: 구이)라 한다.

めばりずし(메바리즈시, 目張鮨) 와카야마겐(和歌山縣) 타이노(態野)지방의 향토요리로, 다른 이름은 타카나즈시라고도 한다. 역의 명물로 도시락으로도 되어 있다. 현재 팔리고 있는 것은 작지만, 원래는 보리밥으로 크게 주먹밥을 만들고 묵은 김치의 갓으로 둘러싼 것으로, 농부의 도시락에서 전해진 것이다. 갓의 풍미를 살려서 먹는 초밥이라고 말할 수 있다.

[メ]

メリケンコ(메리켄코, 米利堅粉) 미국인의 사투리다. 미국제의 밀가루라는 의미이다. 즉 정제한 밀가루이다.

[も]

もつやき(모츠야키, 臓物燒) 소・돼지・닭 내장의 피를 제거한 다음, 어느 정도 썰어서 향신료를 넣은 간장에 절였다가 꼬챙이에 꽂아 굽거나 철판이나 망 위에서 굽는 경우도 있다. 때로는 된장을 조미한 양념장을 발라서 굽기도 한다. 흔히 호르몬야키라고 하는 것을 말한다.

もみじあえ(모미지아에, 紅葉和) 대구알의 색이 좋기 때문에 이것으로 오징어, 초친 흰 살 생선, 가늘게 썬 참마 등을 무친 것이다.

もみじおろし(모미지오로시, 紅葉卸) 무에 젓가락으로 구멍을 뚫어 붉은 고추를 찔러서 넣은 다음 간 것이다. 흰 곳에 뜨문뜨문 보이는 붉은 고추가 단풍을 연상하게 하여 붙여진 이름이다.

もみのり(모미노리, 揉海苔) 김을 구울 때 한 장이라면 한쪽 면만 불을 쬐어서 굽고, 두 장이라면 겹쳐서 바깥 면만을 굽는다. 양면에 불을 쬐어 구우면 옥소요오드가 파괴된다. 향기롭게 구워 비벼서 푼 것이 비빈 김(모미노리)이다. 이것은 용도에 따라 대・소로 구분한다.

もめんどうふ(모멘도오후, 木綿豆腐) 보통의 두부를 말한다. 두부에는 모멘도오후(木綿豆腐), 키누고시도오후(絹漉し豆腐: 체로 걸러서 만든 두부)가 있다. 특별히 제법은 변함이 없고 모멘도오후(木綿豆腐)는 간수를 몇 번에 걸쳐 나누어서 넣고, 키누고시 두부는 한 번에 넣는다. 특히 물을 적게 사용하면 키누고시 두부 결이 고와진다.

もりあわせ(모리아와세, 盛合せ) 한 그릇에 세 종류 또는 다섯 종류를 함께 담는 것을 말한다. 또는 주재료가 되는 것에 곁들임으로써 담아 첨가하는 것이다.

もりこみりょうり(모리코미료우리, 盛込料理) 하나의 그릇에 여러 종류의 음식물을 담은 요리를 말한다. 현재 식탁에 요리를 낼 경우 작은 무침류 등은 5인분 정도를 한 그릇에 담아내면 배합이 되고 돋보여서 좋다.

[や]

やきしも(야키시모, 燒霜)　강한 불에서 살짝 굽는 것을 말하며, 도미 · 농어 · 가다랑어가 재료로 많이 사용된다.

やきめ(야키메, 燒き目)　재료에 누른 자국을 예쁘게 내는 것을 말하며, 별칭으로 히토루(火取る)라고도 한다.

やくみ(야쿠미, 藥味)　요리에 맞는 향신료로, 우동이나 메밀국수에는 파나 와사비를 첨가하는 것처럼 여러 가지의 것이 사용된다. 야쿠미가 되는 재료로는 무 · 와사비 · 자소 · 파 · 명하 · 참깨 · 김 · 고춧가루 · 산초가루 등이 많이 쓰인다.

やたらづけ(야타라즈케, 家多良漬)　야마가타겐(山形縣) 지방의 명물로, 여러 가지의 야채를 잘게 썰어서 담근 김치이다. 무 · 당근 · 오이 · 우엉 · 가지 · 차조기열매 · 다시마 등을 썰어 소금으로 미리 절였다가 된장을 속에 넣고 함께 담근 것이다. 후쿠진즈케와는 달리 된장의 향이 있어 각별한 풍미가 있다. 본격적으로는 3년이 걸린다. 후쿠진즈케(福神漬け)는 잘게 썬 무, 가지, 작두콩 등을 소금물에 절여 물기를 뺀 다음 간장에 조린 식품이다.

やながわなべ(야나가와나베, 柳川鍋)　뼈를 발라낸 미꾸라지와 우엉을 넣고 질냄비에 끓여 달걀을 풀어 얹은 요리이다.

やばね(야바네, 矢羽根)　재료를 자르는 방법의 하나로, 연근이나 오이 등을 화살의 날개 모양처럼 자르는 것을 말한다.

やまかけ(야마카케, 山掛)　다랑어를 주사위 모양으로 썰어 와사비 간장으로 무치고, 마를 으깨 갈아서 간을 하여 그 위에 채썬 김 또는 무순, 시소 채썬 것을 얹은 것을 말한다. 때로는 초회 위에 뿌리기도 한다.

やまとに(야마토니, 大和煮)　소고기 · 말고기 · 고래고기를 간장 · 설탕 · 생강 따위를 넣어 달면서 짭짤하게 끓여 통조림으로 만든 식품이다. 반찬 또는 곤약 · 우엉 · 죽순 등을 썰어 이것과 쌀을 함께 섞어 밥으로 지어도 좋다.

やまぶきあえ(야마부키아에, 山吹和)　달걀을 삶아 노른자를 빼내 체에 거른 후 이것으로 재

료를 무친 것을 야마부키아에라 한다.

やわたまき(야와타마키, 八幡卷)　우엉에 뱀장어를 말아서 데리야키(照燒)한 것이다. 이 외에 갯장어 · 붕장어 · 고기 등을 넣어서 말기도 하는데, 속재료의 이름에 따라서 야와타마키라 한다.

やわらかに(야와라카니, 軟煮)　낙지를 연하게 푹 끓인 요리이다. 낙지 · 무와 함께 끓이면 무의 디아스타제의 작용으로 연하게 된다. 문어 · 오징어 · 전복 등의 재료를 끓일 때 중탄산소다를 약간 넣고 끓이면 연하게 끓여진다.

[ゆ]

ゆあらい(유아라이, 湯洗)　주로 민물고기의 생선회를 만들 경우 이 방법을 이용한다. 살은 얇게 썰어서 약 50°C의 물에 살짝 데쳐서 얼음물로 잘 헹군다. 이렇게 하면 민물고기의 냄새가 없어지고 살이 꽉 째어 단단해진다.

ゆうあんやき(유안야키, 幽庵燒)　간장 · 미림 · 정종 등을 비율의 양념장으로 만들어 생선이나 다른 식재료를 담가 적당한 시간 두었다가 간이 배면 꺼내서 구이로 하는 것을 말한다. 유암(幽庵) 스님이 개발한 조리법으로, 간장에 절여서 굽는 조리법을 유안야키라고 한다.

ゆかりこ(유카리코, 紫粉)　차조기 잎을 분말로 한 것이다. 매실장아찌와 함께 절인 차조기 잎을 건조시켜 비벼서 만든다. 주먹밥에 무치거나 뜨거운 물에 뿌려 넣고 차 대용으로 마시기도 한다.

ゆせん(유센, 湯煎)　이중냄비, 즉 큰 냄비에 뜨거운 물을 끓여 그 속에 작은 손잡이가 붙은 냄비를 넣고, 그 속에서 재료를 이기거나 볶는 것을 말한다.

ゆだき(유다키, 湯炊)　밥을 지을 때 보통은 쌀과 물을 솥에 넣고 짓지만, 때로는 물을 끓이고 나서 쌀을 넣어 짓기도 하는데, 이것을 유다키(湯炊)라고 한다.

ゆつぎ(유츠기, 湯次)　유토우(湯桶)라고도 한다. 회석요리의 끝에 반차(番茶) 대신에 내는 더운 물을 말한다. 밥을 지어 밥통에 옮기고 난 뒤 솥에 뜨거운 물과 소금 약간을 넣어 만드는 것도 좋다. 때로는 쌀을 볶아서 만들거나 밥을 평평하게 하여 향기롭게 구운 것이다.

ゆづけ(유즈케, 湯漬け)　현재의 차즈케(茶漬)이다. 옛날에 여름에는 찬물, 겨울엔 뜨거운 물에 밥을 말아 먹었다. 하지만 지금은 차즈케가 화려해져서 도미차(鯛茶)를 비롯해 여러 가지의 차즈케가 유행하고 있다.

ゆとおし(유토오시, 湯通し)　재료를 뜨거운 물에 재빨리 넣었다 꺼내는 것으로, 재료에 뜨거운 물을 뿌리는 경우도 있다. 면류를 따뜻하게 하는 것도 그것의 하나이고, 다랑어로 생선회를 만들 경우 살을 떼내어 뜨거운 물에 살짝 넣었다 꺼내어 표면의 단백질을 변성시켜 테두리를 약간 하얗게 만드는 데도 이용한다.

ゆどめ(유도메, 湯止め)　재료를 데친 국물에 담근 채로 불을 꺼두는 일을 말한다. 요리에서 이 방법을 이용하게 되면 끓여 익힌 재료가 으깨어지지 않고, 재료가 연해지며 맛도 충분히 배어든다. 매실이나 매실장아찌의 신맛이나 짠맛을 뺄 경우나 감귤류의 쓴맛을 뺄 경우에도 자주 이 방법을 이용한다.

ゆびき(유비키, 湯引)　생선의 살을 끓는 물에 살짝 데치는 것을 말한다.

ゆむき(유무키, 湯剥)　재료에 뜨거운 물을 뿌리거나 뜨거운 물에 담가서 겉껍질이나 깃털 등을 제거하기 쉽도록 하는 것이다. 토마토의 얇은 껍질이나 닭의 털, 자라의 속껍질, 떡조개의 겉껍질을 벗길 때 이 방법을 이용한다.

[よ]

よしのくず(요시노쿠즈, 吉野葛)　나라겐(奈良縣) 꽃의 명소인 요시노(吉野)에서 채취하는 갈분을 말한다. 즉 갈분은 요시노(吉野)가 본고장이기 때문에 붙여진 이름이다.

よしのず(요시노즈, 吉野酢)　니하이즈(二杯酢) 또는 산바이즈(三杯酢)에 갈분 푼 물을 넣어 농도를 첨가한 것이다. 때로는 키누즈(絹酢)라고도 한다.

よねず(요네즈, 米酢)　쌀로 양조한 식초이다. 코메즈라고도 하며, 맛이 원만하다.

よびしお(요비시오, 呼鹽)　소금에 절인 식품의 소금기를 뺄 경우 소금을 소량 첨가한 물에 담가두면 소금기가 빨리 빠진다. 그리고 맹물에 재료를 직접 넣으면 표면이 변하기 쉽지만, 소금물로 하면 그런 경우가 적다.

よろいやき(요로이야키, 鎧燒) 새우요리의 일종으로, 큰 새우를 껍질째로 등 쪽을 반 갈라 간장을 발라서 구이한 것이다.

[り]

りゅうしょく(류우쇼쿠, 粒食) 곡식을 가루로 만들지 않고 그냥 그대로 조리해 먹는 것을 말한다.

[ろ]

ろじさいばい(로지사이바이, 露地栽培) 야채 재배법의 하나로, 온상 또는 비닐 등을 씌워 보온을 하고, 자연의 밭에서 재배하는 방법이다.

ろっぽうやき(롯포우야키, 六方燒) 고기나 생선을 갈아 으깨어 달걀, 녹말가루 또는 밀가루와 섞어 철판이나 프라이팬에서 육면체로 굽는 것이다.

[わ]

わかさやき(와카사야키, 若狹燒) 구이의 일종이다. 와카사(若狹) 지방에서는 고등어나 작은 도미가 좋은 것들이 잡힌다. 이 도미의 내장을 꺼내고 비늘이 있는 채로 살짝 절여 두었다가 구운 것이다. 이것을 이배초 또는 와사비간장에 찍어 비늘이 있는 채로 먹으면, 약간 색다른 맛을 느낄 수 있다,

わさびあえ(와사비아에, 山葵和え) 와사비(山葵)를 간 것과 토사죠유(土佐醬油)를 섞어서 무친 것이다. 재료로는 도미・다랑어・삼치・농어 등이 좋다. 이것에 김을 첨가한 것을 카마쿠라아에(鎌倉和え)라 한다.

わしょく(와쇼쿠, 和食) 일본요리의 식사를 말한다.

わりご(와리고, 割子) 식기의 하나로 원형, 사각형, 부채 모양, 각진 장방형 등 여러 가지가 있다. 옛날에는 노송나무로 만든 간단한 것으로 한 번 사용하면 버렸던 것이다. 현재의 나무 도시락에 해당하는 것이다.

わりじょうゆ(와리죠우유, 割醬油) 용도에 따라 간장과 다시물을 나누어 섞은 것이다.

わんこそば(왕코소바, 椀子蕎麥)　이와테겐(岩手縣)의 명물로, 한 공기에 손님이 배가 부를 때까지 계속 넣어주는 메밀국수를 말한다.

わんだね(완다네, 椀種)　국물이 많은 요리의 건더기를 일컫는다. 이것에는 데친 것, 찐 것, 튀긴 것, 버섯류, 야채, 으깬 음식 등 여러 가지와 어면과 같은 면류 등 수많은 것이 있다.

わんつま(완즈마, 椀妻)　완모리(椀盛: 생선 또는 닭고기와 야채를 맑은장국에 끓여 대접에 담은 요리)에 배합하는 야채를 말한다.

2 회석요리

1. 회석요리의 특징

회석요리는 연회에 제공되는 요리를 말한다. 카이세키요리(懷石料理)와 혼동되게 사용하고 있는데, 다른 것이다. 카이세키(懷石)는 차와 함께 제공되는 식사로, 차를 마시기 위한 요리이다. 반면 카이세키요리(會席料理)는 술을 즐기기 위한 요리로, 혼젠요리(本膳料理) 및 카이세키요리(懷石料理)와 같은 엄격한 메뉴의 구성과 만드는 방법은 없다.

카이세키(會石)는 가수와 배우들이 있었다. 에도시대가 되면서 이러한 회석이 발달해와서 요리찻집에서 행해지게 되었다. 요리찻집에서는 본선요리와 회석(懷石)요리의 형식을 피해서 주연풍(酒宴風)의 요리를 생각하게 되어 그것이 발달해서 오늘날의 형식이 되었다고 할 수 있다.

메뉴는 맑은국(吸物)・생선회(刺身)・구이(燒物)・조림(者物)의 일즙삼채(一汁三菜)를 기본으로, 술안주로서 오토오시(お通し)・튀김・찜・무침・초회 등이 더해진다. 마지막에 밥과 된장국이 나오며, 절임류가 곁들여진다. 본선요리의 흔적을 볼 수 있는 것이다. 카이세키(懷石)요리의 영향이 강한 것 등 취향은 여러 가지이지만 식미본위(食味本位)에 격의 없이 먹을 수 있는 것이 회석요리(會石料理)의 특징이다.

회석요리는 술을 마시기 위한 술안주로 구성되는 요리이며, 제공된 요리를 하나씩 먹고 나면 다음의 요리를 갖다 줘서 전부 먹어치우는 형식(食切, 쿠이키리)이 있고, 연회요리는 대개의 것은 사전에 미리 준비해 두고, 더운 요리는 따뜻하게 해서 제공하는 형태를 말한다. 어느 쪽이든 기본적으로 메뉴(獻立, 콘다테)가 있는 것을 회석요리(會席料理)라 부르고, 자기가 목

쿠이키리(食切り)요리의 기본 형식

제공되는 요리를 그 자리에서 전부 먹어치우는 형식의 경우는 기본적인 양식이 없는 것이나 다름없다. 점포 독자의 생각으로 끝까지 요리를 먹을 수 있도록 메뉴를 짜면 된다.

전채(前菜) → 맑은국(吸物) → 생선회(刺身) → 구이(燒物) → 조림(者物) → 튀김(揚物) → 찜(蒸物) → 초회(酢の物) → 식사(食事) → 그치는 국물(止椀) → 절임류(香物) → 과일(果物) → 과자(菓子)의 순으로 제공된다.

록에서 몇 가지인가 주문하는 일품요리점과 같은 경우는 회석요리라고 하지 않는다. 미리 가게에서 짠 메뉴가 존재하는 것이 전제조건이 된다. 또 회석요리의 큰 특징은 술을 마시기 위한 안주라는 것이다. 따라서 예외의 경우를 제외하고는 식사가 코스의 마지막에 제공된다.

2. 회석요리의 순서

1) 코바치(小鉢) → 사키츠케(先付), 츠케다시(付出し)

회석요리의 제일 처음에 내는 요리로, 일품이나 이품 또는 삼품으로 제공한다. 소량으로 내는데, 뒤에 나오는 요리에 영향을 줄 만큼 강한 맛이나 향이 강한 것은 좋지 않으며, 야채 등의 무침요리가 제공된다. 또는 진미(珍味)를 소량 내는 경우도 있다. 오토오시(お通し)라고도 하며, 술안주로서 술과 함께 바로 손님에게 내는 요리이다. 원래 술좌석의 회석요리에는 제공이 되고, 혼젠(本膳)요리에는 제공되지 않는다.

2) 전채(前菜, 젠사이)

본래 일본요리에 전채라는 것은 없다. 일본요리는 전부가 주채이고, 전채와 같은 것이다. 전채는 중국과 서양 요리의 영향을 받은 용어로, 식전에 술안주로 해서 내는 것이다. 양은 적고 아름다우며 입맛을 돋울 수 있는 요리가 제공된다. 일본 회석(會席)요리에서는 토오시자카나

(通し肴), 사키즈케(先付) 등으로도 불린다.

식사예절

오르되브르, 전채(前菜)가 나오면서 바로 술이 나온다. 이런 경우 술을 먼저 잔에 받아 건배한 다음, 젠사이(前菜)를 먹도록 한다. 술잔은 남자의 경우는 오른손으로 잔을 들고 왼손을 갖다 대며, 여자의 경우는 반대로 하면 된다. 그리고 술을 마시지 않는 사람이라도 예의상 잔에 입을 대도록 한다. 어떤 젠사이든 작은 접시에 담겨 나오기 때문에 오른손으로 들고 가져와 왼손으로 옮겨 들고 오른손 젓가락으로 집어 먹는다.

3) 맑은국(吸物, 스이모노)

국물류(汁物)의 일종으로서 스이모노(吸物)의 구성에는 다시(出し), 완다네(椀種, わんだね), 완즈마(椀妻, わんづま), 스이쿠치(吸口, すいくち)가 기본 골격으로, 사용되는 재료는 생선·야채·갑각류 등 다양하게 많으며, 특히 계절감을 잘 살려서 그 계절에 맞는 식재료를 사용하여 싱싱함 및 시원함을 더해주어야 하는 요리이다.

다시는 다시마(昆布, 콘부)와 가츠오(鰹)로 뽑은 1번다시(一番出し)를 사용하며, 소금과 간장으로 조미한다. 스이모노(吸物)는 완즈유(椀づゆ)라고도 하며, 기본 구성 중 하나인 완다네(椀種)는 맑은국의 주재료로서 스이모노(吸物)의 맛을 좌우한다고 해도 과언이 아니다. 그래서

사용되는 재료는 담백하고 그리 딱딱하지 않게 해야 하며, 깔끔한 맛을 내도록 하여야 한다.

쓰이는 재료로는 생선 · 가금류 · 조개류 · 달걀 · 야채 · 두부 등을 이용한다. 완즈마(椀づま)는 주재료와 어울려야 하는 부재료로서 주로 버섯 · 해초 · 야채류가 많이 쓰인다. 이때 주재료와의 조화 및 색의 조화도 기해야 한다. 스이쿠치(吸口)에는 스이모노(吸物)의 맛을 더해주는 일종의 향신료로서 그 계절에 많이 나는 재료를 사용해서 계절감 및 상큼한 맛, 아름다움을 함께 첨가할 수 있는 재료면 된다(산초, 유자, 쇼가, 머위순, 미츠바, 묘가, 기노메 등).

식사예절

맑은국은 그릇에 왼손을 대고 오른손으로 뚜껑을 열어서 밥상의 오른쪽 옆에 둔다. 그릇을 오른손으로 쥐고 왼손으로 바꿔 든 다음 젓가락을 들고 국과 건더기를 먹는다. 그리고 국이 아무리 맛있어도 한 번에 먹지 말고, 두 번 정도로 나눠서 먹는다. 국물요리는 뜨거울 때 먹는 것이 좋다.

4) 생선회(お作り, 오츠쿠리; 刺身, 사시미)

주로 관서지방에서 이용되고 있는 말로서 츠쿠리(造り), 오츠쿠리(お作り), 츠쿠리미(作り身)라고도 쓰며, 모두 사시미(刺身)를 가리키는 말이다. 또 히라즈쿠리(平作り), 히키즈쿠리(引き作り) 등의 사시미 써는 법을 가리키기도 한다. 원래 사시미는 '刺身'로 썼지만 이 글자는 살을 저민다는 말로서 매우 좋지 않게 여기기 때문에 사시미(差味)라고도 쓰며, 축하(祝賀)의 요리에는 사용할 수 없어서 '만들 작'(作) 자를 사용하여 왔다고 한다.

식사예절

생선회의 경우 메뉴에는 맑은국(吸物, 스이모노) 다음으로 나와 있지만, 맑은국은 여름에 시원하게 해서 내어도 조금 두면 바로 따뜻해지므로 대부분 전채(前菜)를 낼 때 생선회를 같이 내고, 세 번째로 맑은국을 내는 경우가 많다. 사시미는 회에 와사비를 바른 다음, 간장 접시를 왼손에 들고 츠마(妻, 곁들임)와 함께 찍어서 먹는다. 다 먹고 난 뒤에는 간장이 담겼던 작은 접시를 생선회 접시 위에 올려놓는다.

5) 모둠요리(八寸, 핫승)

핫승은 팔각형의 접시(皿)에 산에서 나는 재료나 바다의 것을 담아내는 것이 원칙이지만, 우선은 동물성의 것과 식물성의 것도 고려하여야 한다. 2종을 담는 것이 기본이지만 때로는 3종을 담을 수 있다. 2가지 요리를 대조적으로 생각해야 하며, 산과 바다의 물과 육지의 것을 광범위하게 생각해야 한다. 즉 바다・강・연못에 대해서 들과 산의 대조를 말한다.

조리방법도 같으면 흥미롭지 못하다. 대조적으로 한쪽이 굽거나 튀긴 것이라면, 다른 한쪽은 조림(煮物)이나 찜(蒸物)을 해야만이 맛의 조화를 가져온다. 색깔의 조화 및 요리의 밝기로 명암을 조절해 주어야 한다. 담는 것 또한 대각선으로 담는 것이 원칙이다.

식사예절

보통 3~5종류를 담아내며, 좋아하는 것부터 먹으면 된다. 여자는 가능한 한 접시를 왼손에 들고 먹는 것이 좋지만, 접시가 크면 까는 종이(카이시, 懐紙)를 둘로 접어 이것을 받쳐 먹어도 좋다.

6) 일품안주(强肴, 시자카나)

회석(會石)요리에 있어서 조림(煮物), 구이(燒物), 생선회(刺身), 하시아라이(箸洗い: 젓가락을 씻는다는 의미), 핫승(八寸), 콘다테(獻立, 메뉴) 이외에 손님에게 권장하는 특별요리로서 진미(珍味), 무침(和物, 아에모노) 등이 여기에 해당한다. 손님에 대한 주인의 마음이 들어간 요리이며 권하는 안주(進肴, 스스메자카나), 쫓아가는 안주(追肴, 오이자카나)라고도 한다. 요리의 재료는 앞에서 나온 재료와 중복되어서는 안 되며, 2종류 정도를 그릇(鉢, 바치)에 담는 것이 좋다.

7) 초회(酢の物, 스노모노)

생선이나 조개류를 주재료로 해서 해산물이나 야채를 곁들여 조미된 초를 끼얹어 먹는 초회요리이다. 주가 되는 요리는 아니지만 계절감을 중요시하고 산뜻한 입맛으로 식욕을 돋우는 요리이며, 콘다테(獻立) 중 전후(前後)의 요리에 기복(起伏)을 가진 역할을 한다. 어개류·야채류를 시작으로 모든 재료가 가능하다. 코바치(小鉢) 등에 소량을 담고 텐모리(天盛, 장식)를 곁들인다. 뿌리는 소스에는 아마즈·토사즈·산바이즈 등이 있다.

8) 모둠조림(焚合, 타키아와세)

타키아와세(炊合)라고도 쓰며, 조림(煮物)의 일종으로, 재료를 2종류 이상으로 그릇에 담아낸 요리이다. 재료 각각의 고유의 맛을 살리기 위하여 별도의 냄비에 익히는 것이 원칙이지만 함께 익히는 경우

도 있다. 원래는 관서의 요리로서 재료의 맛과 색을 돋보이게 하기 위하여 엷은 맛으로 익힌다고 한다. 관동 쪽은 관서보다 색깔과 맛을 보다 진하게 하는 것이 특징이다. 우선 재료를 정하는 데 있어서 계절의 특성을 잘 살려야 하며, 주재료를 정하고 그 주재료와 잘 어울리고 돋보이는 재료를 선택하는 것이 중요하다. 맛의 진함과 엷음, 색의 배합, 재료의 형태, 향기의 강약 등 모든 점을 고려해야 한다.

9) 구이(燒物, 야키모노)

직접 또는 간접적인 화력으로 구이한 요리의 총칭으로, 일본요리에 있어 메뉴(獻立)의 중심이 되는 요리이다. 생선요리가 주가 되어 있어서 불의 조절, 구이 순서, 굽는 형태, 굽는 시간이 가장 중요하다.

10) 작은 맑은국(小吸物, 코스이모노)

회석요리 중간에 나오는 요리로 하시아라이(箸洗い: 젓가락을 씻는다는 의미)라고도 하고, 유스이몬(湯吸物: 따뜻한 물)이라고도 하며, 이치구치스이몬(一口吸物: 한입에 마신다) 등 여러 가지로 불리고 있다. 맑은국(吸物)은 앞서 말한 것과는 달리 앞의 요리와 다음 요리를 매끄럽게 이어주는 역할을 하는 것으로, 그릇의 크기도 앞서의 것보다 폭이 좁고 높은 것이 특징이다. 이 작은 맑은국(小吸物)은 조리장이 핫승(八寸)을 내어가서 손님과 술잔을 주고받을 때 소위 건배할 때 입이 깔끔하지 못하면 실례가 되기 때문에 입을 헹구거나 씻는 데 용이하도록 만든 것이다. 따라서 뜨거운 물 대신의 것으로 맛의 깊이가 있어서는 안 된다. 뜨거운 물(湯吸物)의 의미는 이 때문이라 생각한다. 그다음은 젓가락을 씻는다는 의미(하시아라이, 箸洗い)로서도 사용된다. 재료로는 와사비의 순이나 매실(梅, 우메보시), 매듭무(結び大根, 무스비타이콘) 등이 이용된다.

11) 그치는 국물(止椀, 토메완)

주연(酒宴)을 본위로 한 회석요리에서 메뉴(獻立) 최후에 내는 요리로서 밥에 대한 국물요리(汁物)를 가리킨다. 된장국(味噌汁)이 일반적으로 쓰이고 스마시지루・우시오시루 등이 있다.

토메완(止椀)은 요리의 마지막을 손님에게 알려주는 역할을 하는 것으로, 밥(飯)·장아찌(香の物, 코노모노)와 함께 나간다.

12) 장아찌(香の物, 코노모노)

절임류(漬物, 츠케모노)를 총칭하는 것으로 종류로는 단무지(澤庵, 타쿠안), 쌀겨절임(糠漬け, 누카즈케), 된장절임(味噌漬, 미소즈케), 매실초절임(梅酢漬け, 우메즈즈케), 주박절임(粕漬け, 카스즈케), 배추절임(白菜一夜漬け, 학사이이치야즈케), 오이절임(胡瓜漬け, 큐리즈케) 등이 있으며, 2~3종류를 담아낸다.

13) 밥(御飯, 고항)

절임류(漬物)나 그치는 국물(止椀)과 함께 내는 것으로, 흰밥이 나갈 때도 있지만 그 계절에 많이 나는 야채를 이용한 야채밥 또는 덮밥·차밥·생선초밥 등을 식사로 대신할 수 있다.

14) 과일(果物, 쿠다모노)

과일(果物)은 미즈모노(水物: 물을 함유)에 속한 것으로 과일류를 가리킨다. 계절에 알맞은 과일을 사용하며, 크기와 색채도 잘 조화시켜 담아내는 것이 중요하다. 미즈모노(水物)는 물을 함유하고 있는 식품으로, 음료나 과일 아이스크림 등이며 후식으로 사용된다.

특급호텔 회석요리(會席料理) 메뉴(獻立) 예

Osaka Hilton Hotel 회석메뉴 제공순서(懷石獻立順番)

先付(사키츠케) → 前菜(젠사이) → 吸物(스이모노) → お作り(생선회) → 八寸(핫승) → 强さかな(일품안주) → 酢の物(초회) → 焚合(모둠조림) → 燒物(구이) → 小吸物(작은 맑은국) → 止椀(그치는 국물) → 香の物(장아찌) → 御飯(밥) → 果物(과일)

Osaka Ritzcarlton Hotel 회석메뉴 제공순서(會席獻立順番)

先付(사키츠케) → 前菜(젠사이) → 吸物(스이모노) → 刺し身(생선회) → 焚合(조림) → 燒物(구이) → 合ざかな(일품안주) → 蒸し物 又は 冷し物(찜 또는 찬요리) → 酢の物(초회) → 赤出汁(적된장국) → 果物(과일)

Intercontinental Hotel 회석메뉴 제공순서(會席獻立順番)

付出(츠케다시) → 前菜(젠사이) → 吸物(스이모노) → お造り(생선회) → 燒物(구이) → 煮物(조림) → 揚物(튀김) → 酢の物(초회) → 止椀(그치는 국물) → 香の物(장아찌) → 御飯(밥) → デザート(디저트)

Shilla Hotel 회석메뉴 제공순서(會席憲立順番)

先付(사키츠케) → 前菜(젠사이) → 吸物(스이모노) → お造り(생선회) → 燒物(구이) → 煮物(조림) → 强さかな(일품요리) → 酢の物(초회) → 御飯(밥) → 香の物(장아찌) → 果物(과일)

Sheraton Walkerhill Hotel 회석메뉴 제공순서(會席獻立順番)

先付(사키츠케) → 前菜(젠사이) → お椀(맑은국) → お造り(생선회) → 燒物(구이) → 紙鍋(종이냄비) → お凌ぎ(입맛 돋우는 요리) → 台物(튀김, 獻立: 콘다테에서는 구이를 말한다) → お食事(식사) → 香の物(장아찌) → 果物(과일)

3 조리방법에 따른 일본요리

1. 국물요리(汁物, しるもの, 시루모노)

1) 국물요리의 개요

맑은국은 요리를 돋보이고 멋있게 하는 역할과 식욕을 한층 증진시키는 작용을 하는 것으로, 생선회나 구이요리와 함께 일본요리의 구성에서, 특히 회석요리에서 빼놓을 수 없는 요리이다. 용기의 뚜껑을 열었을 때 풍기는 향기와 계절감이 넘치는 내용물의 아름다움, 맛국물을 베이스로 한 국물 맛의 풍미 등으로 인하여 조리사의 실력과 그 식당의 기술을 알 수 있다고 전해져오고 있다. 크게 맑은국과 탁한 국으로 나눌 수 있다. 제공순서에 따라 다음과 같이 구분할 수 있다.

① 식사 전 제공: 스마시지루(清汁)

② 식사 중 제공(입가심용): 하시아라이(箸洗い)

③ 식사와 함께 마지막에 제공: 토메완(止め椀: 그치는 국물)

2) 다시국물(だし汁)의 재료

(1) 다시마(콘부, 昆布)

① 다시마는 자연적인 녹갈색을 띠며, 완전히 건조되어 표면에 흰 분말(Mannet: 감칠맛 성분)이 묻어 있는 것이 좋다.

② 통풍이 잘 되고 습기가 적은 곳에 보관한다. 특히 다시마에 묻어 있는 흰 분말은 씻지 않는 것이 좋다. 이는 다시마의 감칠맛의 주성분인 글루타민산 아미노산의 결정체이기 때문이다.

③ 깨끗한 행주나 가제로 표면을 닦아서 사용하는 것이 좋다. 다시마는 품종에 따라서 참다시마, 리시리콘부, 산세키콘부, 기타로 나눌 수 있다.

④ 마콘부(참다시마)는 풍미가 좋고 최고급품으로 20~30cm로 길며 두껍다. 백색과 흑색이 있으며, 아주 맛있는 국물이 나온다.

⑤ 리시리 다시마는 일반적인 맛국물로 많이 사용되는데, 참다시마보다는 좀 더 단단하고 가늘며 길고 작다.

⑥ 산세키 다시마는 가늘고 길며, 얇아서 빨리 부드러워진다. 다시마말이 또는 조림요리에 적당하다.

⑦ 다시마 가공품으로는 시로이타콘부(흰 널판지 모양 다시마), 토로로콘부(대패로 밀어낸 다시마), 무스비콘부(매듭 다시마), 키자미콘부(채썬 다시마), 카고콘부(바구니 다시마) 등이 있다.

(2) 가츠오부시(鰹節)

다랑어포(鰹, 가츠오)를 찜 하거나 삶아서 훈연상자나 통에 넣어 푸른곰팡이가 발생되도록 한다. 이것을 햇볕에 말리고 재차 푸른곰팡이가 발생하도록 7~8회 계속해서 반복한다. 이렇게 하면 푸른곰팡이가 살에 침투하여 효소를 내게 된다. 이 과정에서 단백질이 분해되면서 이노신산이라는 가다랑어포의 독특한 감칠맛이 생기는데, 이렇게까지 120일 정도 소요된다.

가다랑어포는 깎아서 며칠이 지나면 맛이 떨어지므로 밀폐된 용기에 넣어 건조한 장소에 보관하고, 가능한 한 즉석에서 대패에 깎아서 사용하는 것이 좋다. 표면에 곰팡이의 색이 엷고 잘 건조되어 있으며, 서로 두드려 보았을 때 맑은 소리가 나는 것을 선택하는 것이 좋다.

혼부시(큰 가다랑어포: 참가다랑어를 4등분하여 잘라서 만든 것)와 카메부시(작은 가다랑어포: 소형의 가다랑어를 3등분하여 만든 것)로 나눌 수 있으며, 카메부시가 혼부시보다 풍미가 못하지만, 경제적인 이유로 맛국물용으로 많이 사용된다. 일반적으로 일본의 관서지방에서는 곰팡이가 생기지 않은 아라부시(荒節), 관동지방에서는 곰팡이가 붙은 카레부시(枯れ節)가 많이 소비된다.

고급 일본요리점의 다시에 관해서는 동서를 묻지 않고 곰팡이가 붙은 카레부시가 사용된다.

이것은 산뜻한 맛과 가츠오의 풍미가 잘 어우러져 있어서 국물 건더기의 맛을 더욱 살릴 수 있다. 다시는 소재의 맛을 살리는 기본 중의 기본이며, 각각의 요리에 맞춰서 아라부시(荒節), 카레부시(枯れ節), 혼부시, 카메부시 중 어떤 것을 선택할지는 그 요리와 잘 어울리는 가츠오부시를 선택하여야 한다. 이 밖에도 참치부시・고등어부시・전어부시・멸치부시 등이 있다.

(3) 수작업으로 진행하는 가츠오부시 작업과정

나마키리(生切り〈なまきり〉, 미와리〈身割り, みわり〉) 갓 잡은 가다랑어 중에서 길이 50cm, 무게 2.5kg 이상인 것만 골라 뼈를 제거하고 모두 네 토막으로 포 뜬다.

카코타테(籠立て, かこたて) 네 토막으로 포 뜬 가다랑어를 사각의 쇠망으로 된 판에 형태가 흐트러지지 않게 가지런히 옮겨놓는다.

샤쥬쿠(煮熟, しゃじゅく) 가다랑어가 얹혀진 사각 판을 75~85℃ 정도의 뜨거운 물에 넣고 60~90분 정도 삶는다. 이렇게 하면 생선의 분해효소가 사멸되어 부패가 방지된다.

호네누키(骨抜き, ほねぬき) 한 번 삶아진 가다랑어에서 잔뼈들을 집게로 뽑아낸다.

세이케이(整形, せいけい) 뼈를 다 빼내고 나서 표면이 우둘투둘한 곳에는 가다랑어 살을 으깨서 만든 반죽을 발라 모양을 가다듬는다.

바이칸(焙乾, ばいかん) 커다란 창고 같은 곳에서 1.5m 정도의 높이에 쇠망을 깔고 가다랑어를 얹은 후 밑에서 장작을 피워 일주일 정도 계속 구워가며 위치를 바꾸면서 말리는 과정이다.

나마키리(生切り, 身割り)

카코타테(籠立て)

샤쥬쿠(煮熟)

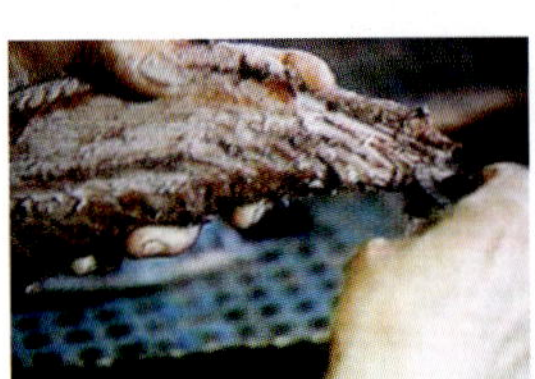
호네누키(骨抜き)

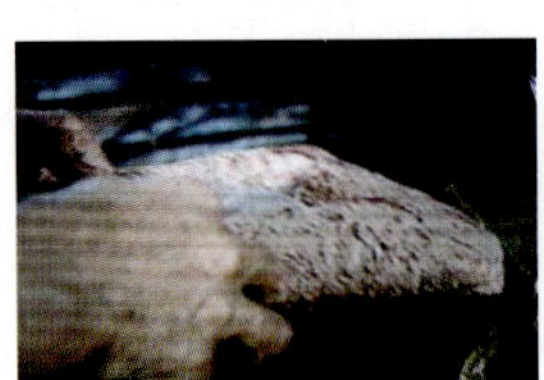
세이케이(整形)

바이칸(焙乾)

케즈리(削り, けずり)　빠르게 돌아가는 기계에 건조한 다랑어의 표면을 대고, 검은 타르만 벗겨내는 과정을 말한다.

카비츠케(カビ付け, かびつけ)　습도 85%, 온도 25~26℃ 정도의 밀폐된 방에서 가다랑어의 표면에 곰팡이가 피도록 하는 과정으로, 처음 곰팡이가 피기까지는 12일, 그다음부터는 20일 정도 걸린다.

텐피보시(天日干し, てんぴぼし)　곰팡이를 너무 많이 피우면 맛이 없어지기 때문에 일단 며칠 햇빛을 쬐여 곰팡이의 성장을 멈춘 다음 다시 곰팡이를 피우고, 또 햇볕에 쬐인다. 이런 작업을 4~5회 정도 반복하여 약 반년에 걸쳐 건조하는 과정을 말한다.

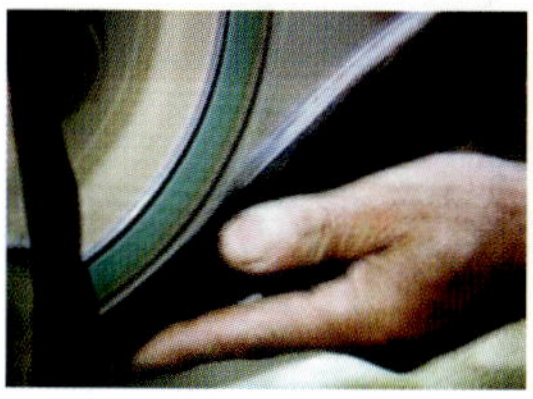
케즈리(削り)

카비츠케(カビ付け)

텐피보시(天日干し)

(4) 가츠오부시(鰹節)의 종류

혼부시(本節) **또는 혼카레부시**(本枯れ節)　가다랑어의 길이가 50cm, 무게가 2.5kg 이상인 것만을 선별하여 위의 공정대로 만든 것으로, 참가다랑어를 4등분하여 잘라서 만든 것이다.

카메부시(龜節) 소형의 가다랑어를 3등분하여 만든 것으로, 혼부시보다 맛은 못하지만, 경제적인 맛국물용으로 많이 사용된다.

아라부시(荒節) 장작불에 구워 말린 것에 타르를 털어낸 것이다.

카메부시(龜節)

아라부시(荒節)

아츠케즈리(厚削り) 딱딱한 덩어리를 조금 두껍게 저민 것으로, 주로 국물 우려내기용으로 사용된다.

가츠오케즈리부시(かつお削り節) 장작불에 구워 말린 것을 저며낸 것으로 맛과 향이 강하며, 주로 칸사이(關西) 지방에서 많이 사용한다. 아래 우측은 가츠오부시를 저며내는 도구인 대패이다.

모미하나가츠오(もみ花かつお) 딱딱한 덩어리를 얇게 저민 것으로 반찬 위에 뿌림용으로 사용한다.

일반적으로 일본의 관서지방에서는 곰팡이가 생기지 않은 아라부시(荒節), 관동지방에서는 곰팡이가 붙은 카레부시(枯れ節)가 많이 소비되며, 대부분의 고급 일본요리점에서도 곰팡이가 붙은 카레부시(枯れ節)가 사용된다.

다시는 소재의 맛을 살리는 기본 중의 기본이며, 각각의 요리에 맞는 가츠오부시를 선택하여야 한다. 이 밖에도 참치부시 · 고등어부시 · 전어부시 · 멸치부시 등이 있다.

가루부시

방어 · 가다랑어 가루부시

고등어 · 눈퉁멸부시

상 · 중 · 하 가츠오부시

3) 맑은 국물의 구성

(1) 완다네(椀種, わんだね)

국물요리의 주체가 되는 것으로 어개류(생선은 담백한 흰 살 생선), 조육류, 야채류 등 제철에 나오는 재료를 사용하며, 두부 · 유바 · 달걀 · 소면 · 생선완자 등이 국물의 건더기로 사용된다.

(2) 완즈마(椀妻, わんづま)

국물요리의 건더기에 부재료로 곁들여지는 것을 말하며, 주로 야채류가 많이 쓰인다. 야채 · 버섯 · 해초류 등도 쓰이는데, 주재료인 국물의 건더기와 크기 · 모양 · 색 · 맛 등에서 조화를 이루어야 하며, 계절감을 나타내어야 한다. 주로 사용되는 야채류는 미츠바, 시금치・쑥갓・무순・강낭콩・유채・미나리・무・당근・땅두릅・오쿠라・죽순・순채・머위, 버섯류는 송이버섯・담자균버섯・생표고버섯・팽이버섯 등이 사용된다.

(3) 스이쿠치(吸口, すいくち)

국물요리에 방향을 곁들이는 재료로 계절감을 나타내고, 이상한 냄새가 나지 않으며, 식욕을 촉진시키는 역할을 한다. 그 계절에 많이 나는 재료를 사용하여 계절감 및 상큼한 맛, 외형의 아름다움을 함께 첨가할 수 있는 재료면 된다. 산초나무순・미츠바・유자・차조기・머위순・묘가・레몬・두릅・산초・생강・와사비・파 등이 사용된다.

4) 맑은 국물의 종류

(1) 스마시지루(清汁, すましじる)

다시마와 가츠오부시로 뽑은 1번다시를 소금과 간장으로 간을 하고, 염분 농도는 0.8~0.9% 정도로 뽑은 국물에 생선이나 야채를 넣어 끓인 맑은 국물요리이다. 도미맑은국, 우럭맑은국, 대합맑은국, 송이버섯두부맑은국, 생미역죽순맑은국, 달걀두부맑은국 등이 있다.

(2) 우시오시루(湖汁, うしおしる)

선도가 좋은 어개류를 사용하고, 다랑어 국물을 사용하지 않고 물에 재료를 넣고 끓여서 재료가 가진 맛을 살려 맑고 깨끗하게 만드는 것이 제일 중요하다. 조개 종류는 다시 국물이 탁해질 수 있으므로 재료 손질부터 신경 써서 만들어야 한다.

도미 머리나 아가미살을 사용하는 것이 대표적으로, 이 밖에 옥돔・보리멸 등의 흰 살 생선이나 대합 등을 사용한다. 찬물에 다시마를 넣고 탁하지 않게 국물을 뽑아 소금과 술로 간을 하고 생선을 사용하는 경우는 적당히 잘라 소금을 살짝 뿌려 두었다가 끓는 물에 데친 후 사용한다.

(3) 요시노지루(吉野汁, よしのじる)

칡가루의 주산지인 요시노(吉野)지방의 이름을 따서 붙여진 국물요리로서 맑은 국물에 칡가루를 넣어 약간 되게 만드는 방법으로 부드러운 느낌을 줄 수 있는 국물로서 잘 식지 않으며 감칠맛이 나는 맛국물 등에 사용한다.

여름철에는 차게 해서 마실 수 있는데, 이때는 간을 보통 때보다 약하고 싱겁게 하여야 한다. 차게 먹기 때문에 보통과 같이 하면 짠맛을 느낄 수 있기 때문이다. 닭가슴살, 갯장어, 메추라기, 식용 박 등을 사용한 맑은국이 있다.

2. 생선회(刺身, 사시미)

1) 일본요리의 제철(슌, 旬, しゅん) 계절감

계절감은 일본요리에 있어서 중요한 요소이다. 슌(旬, 제철)의 식재는 맛있게 또는 시장에 풍부하게 나와 있어 가격도 싸고 영양가도 높은 경향이 있기 때문에 생명력이 넘치는 재료 그대로의 맛을 즐기는 좋은 기회라고 생각하고 있다. 나나쿠사가유(七草粥)처럼 잡초 특유의 자연의 맛이 강하거나 쓴맛은 생명력을 함양하는 깊은 맛으로서 즐겨왔다. 또 첫 가다랑어처럼 제철의 첫 부분에 오는 것을 하시리(走り), 끝물인 은어처럼 내년의 제철까지 맛있게 먹을 수 없게 되기 직전의 것을 나노코시(名殘し)라고 하는 등 제철보다는 맛이 떨어지지만 재료의 취급을 바꾸어 같은 재료에서도 '하시리'(走り), '슌'(旬), '나노코시'(名殘し)라는 세 계절감으로 즐기는 경우도 있다.

슌(旬, 제철)이라는 것은 어느 특정한 식재료에 있어 다른 시기보다도 신선하고 맛있게 먹을 수 있는 시기 또 제철의 것은 시장에 잘 나오기 때문에 가격이 저렴하여 소비자도 기뻐할 수 있는 시기이다. 한자로 '旬'은 10일간을 의미한다. '상순,' '중순,' '하순'은 1개월(30일)을 10일씩 나눠 표현한 의미이다. 식물(食物) 등의 '제철'은 그 식물이 가장 좋은 시기의 10일을 의미한다.

슌(旬, しゅん, 제철)

슌(旬)은 다음 3개의 다른 의미에서 사용되고 있다.

① 계절의 처음에 와 하시리(走り)라고 불리는 것

② 수확량이 최대인 시기

③ 재료가 가장 맛있는 시기

①은 희소성으로 인해 고가가 된다. 일본에서는 "처음의 것을 먹으면 수명이 75일 늘어난다"라고 말할 만큼 귀중하게 여긴다. 예로는 첫 가다랑어와 초봄의 죽순 등을 들 수 있다. 이것들은 그 재료가 본래 나오는 시기의 맛에 비할 바 못하지만, 첫 물건인 점과 산지에 따른 첫 입하품인 점이 두드러져 높은 상품가치가 발생하는 경우가 있다.

②는 수확량이 최대인 시기가 반드시 그 재료의 최고의 맛이라는 것은 아니다. 예를 들면, 산란을 위해 연안이나 바다 안쪽에 내유하는 생선류는 산란기에 어획량이 증가하지만, 생식선의 발달로 인해 몸의 영양을 빼앗겨 비만도가 저하해, 생선의 육질 자체는 떨어지는 경우가 많다. 또 농작물에서는 갓 딴 것보다도 일정 기간 저장해야 전분의 당화가 진행되어 맛있어지는 고구마 같은 것도 있다.

③은 사료를 많이 섭취하거나 태양을 쬐어 영양을 확실하게 축적한 재료가 가장 맛있는 상태이다. 1970년대 이후 생선류의 난획과 지구온난화에 따른 이상기상 등의 영향에서 제철의 시기가 조금씩 뒤로 밀리는 경향이 있다. 또 냉동기술의 발달과 하우스재배 및 고속도로의 정비와 항공기 등 운송수단의 고속화 등에 따라 남반구(북반구와 계절이 반대)로부터의 수입 등을 포함한 먼 곳에서 운반되는 재료가 증가해서 제철을 알기 어렵게 되었다.

2) 생선회(刺身, 造り, 사시미)의 개요

사시미는 어패류가 가지고 있는 독특한 맛을 살려서 생으로 먹는 대표적인 일본요리이다. 츠쿠리미(作り身), 오츠쿠리(お作り)라고도 하며 옛날에는 우치미(打ち身)라고도 했다. 어원은 조리한 생선살에 그 생선의 지느러미를 찔러서 담았는데, 자른다(切る)는 말을 기피하고 싫어해서 찌른다(刺す, 사쓰)는 말로 바뀌었다고 한다. 그래서 사시미(刺身)라고 부른다.

생선회를 사시미(差味) 또는 오츠쿠리(お造り), 사시미(刺身)라고 부르는데 관서지방에서는 오츠쿠리(お作り)라고 하고, 관동지방에서는 사시미(刺身)라고 부른다. 회석메뉴에서는 무코우(向う) 또는 나마모노(生物)라고도 불린다.

사시미는 생선이 가지고 있는 고유의 맛을 살려서 요리하는 것이 큰 특징의 하나이다. 따라서 생선의 특징과 성질을 알아서 자를 때 두께와 크기를 조절해서 생선의 맛을 음미할 수 있도록 썰어야 한다. 또한 생선회는 날로 먹는 것이기 때문에 요리사의 청결과 도마·칼·행주·기물 등의 위생 및 생선의 선도에 각별히 신경 써야 한다. 탄력 있는 생선살의 신선함을 살리기 위하여 칼은 항상 잘 들게 갈아놓아야 하며, 녹이 슬지 않게 잘 보관·관리하여야 한다.

3) 생선회의 제철(슌, 旬, しゅん)

생선의 제철이란 생선에 단백질과 지방질이 풍부하여 그 생선이 한층 맛이 있는 시기를 말하며, 제철에 나는 생선이 가장 맛있다. 이 제철(旬)은 생선 산란기 1～2개월 전의 경우가 많으며, 이때 산란을 대비해 먹이를 왕성하게 많이 먹기 때문에 육질에 탄력이 있고 생선살에 지방이 올라 맛있게 된다. 회를 더욱 맛있는 상태에서 먹으려면 생선의 성질을 잘 파악한 뒤 거기에 맞는 썰기와 담기를 하여야 한다.

육질이 신선하고 단단한 것은 살이 질기기 때문에 얇게 자르고, 살이 붉은 참치나 방어 등은 약간 두껍게 자르는 것이 생선의 맛을 음미할 수 있다. 등 푸른 생선은 일단 소금으로 한 번 절인 다음 식초물에 절여서 사용한다. 그래야만 부패를 방지하고 식중독이 발생하는 것을 예방할 수 있다. 그리고 흰 살 생선같이 담백한 생선은 맛을 보충하기 위해 다시마에 절임(콘부지메)을 하기도 한다. 오징어와 같이 탄력이 있는 것은 가늘게 썰든지, 깊게 칼자국을 넣어 연하게 만들어 썰기 한다. 또한 비린내가 강한 생선은 얼음물에 충분히 씻어 비린내를 제거한 후 사용한다. 각 계절의 대표적인 생선과 그 특징은 다음과 같다.

(1) 봄(春): 3~5월

놀래미(鮎並, 아이나메), 피조개(赤貝, 아카가이), 붕장어(穴子, 아나고), 옥도미(甘鯛, 아마타이), 전복(鮑, 아와비), 차새우(車海老, 쿠루마에비), 흑도미(黑鯛, 쿠로타이), 쟷방어(間八, 간파치), 청어(鰊, 니신), 해삼(海鼠, 나마코), 새조개(鳥貝, 토리가이), 날치(飛魚, 토비우오), 대구(鱈, 타라), 갈치(太刀魚, 타치우오), 우렁이(田螺, 타니시), 빙어(公魚, 와카사기)

피조개(赤貝, 아카가이, Ark Shell) 조개껍데기는 커서 12cm에 이르고, 껍질 표면에 42~43개의 방사선의 줄이 나 있으며, 혈액 중에 헤모글로빈을 함유하고 있기 때문에 살이 빨개서 아카가이(赤身, 빨간 조개)라는 이름이 붙었다. 영양성분은 수분이 78.0%이며, 다른 조개류에 비해 단백질과 당질이 많고 지질이 적다. 또 비타민류도 많이 함유하고 있으며, 특히 비타민 A의 함량이 우수하다.

전복(鮑, 아와비, Abalone Ormer) 전복은 식용으로 되기까지 4~5년 정도 걸리기 때문에 어획량이 적으며, 어패류 중에서도 최고급으로, 맛이나 영양 면에서도 뛰어나다. 오분자기는 전복과 비슷하나 크기가 약간 작고, 주로 조리거나 젓갈을 담가 먹는 경우가 많다. 전복은 날것과 말린 것은 서로 다른 맛을 가지고 있는데, 패류를 말리게 되면 알긴의 양이 증가하여 감칠맛과 동시에 정력증강의 효과도 늘어난다고 한다. 전복에는 정력증진에 필요한 인산·비타민류도 풍부하다. 보존성이 좋은 마른 전복은 편리하게 이용할 수 있으므로 자양강장식이라고도 할 수 있다. 임신 중에 산모가 먹으면 시력이 좋은 아이를 낳을 수 있다고 하는데, 이는 타우린 성분 때문이다. 타우린은 성인의 시력 회복뿐만 아니라 태아의 망막 형성이나 유아기의 시력 발달에도 없어서는 안 될 성분이다. 전복은 쫄깃쫄깃한 살은 물론이고, 신선하다면 내장도 먹도록 한다. 전복은 대황이나 감태 등의 해초를 먹기 때문에 내장에는 해초에 들어 있는 성분이 농축되어 있다. 감칠맛의 근원인 타우린과 비타민 A도 많으며, 피부가 좋아지고, 감기 등의 바이러스에 저항력을 길러주는 효과도 기대할 수 있다.

날치(飛魚, 토비우오, Flying Fish) 날치는 긴 가슴지느러미를 이용하여 물 위로 점프하여 비행기처럼 공중을 나는 생선으로 잘 알려져 있다. 날치는 근육질로 지방이 적고, 내장이 작으며, 잘 상하지 않기 때문에 옛날부터 먼 곳으로 보내져 각지에서 다양한 조리법으로 요리되고 있다. 날치는 100g당 지방함유량이 0.7g, 장거리주자인 가다랑어의 지방함유량 2g과 비교해도 훨씬 작다. 깔끔한 맛이 초여름에 잘 어울리며 구이・회로 먹으면 다이어트에도 좋다. 날치에는 칼슘・철・아연・셀렌 등 몸에 유용한 미네랄이 모두 포함되어 있다. 노화는 연령과 함께 체내에 산화된 지방이 축적되어 다양한 트러블을 일으키는 것이 원인이라고 하는데, 셀렌에는 과산화지질의 생성과 축적을 막는 효과가 있다. 미네랄은 납・수은・카드뮴 등의 몸에 유해한 미네랄을 배제하는 활동도 한다고 한다. 날치는 산란기에 큰 가슴지느러미를 다이내믹하게 움직여 구애행위를 한다. 그런 파워를 보고 옛날부터 "날치를 먹으면 기력이 강화되고 몸이 가벼워지고 장수한다"라고 하였다.

청어(鰊, 니신, Pacific Herring) 예로부터 청어는 봄을 알리는 생선으로, 단백질이 부족하기 쉬운 지역에서는 보존식품의 중요한 재료였다. 청어의 B_{12} 함유량은 생선 중에서도 최고 수준이다. 비타민 B_{12}가 부족하면 악성빈혈이 나타나며, 그 결과 불임의 원인이 되기도 한다. 비타민 B_{12}는 야채에는 없고, 소나 돼지의 간에 많이 포함되어 있지만, 간에는 콜레스테롤 함량이 많아 콜레스테롤이 걱정되는 사람은 간보다 생선으로 보충하면 된다. 청어는 지방이 풍부하고, 혈전증에 효과적인 IPA, 뇌의 활동을 활발하게 하는 DHA가 많이 포함되어 있다. 또한 DHA는 알레르기성 피부염을 일으키는 히스타민・로이코토리엔을 없애는 역할을 하기 때문에 주목받고 있다.

빙어(公魚, 와카사기, Pond Smelt) 빙어는 길이 15cm 정도의 담수어로 전국 각지의 호수에 서식하고 있다. 빙어는 셀렌과 비타민 E를 동시에 함유하고 있는데, 셀렌과 비타민 E는 항산화 작용이 있어 노화예방에 도움이 되는 영양소로 주목받고 있다. 셀렌의 항산화 작용은 비타민 E의 50~100배인데, 셀렌과 비타민 E를 동시에 섭취하게 되면, 그 효과가 두 배 이상이 되는 상승효과가 있다고 한다. 빙어는 약 5마리(80g)로 1일 섭취해야 할 칼슘권장량의 600mg이 섭취되며, 또한 열량도 80kcal로 우유나 정어리 등과 비교해서 낮은 편이다. 빙어의 철 함유량은 100g당 5.0mg으로 어패류 중에서도 단연 으뜸이다. 100g만 먹어도 성인의 1일 권장량 10～12g의 약 절반에 달한다. 철은 혈액을 만드는 데 있어서 없어서는 안 될 미네랄이지만 부족하기 쉽다. 특히 젊은 여성들 사이에서 최근 철분 부족에 의한 빈혈이 늘고 있는 추세이므로, 특히 철분의 섭취에 신경 써야 할 것이다.

성게(海栗, 우니, Seaurchin) 성게는 밤송이처럼 가시가 있는 형태의 껍질 속에 있는 생식소를 식용하며, 매우 풍미가 좋다. 예로부터 성게는 강장 및 강정효과가 있다고 전해지고 있다. 성게는 소화가 잘 되므로 위에 부담이 없다. 또한 비타민 A나 아연, IPA가 풍부하게 들어 있기 때문에 혈액의 흐름을 좋게 하고, 신체의 움직임이 활발해져 스테미너에 도움이 된다. 성게를 먹으면 스테미너가 생긴다고 하는 것은 성게에 들어 있는 아연의 작용이라 할 수 있다. 아연은 췌장으로부터 분비된 인슐린 성분으로, 생식기관의 작용에도 중요해 부족하면 남성은 정자수가 감소하게 된다. 성게의 눈에 있는 선명한 황금색은 에키네논이나 에키노크롤 A라고 하는 물질이다. 이는 식욕을 촉진할 뿐만 아니라 체내의 비타민 A와 같은 작용을 한다. 성게에는 이러한 카로틴계의 물질과 순수한 비타민 A인 레티놀이라고 하는 물질이 들어 있어 피부나 점막을 건강하게 유지시키고, 노화방지나 암예방의 효과가 있다.

도미(鯛, 타이, Seabream) 도미는 형태도 아름답고 맛도 좋아 고급 생선에 속하며, 연회 파티나 축하할 때 많이 사용한다. 도미는 지방 함유량이 적어 소화에도 좋고 알레르기나 식중독의 염려가 없다. 그러나 도미는 뼈가 단단하여 가시에 찔릴 위험성이 있으므로 어린아이에게 먹일 때는 잔가시에 주의하여야 한다. 도미의 눈알에 가득 들어 있는 젤라틴 물질은 뮤코다당류라고 하는데, 관절의 골수와 같은 성분으로 아주 맛이 좋다. 뮤코다당류는 원래 체내에서 만들어지는 것이지만, 나이가 들면 들수록 체내 생산량은 줄어들게 된다. 따라서 중장년이 되면

뮤코다당류가 풍부하게 들어 있는 생선을 많이 섭취하여야 한다. 또한 도미에 들어 있는 지방분에는 일단 고도불포화 지방산이 적어 산화에 의한 맛의 저하가 잘 일어나지 않는다.

(2) 여름(夏): 6~8월

전갱이(鰺, 아지), 바다장어(公子, 아나고), 돌돔(石鯛, 이시다이), 조기(石首魚, 이시모치), 가다랑어(鰹, 가츠오), 차새우(車海老, 쿠루마에비), 털게(毛蟹, 게카니), 양태(鯒, 고치), 소라(榮螺, 사자에), 농어(鱸, 스즈키), 바지락(蜆, 시지미), 전복새끼(常節, 도코부시), 미꾸라지(泥鰌, 토죠), 민어(鮸, 니베), 갯장어(鱧, 하모), 은어(鮎, 아유)

붕장어(穴子, 아나고, Conger & Conger Eel) 붕장어는 민물장어보다 담백하고 부드러우며, 입속에 넣었을 때 녹는 듯한 감촉이 특별하다. 붕장어와 민물장어의 다른 점은 지방 함유율인데, 붕장어는 지방 함유율이 민물장어의 절반 정도로, 그다지 느끼하지 않아 장어를 싫어하는 사람이라도 붕장어라면 맛있게 먹을 수 있다. 붕장어는 노화예방에도 효과적인 비타민 E나, 치매를 예방하는 효과가 있다고 하는 DHA가 듬뿍 들어 있다. 또한 미네랄이 풍부하기 때문에 여름철에 스테미너 식으로 취급되고 있다. IPA・DHA・칼슘 등을 많이 함유하고 있어 혈압이 높은 사람에게 적극 추천할 만하다. 그러나 고혈압이 있는 사람은 튀김으로 할 경우 소스를 줄이고 레몬즙을 뿌려서 먹도록 하는 등, 염분을 줄여서 먹는 것을 잊지 말아야 한다. 나이가 많은 사람은 민물장어보다 붕장어를 먹는 것이 좋다. 붕장어는 초밥집에서 요리해서 초밥으로 많이 사용하는데, 초밥집의 실력이 판가름 나므로 초밥집에 가면 붕장어부터 주문해서 먹어보아 그 초밥집의 실력을 테스트해 보는 것이 좋다.

은어(鮎, 香魚, 年魚, 아유, Ayu Sweetfish) 1년(一年)밖에 살지 않기 때문에 연어(年魚)라고도 하며, 특유의 향이 있어 향어(香魚)라고도 불린다. 치어는 강을 거슬러 바다에 들어가 겨울을 넘기고 이듬해 봄 다시 강을 거슬러 올라 성어가 되며, 가을에 산란한다. 치어 때는 동물성 먹이를 주로 먹지만 성어가 되면 강 밑의 돌에 붙어 있는 해초나 미생물 등을 먹게 된다. 그 때문에 은어 특유의 향기가 강해지고 맛난 맛도 증가한다. 미끈하게 잘 빠진 모습에 향기까지 풍부한 고급스러운 맛의 은어는 청정수의 여왕이라 불리기도 한다. 자연산과 양식으로 분리되기도 하는데 7월에 가장 맛이 좋으며, 양식 은어는 4~5월경부터 나오기 시작한다. 지방이 많아 배 부위가 불룩하고 전체적으로 검은 청색을 띠고 있는 것이 특징이다. 은어는 칼슘이 많이 함유되어 있으며, 또한 어린 은어의 경우에는 비타민 D도 풍부하여 통째로 먹게 되면 뼈와 이가 튼튼해지는 데 도움이 된다. 은어에는 비타민 B_1이 많이 들어 있어 비타민 B_1의 소비가 많은 여름철에 잘 어울리는 생선이다.

가다랑어(鰹, 가츠오, Skipjack Tuna, Skipjack) 가다랑어는 시속 60km의 빠른 속도로 헤엄쳐 강한 근육을 가지고 있기 때문에 단백질의 양과 질이 모두 우수하다. 특히 5월경 먹이를 찾아 북상하는 초여름 가다랑어는 단백질이 많은 데 비해 지방이 적기 때문에, 고단백질 저칼로리 건강식으로 좋다. 가다랑어에는 나이아신이 풍부한데, 1토막(100g)에 19mg의 나이아신이 포함되어 있어, 성인 남성의 하루 권장량(17mg)을 채울 수 있다.

농어(鱸, 스즈키, Seabas) 농어는 여름의 식탁을 아름답게 하는 고급 생선으로, 치어에서 성어가 되기까지 이름이 달라지는 출세어(出世魚: 성장하면서 이름이 달라지는 생선)이다. 농어는 바다생선이지만, 강물과 바닷물이 교차하는 하구를 좋아하며, 먹이를 먹기 위해 강으로 헤엄쳐 온다. 농어에는 철이 많이 들어 있어 빈혈예방에도 도움이 된다. 철의 흡수를 위해서는 농어에 들어 있지 않은 비타민 C가 필요하므로 철의 흡수를 좋게 하기 위해서 무채나 레몬 등 비타민 C가 풍부한 야채를 곁들이거나, 레몬즙을 뿌리는 방법 등의 연구가 필요하다. 겨울에 산란기를 준비하여 알을 품고 있는 농어는 맛이 떨어진다.

(3) 가을(秋): 9~11월

바지락조개(淺利, 아사리), 옥도미(甘鯛, 아마타이), 굴(牡蠣, 카키), 멸치(片口鰯, 카타구치이와시), 모래무지(鱚, 키스), 잉어(鯉, 코이), 전어(鰶, 코하다), 대합(蛤, 하마구리), 자라(鼈, 슷폰), 북방조개(北寄貝, 홋키가이), 떡조개(海松貝, 미루가이), 오징어(烏賊, 이카), 정어리(鰯, 이와시), 새우(海老, 에비), 고등어(鯖, 사바)

오징어(烏賊, 이카, Squid, Cuttlefish) 오징어는 우리나라 사람에게 가장 친숙한 연체동물이다. 20년 전에는 혈압이 높은 사람은 콜레스테롤의 함유량이 많은 조개류나 오징어를 가능한 한 먹지 않도록 하였다. 그러나 패류에 들어 있는 타우린의 영향력이 상당히 커 혈압을 내려주거나 간기능을 향상시키기 때문에 알코올로 인한 장애에도 효과가 있다고 한다.

특히 담석의 예방이나 신경계 기능개선 등의 생리효과가 확인되었다. 오징어는 적을 만났을 때 먹물을 뿜어 적을 격퇴한다. 이러한 먹물에는 뮤코다당류 등의 세포를 활성화하는 물질이 들어 있어 암을 예방하는 데 효과적이라 한다.

살이 두껍고 맛이 좋은 갑오징어의 몸통에는 단단한 뼈가 들어 있다. 탄산칼슘이나 인산칼슘 등이 변하여 붙은 것으로, 건조시켜 분말로 만들어 먹으면 기관지 천식이나 위궤양·십이지장궤양 등에도 효과가 있다고 한다. 또한 민간요법으로 상처로 인한 출혈을 억제하는 작용을 하여 외용약으로도 이용되고 있다.

새우(海老, 에비, Shrimp, Prawn) 새우는 고단백질 저지방의 해산물로서 새우나 게 종류는 누구나 좋아하는 식품이다. 원래 새우나 오징어에는 콜레스테롤도 많이 들어 있으나, 타우린에는 혈중의 콜레스테롤 수치를 낮춰주는 작용이 있다. 어패류에 있어서는 타우린의 힘이 콜레스테롤의 힘보다 강하기 때문에 콜레스테롤의 영향은 걱정할 필요가 없다. 새우는 열량이 낮은 식품으로 이용하기 쉬운 재료이지만, 조리법에 따라 고열량식으로 바뀔 수 있으므로 주의하여야 한다. 예를 들어 새우소금구이(5마리)는 84kcal인 데 비하여 조림은 111kcal, 튀김은 258 kcal, 타르타르 소스를 곁들이면 426kcal가 된다. 새우의 껍질이나 꼬리에는 키틴이라고 하는 물질이 들어 있다. 키틴은 체내에서 소화·흡수되지 않는 다당류의 일종으로, 동식물성 식이섬유의 일종이다. 최근 키틴에 항암성분이 있다는 것이 밝혀졌다. 새우튀김의 꼬리도 남기지 말고 먹도록 한다.

고등어(鯖, 사바, Chub Mackerel) 고등어는 지방이나 비타민류가 많아 영양가가 높지만, 선도가 떨어지기 쉬운 단점이 있다. 구입 시에는 살이 단단하고 신선한 것을 선택하도록 한다. 배쪽에 은색의 힘줄이 보이는 것은 선도도 지방도 최고인 상태이다. 제철인 가을에는 지방의 함유량이 15% 전후가 되며, 고등어의 지방에는 동맥경화나 심근경색을 예방하는 IPA나 뇌세포에 없어서는 안 될 DHA가 다량 함유되어 있다. 특히 어린이의 뇌 발달과 노인성 치매에 효과를 발휘하는 DHA는 등 푸른 생선인 꽁치나 정어리보다 풍부하다. 비타민 B_2는 성장에 없어서는 안 될 비타민으로, 고등어 100g에는 초등학생 하루 필요 비타민 B_2 0.8mg의 약 1/2이 들어 있다. 특히 생선의 등 중앙에서 꼬리까지 겹질 부분에 걸쳐 다량 함유되어 있으므로 겹질째 먹도록 한다. 고등어에는 히스티딘이라고 하는 물질이 다량 들어 있다. 히스티딘은 선도가 떨어지면 히스타민으로 변화하여 두드러기 등의 알레르기를 일으키는 원인이 된다. 알레르기를 예방하기 위해서는 신선한 것을 먹는 것이 좋으며, 식초로 절임으로써 히스타민 성분의 생성을 방지할 수 있다.

(4) 겨울(冬): 12～2월

단새우(甘海老, 아마에비), 아귀(鮟鱇, 안코우), 왕새우(伊勢海老, 이세에비), 굴(牡蠣, 카키), 상어(鮫, 사메), 학꽁치(細魚, 사요리), 삼치(鰆, 사와라), 복어(河豚, 후구), 뱅어(白魚, 시라우오), 방어(鰤, 부리), 관자(帆立貝, 타이라가이), 황새치(眼梶木, 메카지키), 참문어(眞蛸, 마타코), 게(蟹, 카니), 연어(鮭, 사케), 광어(鮃, 平目, 히라메)

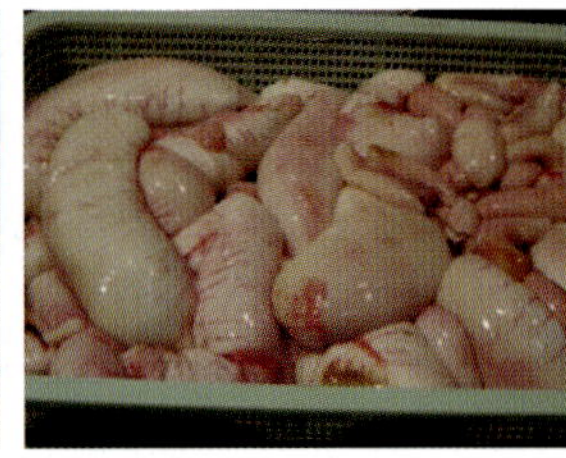

대구(鱈, 타라, Cod) 대구는 북해에 살고 있는 심해어로 제철은 겨울이고, 탕요리가 일반적이다. 대구는 흰 살 생선 중에서도 가장 지방이 적고, 칼로리가 100g당 70kcal밖에 안 된다. 살이 부드럽고 빨리 상하기 때문에 회로는 좋지 않다. 어릴 적 영양제 대신으로 간유를 마신 기억이 있을 것이다. 이 간유는 대구·참치·상어 등의 간이 원료이다. 대구의 간에는 단백질·미네랄 외에도 비타민 A와 비타민 D가 풍부하다. 비타민 A는 시력의 지속과 피부점막의 건강에, 비타민 D는 뼈·치아를 튼튼하게 하는 데 없어서는 안 될 영양소이다. 이리에도 같은 영양소가 포함되어 있기 때문에 탕요리를 할 때 내장을 넣어도 좋다. 대구알의 대부분은 명란젓으로 이용되지만, 12~3월경에는 날것도 나오므로 생식해도 맛이 있다.

아귀(鮟鱇, 안코우, Goosefish, Anglerfish) 올챙이를 크게 확대한 것과 같은 모양이 어딘가 모르게 우스꽝스러운 아귀의 흰 살은 모습에 비해서 담백하고 고급스러운 맛으로 겨울철 냄비요리를 대표하고 있다.

아귀의 감칠맛은 아미노산에 의한 것이다. 그중에서도 타우린이라는 아미노산은 감칠맛의 근원일 뿐만 아니라, 인간의 체내에서 다양한 면에 작용하여 건강을 유지시켜 준다. 일반적으로 바다의 푸아그라라고 불리는 아귀의 간은 지용성 비타민인 A·D·E나 아연·동 등의 미네랄이 풍부하다. 아귀의 간 100g 중에는 비타민 A 28000IU, 비타민 D 4400IU, 비타민 E 13.8 mg을 가지고 있어 술을 마실 때 부족해지기 쉬운 비타민을 많이 함유하고 있어 술안주로 적합하다. 너무 많이 섭취하면 호르몬이상 등의 과도장애가 있으므로 적정량을 섭취하도록 주의해야 한다.

아귀탕에는 살·간·난자 외에 껍질도 넣어서 먹는 특징이 있다. 껍질에는 피부의 염증을 방지해주는 비타민 B_2나 피부를 탄력 있게 만드는 콜라겐 성분이 풍부하여 피부미용에도 효과적이다. 이 외에 아가미·위장·지느러미가 모두 식용 가능하여 이러한 가식부위를 '아귀의 7가지 부위'라고 말하며, 이러한 7가지 부위를 모두 먹거나 난자를 익혀서 먹으면 몸이 따뜻해지는 효과가 있다.

게(蟹, 카니, Crab) 게는 종류에 상관없이 모두가 단맛이 있는 상품으로 고급 식재료로 사용되고 있다. 가공식품 중심의 식사나 스트레스가 많은 식사를 하게 되면, 아연이 부족하게 되기 쉬운데 게 100g에는 1일 필요한 아연의 약 1/2이 들어 있으며, 그 양은 어패류 중에서 굴 다음으로 많다. 게의 특징인 단맛과 감칠맛은 베타인이나 포말린 등의 엑기스 성분에 의한 것이다. 따라서 어획 후 시간이 경과하면 산소 등의 작용으로 식중독을 일으키는 성분으로 변화하므로 잡은 후 신선할 때 가열하는 것이 좋다. 또한 데친 게도 선도가 떨어지기 쉬우므로 빠른 시간 내에 먹도록 한다. 게의 장은 특유의 감칠맛인 이노신산 등의 핵산에 의한 것이다. 이러한 성분은 감칠맛의 기본 성분이며 세포를 활성화시켜 노화를 예방하는 작용이 있다고 한다.

게의 알에는 핵산물질이 풍부하게 들어 있다. 암컷 게는 몸이 작고, 살이 적으며, 맛도 떨어진다. 게 껍질에는 항암작용이 있는 키틴이라는 물질이 들어 있어 이 껍질에서 추출한 성분을 키틴 또는 키토산이라고 한다.

연어(鮭, 사케, Salmon) 강에서 태어난 연어는 바다로 나와 성장한 후 다시 자신이 태어났던 강으로 산란하기 위해 되돌아감으로써 생애를 마감한다. 강을 역류하여 헤엄쳐온 연어는 산란하기 직전에 체력을 소모하여 육질과 지방이 떨어지므로, 산란기 직전에 바다에서 포획한 것이 가장 맛이 좋다. 연어의 단백질은 소화·흡수가 좋아 어린이나 노약자, 회복기의 환자에게도 적합하다. 연어의 알에는 '젊음을 되돌리는 비타민'이라고 하는 비타민 E가 풍부하여 피부를 아름답게 유지하고, 성적 기능의 유지에도 필요한 영양소를 많이 함유하고 있어 적당히 섭취하면 건강유지에 도움이 된다.

문어(蛸, 타코, Octopus) 문어는 오징어 등의 연체동물 중에서도 타우린 함량이 가장 많이 포함되어 있다. 타우린과 시력은 큰 관계가 있어 옛날부터 문어가 시력회복에 좋다는 말이 있다.

감자·호박·문어는 다이어트와 미용에도 효과가 있어 여성이 좋아한다. 감자·호박에는 식이섬유, β-카로틴, 비타민 C가 함유되어 있으며, 단백질이 풍부하고 저칼로리 식품이다. 문어를 익힐 때, 탄산을 넣으면 살이 연해지는데, 탄산은 단백질을 부드럽게 하는 작용을 하기 때문이다.

광어(鮃, 平目, 히라메, Flatfish) "좌광우도." 눈이 머리의 왼쪽에 있으면 광어, 오른쪽에 있으면 도다리이다. 일반적으로 껍질이 검고 납작한 생선은 배를 밑으로 하기 때문에 배 부분이 흰색이다. 광어의 지방은 100g당 1.2g으로 흰 살 생선 중에서도 적은 편이며 저칼로리이다. 광어의 지느러미살(엔피라·엔가와)은 맛이 좋을 뿐 아니라 콜라겐이 풍부하다. 콜라겐은 단백질의 일종으로 피부미용에 있어서 없어서는 안 될 성분이며, 자외선에 의한 기미와 주근깨 예방에 효과적이다. 회로 먹는 생선에는 비타민 A가 부족하기 쉬워 회를 먹을 때 비타민 A가 풍부한 성게알 등을 곁들이면 좋다. 또한 β-카로틴이 풍부한 쑥갓, 청자소 잎, 파슬리 등을 곁들여도 좋다.

복어(河豚, 후구, Globefish, Swellfish) 복어는 겨울에 맛볼 수 있는 최고급 흰 살 생선이다. 그러나 "복어는 먹고 싶고 목숨은 아깝고"라는 말처럼 복어의 간과 알에는 테트로도톡신이라 하여 신경에 침투하는 독이 있어 소량이라도 목숨을 잃는 경우가 있다. 복어의 독특한 단맛과 감칠맛은 감칠맛의 요소인 글루타민산 · 이노신산 · 타우린 성분 때문이며, 이 성분이 풍부하여 탕을 끓일 때 다시보다는 맹물만으로도 충분하다. 타우린은 혈관 · 심장 · 간 · 기관지 등 다양한 장기의 장애에 효과가 있으며, 그중에서도 중장년층 이상의 사람들이 걸리기 쉬운 동맥경화 · 고혈압의 개선에 효과가 있다. 복어요리의 특징 중 하나는 껍질을 맛보는 것이다. 특히 등 쪽 검은 부분에는 셀렌이라는 미네랄이 포함되어 있고, 항암작용 외에 정력 감퇴와 갱년기 장애에도 효과적이다.

기네스북 등재 복어회 접시(500인분)

복어전문 가라토어시장 복어 가공품 매장

방어(鰤, 부리, Yellowtail) 방어는 어린 것부터 성장한 것까지 여러 용도로 쓰이는데, 길이 40~60cm인 것은 회로, 1m 전후인 것은 구이나 탕으로 쓰인다. 지방이 많기 때문에 DHA, IPA, POA(팔미트올레인산) 등의 고도불포화 지방산의 함유량이 많고, 거무스름한 살에는 비타민 D와 타우린이 풍부하다. 방어는 참치뱃살 다음으로 DHA가 풍부하며, 더욱이 방어에는 뇌혈관에 영양을 보충하고, 혈관 벽을 튼튼하게 한다는 POA의 함유량이 많다. "눈이 좋아지려면 눈을 먹어라"라고 하듯이 방어 · 참치 등의 붉은 생선의 눈 주위에는 시력장애에 효과적인 비타민 A가 풍부하다. 더욱이 IPA, DHA, 비타민 C, 뮤코다당류 등이 많아 성인병에 효과적이며, 노화 방지를 돕는 영양소가 많다. 따라서 머리가 붙은 방어를 구입하여 방어 눈 주위의 젤라틴 질과 눈 뒤쪽 뼈의 살을 먹는 것이 좋다.

굴(牡蠣, 카키, Oyster) 서양에서는 영어의 월 이름에 알파벳 R이 없는 달인 May(5월), June(6월), July(7월), August(8월)에는 굴을 먹어서는 안 된다고 하는데, 이때가 산란기이므로 식중독을 일으킬 수 있으므로 먹지 않는다. 생식용 양식 굴은 가을에서 겨울에 살도 통통해지고 단맛도 증가하기 때문에 주로 겨울에 많이 출하된다. 글리코겐이나 호박산 등이 풍부하여 맛과 영양이 우수한 굴은 세계적으로 생식되며, 날생선을 먹지 않는 서양에서도 굴만은 예외로 시저나 나폴레옹 등 권력자들도 자양 강장식으로 먹었다고 한다. 우유와 같은 영양가가 있기 때문에 "바다의 우유"라고 불린다. 또한 비타민 B_{12}와 철이나 동이 많이 들어 있어 빈혈예방에 가장 좋은 식품이다. 또한 비타민 B_{12}는 간기능을 향상시키는 역할을 해서 간질환 예방에도 도움이 된다.

4) 만드는 방법에 따른 생선회의 분류

(1) 통사시미(스가타즈쿠리, 姿造り, すがたづくり)

작은 도미나 전갱이・학꽁치・랍스타 등을 생선 통째로 담는 방법으로, 뼈에서 살을 잘 오로시하여 뼈 위에 살을 가지런히 썰어 다시 올려놓는 것으로, 싱싱하게 보임은 물론 시각적인 효과와 식욕을 돋우고 접시에 담을 때 한결 멋을 부릴 수 있는 썰기 방법이다.

(2) 씻음(아라이, 洗, あらい)

살에 탄력이 있는 도미・농어・아귀 등이나 잉어・붕어・은어 등의 담수어를 사용한다. 이때 담수어는 살아 있는 것을 사용한다. 살아 있는 것이 없더라도 선도가 높은 것을 사용해야 한다. 생선의 살을 얇게 떠 약간의 술을 넣은 얼음물에 담가 씻어내는 방법으로, 생선의 지방기와 좋지 않은 냄새를 없애주고 살에 탄력을 부여하므로 산뜻한

맛을 가진 생선회를 즐길 수 있다. 여름철에 많이 하는 방법으로, 와사비 간장보다는 초된장을 더 많이 곁들여 먹는다.

(3) 살짝 데침(시모후리즈쿠리, 霜降造, しもふりづくり)

문어를 회로 먹기 위해 약간의 녹차를 넣은 끓는 물에 데쳐내는 방법도 있고, 떡조개의 살을 꺼내서 끝부분의 딱딱한 껍질을 벗기기 위하여 끓는 물에 데쳐내어 사시미로 하기도 한다. 산 새우를 회로 할 때 머리와 꼬리를 뜨거운 물에 살짝 데쳐 색을 좋게 만든 후 회로 한다.

(4) 뿔뿔이 흩어진 회(지리즈쿠리, ちり造, ちりづくり)

엷게 포 뜬 생선살에 전분가루를 무쳐 끓는 물에 살짝 데친 후, 얼음물에 식히고 물기를 제거한다. 살이 뿔뿔이 흩어진 모양으로 되어서 이런 이름이 붙었고, 갯장어나 양태 등으로 만드는데 갯장어로 만든 것을 하모 유비키라고 한다.

(5) 살짝 구운 회(야키시모즈쿠리, 燒霜造, やきしもづくり)

아귀 · 놀래미 · 다랑어 등을 껍질의 부드러움을 살리기 위하여 만드는 방법이다. 냄새를 없애기도 하고, 껍질을 먹기 쉽고 부드럽게 하며, 구운 향을 부여하기 위해 생선살을 꼬치에 꿰어 껍질만을 직화불에 구워 얼음물에 식혀 물기를 제거하고 회로 먹는 방법으로, 실파 · 마늘 · 폰즈와 곁들여 먹기도 한다. 붉은 살 생선인 참치 · 방어 · 가다랑어 · 연어 · 고등어 등을 많이 사용한다.

(6) 다시마절임(콘부지메, 昆布締, こんぶじめ)

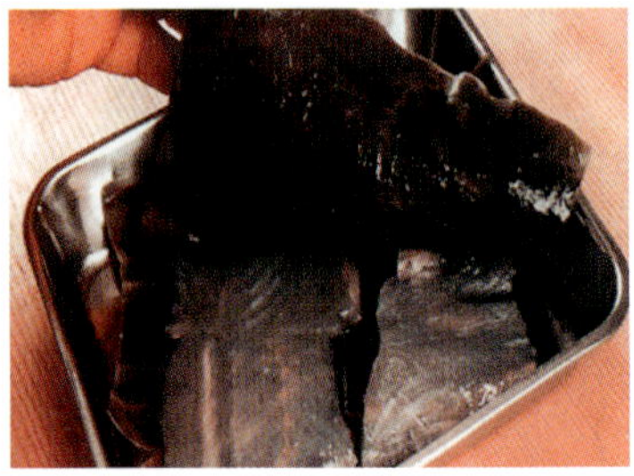

도미나 광어 등과 같은 담백한 맛이 있는 흰 살 생선이나 모래무지나 학꽁치 같은 맛난 맛이 부족한 작은 생선에 다시마의 맛난 맛을 들이는 방법이다. 생선을 얇게 포 뜨고 다시마를 깨끗이 닦은 다음 다시마 위에 포 뜬 생선을 가지런히 펴고 그 위에 다시마를 덮어서 6시간 이상 눌러 두어 다시마의 맛난 맛이 배어들게 한 것이다.

(7) 초절임(스지메, 酢締, すじめ)

고등어 · 전어 · 전갱이 등의 푸른 생선에 사용하는 방법이다. 살을 포 뜸과 동시에 특유의 비린내를 약하게 하고, 식초의 향과 부드러움을 들이는 방법이다.

살을 포 떠 소금에 절인 후 씻어내고, 식초물에 담가 부패방지와 식중독을 예방하는 역할을 하고 상큼한 맛도 부여한다. 반드시 싱싱한 것만 골라서 사용해야 하고, 생선 살의 두께에 따라 소금에 절이는 시간, 식초에 담그는 시간을 달리한다. 초절임 생선은 가급적이면 빨리 먹어치우는 것이 좋다.

(8) 다짐 또는 살짝 구움(타다키, 叩, たたき)

전갱이 등의 생선을 포 떠서 껍질을 벗기고 뼈를 제거한 후, 실파와 함께 곱게 다져서 회로 먹는 방법이다. 또는 복어나 놀래미 등을 포 떠서 참치에 소금을 듬뿍 뿌려 꼬챙이에 꿰어 살만 불에 살짝 구워 회로 먹는 것도 타다키라고 한다.

(9) 마츠카와 즈쿠리(松皮造, まつかわづくり)

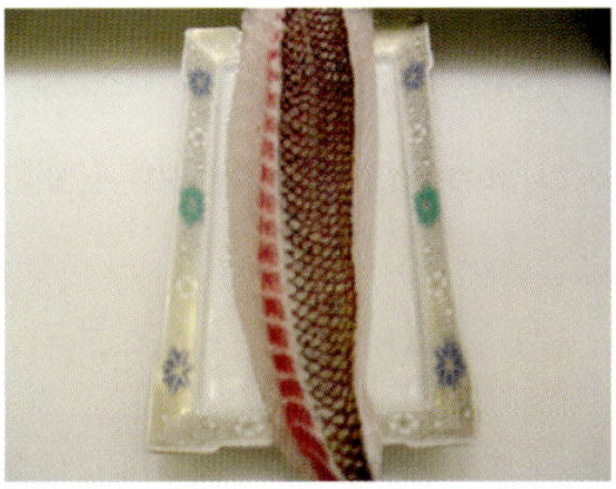

도미의 고소한 맛을 살리기 위해 끓는 물에 껍질 부분을 가제 행주에 대고 데쳐서 얼음물에 식힌 다음 물기를 제거하고 껍질째 썰어서 먹는 회로, 끓는 물에 데친 후의 모습이 소나무의 껍질과 닮았다 하여 마츠(松)가와(皮)라고 한다.

5) 생선회 자르는 방법

흔히 회는 써는 방법에 따라서 맛이 달라진다고 한다. 얼마만큼 생선이 가지고 있는 특징을 살려 썰었느냐에 따라 맛이 달라진다. 살이 붉은 방어 · 참치 · 다랑어 등과 같은 생선은 약간 두껍게 썰어야 생선의 맛을 음미할 수 있고, 담백한 흰 살 생선은 얇게 썰어야 생선의 쫄깃함과 담백한 맛을 느낄 수 있으며, 참치 같은 경우는 참치의 결을 끊어서 써는 것이 중요하다.

(1) 평 썰기: 히라즈쿠리(平造, ひらづくり)

대표적인 회 썰기 방법으로 포 뜬 살을 모양대로, 두께는 생선의 성질에 맞게 써는 것으로, 칼 손잡이 부분에서 자르기 시작하여 그대로 잡아당기듯이 자른다. 벤 자리는 광택이 나고 각이 있게 하며, 자르기가 끝나면 우측으로 밀어 가지런히 겹쳐 담는다. 주로 모양을 살려서 담을 때 이렇게 썰기 한다.

(2) 잡아당겨 썰기: 히키즈쿠리(引造, ひきづくり)

평 썰기와 같은 요령으로 썰고, 우측으로 보내지 않고 칼을 빼낸다. 살이 부드러운 뱃살을 썰 때 유효한 방법이다.

(3) 깎아 썰기: 소기기리(削切, そぎぎり)

포 뜬 생선살의 얇은 쪽을 자기 앞쪽으로 하고, 칼을 우측으로 뉘어 깎아내듯이 써는 방법이다. 아라이(얼음물에 씻는 회)할 생선이나 모양이 좋지 않은 회를 자를 때 써는 법이다.

(4) 얇게 썰기: 우스즈쿠리(薄造, うすづくり)

살에 탄력이 있는 복어나 흰 살 생선을 종이처럼 얇게 써는 방법으로, 고도의 기술과 스킬을 요구한다. 얇게 떠서 학 모양, 장미 모양, 나비 모양 등을 만들기도 한다. 얇게 썰기 때문에 선도가 떨어지는 생선으로는 안 되고, 살아 있는 생선으로 해야 얇게 썰 수 있다.

(5) 가늘게 썰기: 호소즈쿠리(細造, ほそづくり/실 굵기 썰기: 이토즈쿠리〈糸造, いとづくり〉)

광어·도미·오징어 등을 가늘게 써는 것으로, 다른 종류의 젓갈이나 소재로 무칠 때 또는 작은 용기에 담을 때 써는 방법이며, 선도가 좋지 않으면 실처럼 가늘게 썰 때 찢어지기 때문에 곤란하다. 먹을 때 또한 씹는 맛이 없어 싱싱하지 않으면 이도즈쿠리를 하지 않는다.

(6) 각지게 썰기: 카쿠즈쿠리(角造, かくづくり)

참치나 방어 등의 생선을 직사각형 또는 사각으로 각지게 썰어 김에 말기도 하고 겹쳐서 담기도 한다. 코스용 생선회를 자를 때 많이 써는 방법이다.

(7) 뼈째 썰기: 세고시(背越, せごし)

병어·은어·전어 등의 작은 생선을 손질 후 뼈째 썰어 얼음물에 씻어 수분을 잘 제거한 후 회로 먹는 방법으로, 주로 살아 있는 생선만을 이용한다. 주로 된장이 들어간 쌈장이나 소스를 찍어 먹으면 된장의 카르보닐 화합물이 생선의 비린내를 제거해주어 세고시로 썬 생선회에 많이 곁들여 먹는다.

6) 생선회의 곁들임(아시라이, あしらい)

(1) 갱(けん)

입맛을 깔끔하게 하고 생선회가 마르는 것을 방지하기 위하여 야채 등을 가늘게 채썰어 생선회에 곁들이는 것을 말한다. 무・당근・오이・두릅 등을 얇게 돌려 깎기 하여 적당한 길이로 잘라 물에 잘 헹궈서 물기를 빼서 사용하고, 색이 있는 단호박이나 당근 등은 잘 씻어서 색을 살려 쓰는 것이 중요하다.

(2) 츠마(妻, つま)

말 그대로 처 또는 아내를 뜻하는 말로, 사시미를 담을 때 반드시 따라다니는 것들이다. 보기에 좋기도 하지만 사시미와 함께 곁들여 먹을 수 있는 것들이 놓이며, 청시소・적시소・시소싹・적시소싹・무순 등이 있다. 이 밖에 꽃오이・오쿠라・아스파라거스・미츠바 등이 있고, 데쳐서 사용하는 고사리・머위 등도 있다. 또한 밑간을 들이는 석이버섯, 건물(乾物)이나 염장을 물에 불려서 사용하는 수전사김・도사카노리・오고노리・바쿠다이・기쿠노리 등이 있다.

7) 곁들임 양념(薬味)

(1) 와사비(山葵, わさび)

호스래디시

생와사비

유채과에 속하는 상록야채 다년생 반음지 식물로서 매운맛과 단맛을 가지고, 깊은 산골에서만 자생하는 와사비는 환경에 민감한 작물로 생육범위가 상당히 좁다. 경사도 5~15% 정도의 깊은 산간계곡이 좋으며, 가장 적당한 표고는 400~500m이다. 와사비는 산소가 물속에 녹아 있어야 뿌리가 썩지 않기 때문에 물이 혼탁하거나 부유물이 들어가면 안 된다. 물이 많을수록 재배에 양호하다. 봄·가을에 수량이 부족하지 않아야 하며, 일 년 내내 균일한 수량을 보이는 지역에서 상품성 있는 와사비가 재배된다. 물고추냉이와 밭고추냉이가 있으며, 밭재배보다 물재배가 품질이 좋아 가격이 비싸다. 대부분 물재배를 원칙으로 한다. 와사비는 단맛이 살짝 감돌며 매운맛과 향기가 어우러지는 것을 최상품으로 여기는데, 3년 키운 와사비가 최적격이다.

가장 많이 사용되는 양념으로 향과 자극성을 부여하고 톡 쏘는 매운맛이 식욕을 돋운다. 생와사비의 경우 껍질을 벗기고 눈이 고운 강판에 그때그때 조금씩 즉석에서 갈아서 써야 생와사비의 향과 맛을 즐길 수 있다. 가루와사비의 경우도 미리 개어놓지 말고, 사용할 때 개어서 쓰는 것이 와사비의 맛을 더욱 느낄 수 있다.

와사비의 효능

와사비에는 아밀라아제가 함유되어 있어 소화작용을 돕는 상승효과가 뛰어나다. 살균력이 우수해서 식중독을 예방할 수 있고, 장내 유해균의 번식을 억제해주며, 식욕증진·방향건위작용 등에 효험을 가지고 있다. 와사비는 주로 뿌리와 꽃대가 생식으로 이용된다. 와사비를 상어껍질로 만든 강판에 많이 가는데, 이는 스테인리스로 만든 것보다 부드러워 와사비를 갈 때 섬유질을 줄일 수 있기 때문이다. 와사비는 수직으로 세워 윗부분부터 둥글게 원을 그리듯이 갈아야 단맛도 풍부해지고 매운맛도 깊어진다. 와사비의 잎과 줄기는 타이타몽(일본의 대표적인 반찬으로 기름과 깨를 섞어 나물 버무리듯 살짝 버무린 요리)이라는 요리로 이용된다.

생와사비 가공품

생와사비 유자오로시

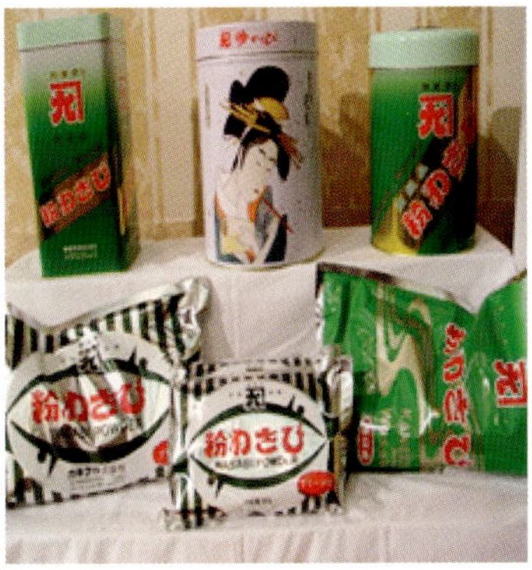

와사비분말 가공품

생와사비 튜브

(2) 생강(쇼가, 生姜, しょうが)

오징어 · 고등어 · 다랑어 · 전갱이 등의 생선에 잘 어울린다. 생강을 갈아서 쓰는 외에 즙을 내기도 하고, 바늘생강을 만들어서 쓰기도 하며, 곱게 다져서 쓰기도 한다. 생강에는 방향과 방부 성분이 있어 부패방지와 식중독을 예방하는 역할도 한다.

(3) 모미지오로시(紅葉おろし)

무 속에 건고추를 끼워서 갈거나, 간 무를 고운 고춧가루에 무쳐서 만든 모미지오로시를 실파 썬 것과 폰즈 등에 넣어서 무쳐 먹기도 하고 다른 재료와 무칠 때 넣기도 한다.

8) 생선회 간장(醬油)

생선회를 먹는다고 하면 곧 간장에 간 와사비를 곁들이는 것을 생각하지만 실은 이렇게 먹는 방법은 일례에 지나지 않는다. 어디까지나 생선에는 고유의 맛과 향이 있고 그 특징을 살려서 찍어 먹는 간장이 옛날부터 연구되어 왔다. 모든 생선에 간 와사비가 어울리는 것은 아니다. 찍어 먹는 간장에 사용하는 재료는 믹스한 것으로서 본래 그 재료가 가지고 있는 것을 변화시켜 새로운 맛을 살려 바꾸는 것이다. 생선에도 제철이 있듯이 이 찍어 먹는 간장에도 제철이 있다. 생선회는 맛은 물론이거니와 향과 보는 것을 즐기는 것으로, 그런 의미에서 찍어 먹는 간장의 존재는 중요하다.

(1) 생선회와 찍어 먹는 간장의 어울림

① 흰 살 생선: 감귤류나 식초가 들어간 것
② 붉은 살 생선: 와사비 · 생강 · 겨자가 들어간 것
③ 민물생선: 여뀌나 매실이 들어간 것
④ 미역: 식초가 들어간 것
⑤ 야채: 성게알이나 매실이 들어간 것

(2) 계절별 츠케죠유(찍어 먹는 간장)

봄(春) 성게알 초간장

재료	찐 성게알 100g, 오모유 100g, 식초 20g, 간장 50g
만드는 법	성게알에 소금을 뿌려 2시간 정도 두고 술을 뿌리고 찐다. 분마기에 찐 성게알을 넣고 오모유 · 식초 · 간장을 더해 잘 갈아서 체에 걸러 사용한다. 오징어, 문어, 놀래미, 도미, 학꽁치, 미역, 죽순 등에 잘 어울린다.

※오모유: 밥 1kg과 물 3L를 냄비에 넣고 밥알이 풀어질 때까지 끓여 체에 밭쳐 자연히 떨어지는 국물을 받아 약 300g 정도 취한다. 이때 주걱으로 내리게 되면 다른 재료와 잘 섞이지 않는다.

여름(夏) 청매실 간장

재료	청매실 1.6kg, 설탕 1.6kg, 오모유 1kg, 소금 30g, 조미료 10g, 매실식초 100cc
만드는 법	청매실의 껍질을 벗기고 갈아서 설탕에 절여 떫은맛을 제거한다. 3일 정도 지나 단맛과 신맛을 빼기 위해 가제에 싸서 물에 헹군다. 6~7분 정도 약한 불에 올려서 끓인 다음 체에 거른다. 매실식초에 남은 재료를 잘 섞어 체에 걸러 냉장고에 보관한다. 양태, 문어, 농어새끼, 갯장어, 은어, 독중개, 성게알 등에 잘 어울린다.

가을(秋) 스다치(영귤) 간장

재료	영귤즙 1,000cc, 다시 800~900cc, 간장 1,000cc, 조미료 2g
만드는 법	모든 재료를 잘 섞어 체에 거른다. 망둥어, 쑤기미, 광어, 전어, 송이버섯, 표고버섯, 팽이버섯, 느타리버섯에 잘 어울린다.

겨울(冬) 낫토 간장

재료	낫토 100g, 오모유 100g, 간장 100cc
만드는 법	낫토를 잘게 다진다. 여기에 오모유 · 간장을 섞는다. 오징어, 참치, 방어, 광어, 토란, 두부, 와사비 등에 잘 어울린다.

9) 활어수족관의 기초지식

(1) 활어수조의 구조와 크기

활어수조라고 하면 점포의 규모와 레이아웃 등 각각에 맞는 만드는 법이 있고, 크기 · 모양 · 형태 등이 다르며, 취급하는 어패류의 종류 · 양 · 산지에 따라서도 구조와 설비기기가 기본적으로 바뀐다. 객석수에 따라서 수조의 크기를 정하기도 하고, 점포의 입지조건 등에서 수조의 형태나 사이즈를 결정하는 것이 일반적이다. 수조의 계획을 짤 때 어떤 종류의 생선을 저장할 것인가를 먼저 생각하지 않으면 안 된다. 하마치 · 농어 · 방어 등의 체장이 긴 생선들은 생선의 약 3배 길이 1.5배의 폭, 깊이는 50cm 정도의 크기가 최저 필요 크기이다. 점포에 공간이 있으면 조개류는 생선과 별도로 보관하는 것이 좋다. 조개류는 상당히 물을 오염시키기 때문에 생선수조와 비교하면 일 년간 해수교환 횟수가 약 3배 많고 게다가 조개류가 서식하기 최적인 수온이 생선에 비해 3~5℃ 낮기 때문에 별도의 수조에 넣어 관리해야 한다. 특히 생선수조에 작은 조개류를 대바구니에 담아 보관은 할 수 있지만 아침저녁으로 확인해야 한다. 확인을 게을리하면 생선을 전부 죽이는 경우가 생기기 때문이다.

(2) 수조의 관리

① 수온은 매일 반드시 체크한다.
② 해수의 비중은 여름은 주 1회, 겨울은 주 2회에 걸쳐 확인한다.
③ 비중이 높아지면 수돗물로 엷게 한다.
④ 수조의 수위를 확인한다.

이상과 같은 기본 사항을 매일 점검해야 하고, 기계류는 설치 후 1년간은 고장이 나지 않지만 소리에는 신경을 써야 한다. 작은 소리라도 이상한 소리가 나면 업자에게 연락하여 조치를 취해야 한다. 그래야 큰 고장을 예방할 수 있다. 수조의 설비·관리가 충분해도 해수온의 변화가 심한 봄에서 여름, 여름에서 가을로 계절이 바뀔 때가 특히 문제이다. 사람도 계절이 바뀔 때 병에 걸리기 쉬운 것처럼 처음으로 차에 실린 생선은 스트레스를 받고 있기 때문에 숙련된 업자가 설치하는 것이 필요하다.

〈표 3-1〉 어패류 보관의 적정온도

알래스카산 패류	6~8°C	랍스터(오스트레일리아·뉴질랜드)	10~12°C
랍스터(미국·캐나다)	8~10°C	근해 패류	13~15°C
전복(오스트레일리아)	10~12°C	근해 어류	16~18°C

(3) 생선의 질병

병에 걸린 생선을 먹어도 사람에게 해(害)는 없다. 또 수조에서 병이 발생한 적도 없다. 그러나 반입된 생선이 균을 가지고 들어오기 때문에 주의해야 한다. 생선이 사는 바닷물에는 많은 종류의 병원균이 있으며, 주로 운반 중에 상처가 생기기도 하고, 그물망으로 떠 올릴 때나

스트레스로 약해질 때 병이 발병한다. 그러나 식용으로 제공하는 생선에 있어서는 약품을 사용해서는 안 된다. 병의 증상을 빨리 발견해 치료하기보다는 먼저 다른 생선의 감염에 주의해야 한다. 3가지의 주된 병의 종류와 특징은 다음과 같다.

비브리오(Vibrio)

비브리오 패혈증이란? 비브리오 패혈증은 Vibrio Vulnificus에 의한 감염으로, 평균 1~2일의 짧은 잠복기를 거쳐 상처감염증, 원발성 패혈증을 유발하여 오한·발열 등의 전신증상과 설사·복통·구토·하지통 등이 동반되면서 다양한 피부병변이 발생하는 등 사망률(40~50%)이 매우 높으므로 조기진단 및 신속한 치료가 매우 중요하다. 해안지역에서 주로 6~9월에 40 ~ 50대에서 발생한다. 만성간질환 등 저항력이 약한 허약자들이 어패류를 생식하였거나, 균에 오염된 해수에 피부상처가 노출된 경우에 걸릴 수 있다. 비브리오 패혈증의 예방을 위해서는 반드시 어패류를 가열한 후 섭취하여야 하며, 특히 간질환환자, 알코올중독자, 당뇨병·만성신부전증 등 만성질환자들은 6~10월 사이에 어패류의 생식을 금하고, 해안지역에서의 낚시나 갯벌에서의 어패류 손질 등은 피해야 한다.

감염 및 전파경로 비브리오 패혈증의 원인균은 수온이 18~20℃ 이상으로 올라가는 여름철 해안지역을 중심으로 발생한다. 해안지역에서의 낚시 또는 어패류 손질 시 균에 오염된 해수를 통해서나 갯벌 등에서의 피부상처를 통해서도 감염된다. 잠복기는 1~2일이며, 피부감염의 경우는 약 12시간이다.

증상

① 감염형은 급성위장염을 일으키며 복통, 설사, 구토, 심하면 혈변이 나타난다.

② 잠복기간은 8~20시간(평균 12시간)으로 비교적 치명률이 높다.

③ 패혈증은 이 균에 오염된 날 어패류를 먹음으로써 이 균이 십이지장 부위로 침입하여 혈액을 통해 전신으로 퍼져서 발생한다.

④ 패혈증은 발병한 지 38시간 내에 오한·발열·근육통과 함께 피하출혈·물집·궤양·괴사 등의 피부증상을 나타내며, 치사율(40~50%)이 매우 높다.

진단 및 치료 임상증상과 함께 원인균인 Vibrio Vulnificus가 동정되면 확진할 수 있다. 특히 일주일 이내의 어패류 생식 유무, 해수와의 접촉, 낚시 또는 어패류 손질 중 다친 적이 있는지를 확인하면 진단에 도움이 된다. 페니실린·엠피실린·세팔로틴·테트라사이클린·클로람페니콜 등 감수성 있는 항생제를 투여하고, 피부병변은 상황에 따라 절제·배농·절개 등 외

과적 처치를 시행한다.

관리 및 예방 비브리오 패혈증환자 발생 시에 격리·환경소독·검역 등은 해당되지 않는다. 예방을 위해 비브리오균은 18℃ 이하에서는 사멸하므로 저온 살균하도록 한다. 또는 어패류를 56℃ 이상의 열로 15분간 가열하여 충분히 조리한 후 섭취해야 하며, 특히 음주를 많이 하고 간에 질환이 있는 사람들은 생선회를 먹지 말아야 한다. 그리고 여름철 해변에 갈 때 피부에 상처가 나지 않도록 주의하며, 상처가 났을 때는 맑은 물에 씻고 소독을 한다.

횟집에서 주의해야 할 사항은 다음과 같다.

① 어패류 조리기구를 끓이거나 염소소독을 해야 한다.
② 수족관물은 연안해수를 사용하지 말고 깨끗한 원거리 심해수를 사용해야 한다.
③ 생선의 경우 아가미·내장·비늘 등을 완전히 제거하고, 깨끗한 수돗물로 충분히 세척한 후 물기를 제거한다.

가정에서 주의해야 할 사항은 다음과 같다.

① 피부에 상처가 있는 사람은 가급적 바닷물에 들어가지 않아야 한다.
② 바닷물에서 나오면 깨끗이 씻어야 한다.
③ 가정에서 어패류는 다른 식품과 분리해서 냉장 보관해야 한다.
④ 생선취급 시 흐르는 물에 깨끗이 씻되, 특히 아가미·비늘·내장 등을 제거한 후에 잘 씻도록 한다.
⑤ 칼·도마·식기 등도 잘 소독하여 쓰도록 한다. 여름철에는 오염도가 높은 어패류 등은 가급적 끓여서 조리한다.

비브리오 패혈증 주의계층

- 술과 생선회를 좋아하는 사람
- 간염·간경변 등 간질환자
- 결핵·당뇨병 등 만성질환자 및 알코올중독자
- 연령이 높은 노약자나 어린이
- 면역장애자 및 건강상태가 안 좋은 사람
- 어패류를 주로 다루게 되는 어업종사자나 상인

백점병 생선의 몸에 돌출물과 같이 생선의 피부가 붓는 것 같은 느낌을 받으면 주의해야 한다. 이 병은 수온의 변화가 심하게 변하는 계절이 바뀔 때 가장 많이 발생한다. 특히 반입 후 2~3일에 발병한다. 어체에 생긴 반점이 늘어나면 빨리 처리한다. 이 균은 약 15시간 정도에 1,000개 정도로 분열하여 수일 후 작은 벌레가 되어 물속을 헤엄쳐 다른 생선을 감염시킨다. 수온이 20~25℃일 때 균을 가장 잘 번식시킨다.

우데니움병 앞에 서술한 백점병과 비슷한 균이지만 거의 아가미에 기생하므로 아가미병이라고 부른다. 백점병보다 수온이 높은 25℃ 정도에서 활발히 번식한다. 어체의 표면에는 그다지 나타나지 않으므로 못 보는 경우가 많고 저장한 생선을 전멸(全滅)시키는 경우도 자주 있다. 대개 병원균은 20℃ 이상이 아니면 번식하지 않는다. 따라서 활어수조의 수온을 18℃ 이하로 맞춰두는 이유가 여기에 있다. 눈이 튀어나온 생선이 있는데(특히 도미에 많다), 그 이유는 영양실조, 운반 중 과산소, 그물망에 대한 상처 등이 있으나 원인이 확실하지는 않다. 병에 대한 대책은 아직 확실한 방법이 없는 실정이다.

10) 생선회에 관한 상식

(1) 흐리고 비오는 날에는 생선회를 먹으면 안 되는가?

양식기술이 발달하기 이전의 자연산만 먹었던 시절은 비오고 흐린 날은 일기불순으로 고기잡이 배가 출어하지 못하여, 며칠 전에 잡아서 수족관에 보관한 다음 잡아서 먹었을 것이다. 따라서 갓 잡은 생선회보다는 맛이 떨어질 수 있었을 것이다. 또 다른 이유는 비가 오거나 흐린 날은 맑은 날보다 습도가 높기 때문에 이런 날은 식중독에 걸리기 쉽다고 생각하기 때문일 것이다. 그러나 패혈증 원인균인 비브리오 블리피쿠스는 습도의 영향은 거의 받지 않고 7℃ 저장에서는 2시간까지 균의 증식이 거의 없었다. 따라서 생선회를 먹는 동안 균에 오염될 염려가 전혀 없다. 비오는 날이나 흐린 날 식중독이나 패혈증에 걸릴 확률이 높다는 것은 잘못된 생각으로, 위생적으로 취급하고 저온으로 보관하면 식중독 및 패혈증은 안심해도 된다.

(2) 적조가 오면 생선회를 먹으면 안 되는가?

적조는 식물성 플랑크톤인 코클로디니움이 육지에서 흘러들어 오는 풍부한 영양분으로 오염된 연안에서 수온이 높은 여름철에 급격히 증식하여 활어가 호흡할 때에 아가미에 붙어서 숨을 못 쉬게 질식시켜서 대량으로 폐사되는 것이다. 코클로디니움은 죽은 어류의 장기 추출물에서는 독성반응을 나타내지 않는 것으로 나타났다.

적조 생물 자체도 인체에 유해하지는 않다. 적조 플랑크톤인 코클로디니움은 독성물질을 내놓는 것이 아니기 때문에 우리 인체에 아무런 해도 없고 안전하다.

(3) 생선회는 살아서 펄떡펄떡 뛰는 것이 가장 맛있는가?

인간은 음식을 먹을 때 오감을 통하여 맛있음과 맛없음을 판단하게 되며, 이 오감은 음식의 종류에 따라서 작용하는 비중이 달라진다. 생선회는 육질이 단단할수록 씹힘성이 좋으므로 육질이 단단한 어종이 고급으로 취급되며, 복어・넙치・돔・우럭 등이 육질이 단단한 어종에 속한다.

활어를 즉살시킨 후에 저온에 일정 시간 저장하면 근육의 수축으로 인하여 바로 즉살한 것보다 육질의 단단함이 증가한다. 근육의 수축에 의한 육질의 단단함의 증가는 어종에 따라 차이가 있으며 복어는 24시간 후에, 넙치・우럭・돔은 5～10시간 후에 육질의 단단함이 15～20% 증가한다고 한다. 또한 상기의 저장시간 중에 근육 중의 ATP가 분해되어 감칠맛을 내는 이노신산(IMP)이 생겨 혀로 느끼는 미각도 더 좋아지게 된다. 생선회는 치사 후에 일정한 시간이 지난 뒤가 근육의 수축으로 육질이 더 단단해지고 감칠맛이 좋아지므로, 치사 후에 일정 시간 저온에서 보관 후에 먹는 것이 맛이 더 좋다.

(4) 자연산이 양식산 생선회보다 영양가와 기능성 성분이 우수한가?

생선회의 영양소나 기능성 성분은 단백질・지방질・미네랄・비타민・아미노산・지방산 등 여러 가지가 있으며, 이들 중에서도 EPA・DHA・타우린 등은 생선회의 대표적인 기능 성분이다. 이들 생선은 계절, 부위, 연령, 크기, 서식환경 및 어류의 먹이에 따라서 많은 차이를 나타낸다. 생선에 적은 양이지만 미네랄이나 비타민은 생명유지 및 정상적인 대사활동을 유지하기 위하여 반드시 필요한 성분이며, EPA나 DHA는 동맥경화나 고혈압과 같은 순환기계 질병예방, 성인병예방, 치매예방 등에 효과가 있는 성분이다. 자연산에 비하여 양식산 넙치에 미네랄, 비타민, EPA, DHA 등이 많이 들어 있다. 이는 바닷속에서 제대로 영양공급을 받지 못한 자연산에 비하여 양식은 양질의 사료를 풍부하게 공급받았기 때문이다.

(5) 흰 살 생선회가 붉은 살 생선회보다 몸에 더 좋은가?

어류는 육색에 따라서 적색육(Dark Muscle, Red Muscle) 어류와 백색육(Ordinary Muscle, White Muscle) 어류로 크게 나뉜다. 적색육 어류에는 가다랑어 · 방어 · 고등어 · 정어리 등 장거리에 걸쳐 유영하는 어류가 속한다. 도미 · 넙치 · 가자미 · 조기 · 대구 등 한정된 좁은 범위 내에서 정착 · 서식하는 것은 백색육 어류에 속한다. 적색육은 백색육에 비하여 지방질이 많으며, 고도불포화 지방산으로서 기능성 성분인 EPA 및 DHA 함량이 많은 것이 특징이다. 참다랑어 적색육에는 3.5～5g / 100g이나 되므로 철의 함량이 풍부하여 빈혈치료에 효과가 있으며, 비타민류 및 각종 효소군도 풍부하다. 고급 횟감으로 불리는 복어 · 넙치 · 돔 등의 흰 살 생선은 붉은 살 생선보다 육질이 단단하여 씹힘성이 좋다는 이유만으로 고급 어종으로 취급되고 있으나, 저급 횟감으로 취급되는 붉은 살 생선이 몸에는 더 좋다고 할 수 있다.

(6) 열을 가해도 흰 살 생선이 붉은 살 생선보다 더 단단한가?

흰 살 생선은 붉은 살 생선보다 콜라겐 함량이 많아서 육질이 단단하므로 고급 생선으로 취급되는데, 열을 가하여 굽거나 삶으면 붉은 살 생선이 흰 살 생선보다 육질이 더 단단하게 된다. 그 이유는 생선육을 구성하고 있는 단백질에는 소금에 녹는 염용성 단백질인 근원섬유 단백질과 물에 녹는 근형질 단백질 어느 것에도 녹지 않는 근기질 단백질이 있는데, 이들 단백질 중에서 물에 녹는 근형질 단백질 함량이 붉은 살 생선(총 단백질량의 30～40%)이 흰 살 생선(총단백질량의 20～30%)보다 많은 것이 하나의 원인이며, 다른 원인은 붉은 살 어류의 근육은 근섬유의 두께가 가늘고, 흰살 어류의 근육은 근섬유의 두께가 두꺼운 차이 때문이다. 생선을 가열하면 근형질 단백질 함량이 높은 붉은 살 생선의 근섬유가 더 단단하게 되므로, 굽거나 삶으면 붉은 살 생선이 더 단단해진다.

(7) 패류를 저온에서 보관하면 안심할 수 있는가?

패류의 경우는 살아 있으면 냉혈동물이지만 육의 온도가 너무 낮으면 효소의 반응이 정지되어 죽어버리고, 온도가 너무 높으면 호흡작용이 왕성해져 에너지 소비가 많아지며, 체내 영양분이 소비되므로 살이 빠져 보존기간이 짧아진다. 따라서 호흡을 적게 하면서 죽지 않을 정도의 저온에 보관해야 한다.

(8) 선어회가 활어회보다 감칠맛이 더 좋은가?

생선의 정미 성분은 글루타민산과 이노신산(IMP)이 주체가 되며, 이 외에 유리아미노산 · 펩티드 · 유기산 · 무기질 등이 보조역할을 한다. 생선이 살아 있는 동안에는 IMP 함량은 대단히 적지만 죽으면 증가하고, 활어가 죽으면 ATP는 다음과 같은 경로로 분해된다. ATP → ADP → AMP → IMP → HxR → Hx 여기서 ATP에서 IMP까지는 급속히 분해되는 반면에, IMP에서 HxR으로의 분해는 서서히 진행되므로 어육 중에는 일정 시간 동안 IMP가 축적된다. IMP의 생성이 시작되는 시간은 방어돔은 10~12시간, 전갱이 7~8시간, 넙치는 17시간 경과 시점이다. 그리고 대구는 1일 이내에 HxR으로 분해되는 반면에 방어는 2일째, 돔은 4일째, 넙치는 6일째부터 IMP가 감소하기 시작한다. 활어를 즉살시킨 후에 생선횟감으로 조리하여 냉장실에 일정 시간 저장한 뒤에 생선회로 내는 것은 육중의 IMP 증가로 생선회의 감칠맛을 증가시키는 방법이다. 살아 있는 활어를 바로 조리하면 육중에 IMP가 거의 생성되지 않은 상태이므로, 감칠맛을 느끼지는 못하고 먹는 방법이다. 그러나 IMP가 최대로 생성되는 시점이 되면 비린내 생성은 물론이고, 단단함 · 색조 · 광택 · 투명감 등이 떨어지는 현상이 일어나 생선회의 맛이 떨어진다. 따라서 생선회가 가장 맛있는 최적기로 방어는 즉살 후 5시간 전후, 돔과 넙치는 10시간 전후 정도이다. 그러나 양식산은 먹이 및 운동량이 부족하므로 육질이 자연산보다 연하고 즉살 후의 선도저하가 자연산보다 빠르다.

(9) 생선회를 가장 맛있게 먹을 수 있는 최적기

즉살 직후 생선회의 단단함은 시간의 경과와 함께 일시적으로 상승했다가 저하하고, 감칠맛(IMP)은 계속 상승하기 때문에 감칠맛과 육질의 단단함이 균형을 이루는 것이 중요하다. 따라서 육질의 단단함이 떨어지지 않는 상태에서 감칠맛이 상승하는 시점이 생선회를 가장 맛있게 먹을 수 있는 최적기이며, 어종에 따라 차이가 있는데 복어는 24시간 전후, 넙치 · 조피볼락(우럭) · 방어 등은 5~10시간이 가장 맛있게 먹을 수 있는 시간이다.

(10) 생선회를 쫄깃쫄깃하게 만드는 방법

양식 어류를 출하하기 전에 일정 기간 강제로 운동시킴으로써 체내에 축적된 지방질을 에너지로 소비하여 육질을 단단하게 하는 방법 및 육중의 결합조직의 함량을 향상시키기 위하여 한

약제를 사료에 첨가하는 방법이 있다.

활어 즉살 후 저온에 저장하면 복어는 24시간, 넙치・돔・우럭・방어 등은 5~10시간 후에 육질의 단단함이 즉살 직후보다 약 15~20% 증가한다는 연구결과가 나와 있다.

저온 용액에 활어를 약 5분간 침지시켜서 근육수축을 급격히 일어나게 하여 단단함을 약 30% 이상 증가시키는 방법과 약 35초간 전기 자극함으로써 근육의 수축에 의한 단단함을 약 25% 정도 증가시키는 방법 등이 있다.

조리형태의 변화에 따른 육질 변화의 차이 생선회를 라운드(Round)와 필렛(Fillet)의 상태로 0°C에 저장한 경우는 근육의 수축에 의한 육질의 단단함이 저장 중에 증가하여 10시간 후에 약 20% 증가하였는데, 이것은 근육의 수축에 의한 육질의 단단함의 상승 결과이다. 한편 슬라이스 형태의 저장에서는 라운드 및 필렛 형태의 변화와는 다르게, 육질의 단단함의 증가는 8시간 후에 약간 증가 후에 10시간 이후부터 빠르게 감소하였다. 따라서 슬라이스 형태로 판매하는 생선회의 형태는 라운드 또는 필렛 형태로 하여 저온저장(0°C)하면서, 고객이 구매 시에 썰어서 판매하는 방법으로 바뀌어야만 생선회 맛의 향상 및 유지기간의 연장효과가 있을 것이다.

아라이(洗い)에 의한 생선회 맛의 향상 즉살한 활어 또는 선도가 극히 좋은 어패류의 육을 얇게 썰어서 얼음물에 넣고 씻어서 의도적으로 근육을 수축시켜 독특한 질감(Texture)을 갖게 하는 요리법이다.

절식(絶食)에 의한 육질의 개선 어류를 양식할 때 근육 속의 콜라겐 함량을 증가시킬 수만 있다면, 자연산에 가까운 육질을 가진 양식어의 제조가 가능할 것이다. 일반적으로 양식어는 출하하기 전에 수일간 사료를 주지 않고 있는데, 이것은 수송 스트레스에 의한 어류의 토사를 방지하고, 육질을 단단하게 하고자 하는 목적으로 수행하고 있다. 어류를 양식할 때 일정 기간 동안 먹이를 주지 않음으로써 근육이 단단해지게 할 수 있다. 실제로 먹이를 주지 않은 어류와 먹이를 급여한 어류의 콜라겐 함량을 조사해보면, 먹이를 주지 않은 것의 콜라겐 함량이 증가한 것을 알 수 있다.

강제운동에 의한 육질의 개선 양식산 참돔을 매일 12시간씩 4주간 운동시키면, 운동시키지 않은 것에 비하여 보통근의 지방질 함량이 현저하게 감소하게 된다. 양식산 어류를 운동시키면 근육을 구성하고 있는 섬유의 강도가 강화되어서 근원섬유가 단편화되는 시간이 연장하게 된다. 따라서 어류를 양식할 때 강제적으로 운동을 시킴으로써 육질이 개선되는 효과를 볼 수 있다.

사료에 의한 육질의 개선 양식어는 어종에 따라서 요구하는 영양 요구량이 다르며, 에너지 이용률도 많은 차이를 나타내고 있다. 양식어의 대사 및 성장에 필요한 지방질 요구량 외에 사료에 첨가되는 지질은 에너지원으로 사용되지 않고, 근육 중에 축적되어 체중은 늘어나겠지만 육질을 약하게 만드는 원인이 되므로, 어류에 요구되는 지방질의 양을 고려하여 사료에 첨가해야 할 것이다.

영양제를 투여한 사료는 어류의 건강도를 증진시켜 육질 향상에 효과가 있다. 사료에 항생제를 첨가하거나 구기자 · 두충 · 글리시리진과 같은 한약재를 사용하기도 하는데, 어류의 질병에 대한 저항성 외에 어류의 육질 향상에 영향을 미치는 효과가 있다. 대부분의 경우 양식산 어류가 자연산에 비하여 지방질 함량이 2배 이상 높기 때문에 양식산이 자연산에 비하여 육질이 연한 이유이다. 그러므로 어류의 사육 시에 근육을 구성하고 있는 체성분의 조성을 염두에 두어 사료의 성분조성을 개선함으로써, 비만도가 높은 양식어보다는 육질이 단단하고 탄력 있는 양식어류가 경제적인 가치가 더 크다.

11) 생선회의 성분과 기능

(1) 식생활과 성인병

우리 국민의 동물성 단백질 섭취량은 1975년에서 1995년까지 20년 사이에 2.6배 증가하였다. 그런데 동물성 단백질 중에서도 축육 단백질량은 1975년 4.9g에서 2000년 25.6g으로 약 5.2배 늘어난 반면, 어패류 단백질은 1975년 10.3g에서 2000년 16.0g으로 1.6배만 증가하였다. 이와 같이 동물성 단백질 섭취량 중에서 축육 단백질의 급격한 증가는 우리의 식생활이 서구화되어 가고 있음을 의미하며, 지난 10년 사이에 성인병 발병률이 4~5배나 현저히 증가하고 있는 것은 식생활의 영향 때문이라고 판단할 수 있을 것이다.

(2) 일정량의 콜레스테롤은 우리 몸에 꼭 필요하다

콜레스테롤은 우리 몸을 구성하고 있는 세포막의 중요 구성 성분으로서 콜레스테롤의 대부분이 세포막의 재료로 사용되고, 나머지 극히 일부만이 혈액에 포함되어 있다. 성인은 하루에

1.3~2.0g 정도의 콜레스테롤이 반드시 필요하다.

콜레스테롤의 체내의 역할은 다음과 같다.

① 세포의 구조와 기능 유지

② 신경계의 기능 유지

③ 지방의 소화 및 흡수에 중요한 역할을 하는 담즙산의 생합성 원료

④ 칼슘의 소장 내로의 흡수와 뼈의 형성에 중요한 역할을 하는 비타민 D의 전구물질

⑤ 성호르몬 등의 스테로이드 호르몬 생합성의 원료

(3) 좋은 콜레스테롤과 나쁜 콜레스테롤

생선의 콜레스테롤은 우리 혈관 안에서 좋은 콜레스테롤(HDL)로 된다. 수산물의 콜레스테롤 함량은 어패류의 종류에 따라서 축육보다 1~3배가 많으며, 특히 어란 및 달걀에는 그 함량이 대단히 높다. 수산물에는 성인병 발병인자인 LDL의 양을 낮추고, 성인병 억제 인자인 HDL의 양을 높이는 기능을 갖고 있는 EPA · DHA · 타우린 등이 다량 함유되어 있으므로 수산물에 콜레스테롤 함량이 많다고 해서 해로운 것이 아니고, 동맥경화 등의 순환기 계통의 성인병을 예방하는 효과가 있다.

LDL-콜레스테롤(Owdensity Lipoprotein: 저밀도 지방단백)　LDL-콜레스테롤은 일명 '나쁜 콜레스테롤'이라고 하며, 성인병 발병의 원인물질로 칼슘과 함께 혈관 내벽을 파고 들어가서 혈관벽에 침착하여 동맥의 혈관이 탄력성을 잃고 굳어지면서 동맥경화가 된다.

HDL-콜레스테롤(High Density Lipoprotein: 고밀도 지방단백)　HDL-콜레스테롤은 일명 '좋은 콜레스테롤'이라고 하며, 콜레스테롤 억제인자로 혈관 중에 침착되어 있는 LDL-콜레스테롤을 떼어내어 간장으로 운반하여 산화시켜서 에너지로 이용하거나 담즙산과 담즙산염으로 변화시켜 육류와 같은 고지방 · 고단백 소화흡수에 관여한 다음 장을 거쳐서 배설하게 된다.

(4) 스쿠알렌(Squalene)의 기능성

스쿠알렌은 심해성 상어의 간유와 고래유 및 명태간유 등에 많이 함유된 기름의 주성분으로서 고도 불포화물이기 때문에 산화되기 쉬워서 그대로 이용하는 경우는 적고, 대부분은 수소를 첨가하여 스쿠알렌(Squalene, $C_{30}H_{62}$)으로 만들어서 이용한다. 심해성 상어는 간장의 크기가 체중의 약 20%에 달하고, 간장에 함유된 유지의 양은 75% 이상이며, 그중 90%가 스쿠알렌

으로 오래전부터 간유로 섭취하여 왔다.

스쿠알렌의 생리작용으로는 첫째, 항궤양・항종양・항진균 작용 둘째, 면역부활작용 셋째, 간기능 개선작용 넷째, 세포분화 및 증식기능 촉진작용 다섯째, 산소수송기능 강화 등의 기능이 알려져 있으며, 특히 부족한 산소를 공급하여 세포를 활성화시켜서 신진대사를 촉진하여 피부건강에 도움을 준다. 스쿠알렌은 인체 내에서도 생성되어 간・쓸개・심장・폐・피부 등에 분포하여 있으며, 10대 후반에 가장 많고 25세경부터 감소한다.

(5) 어육은 불포화 지방산의 함량이 많기 때문에 몸에 좋다

생선기름에는 생리적 기능을 갖는 고도 불포화 지방산인 EPA 및 DHA의 함량이 높아서 성인병을 예방하는 역할을 한다. 포화지방산은 불포화지방산보다 응고점이 높기 때문에 상온에서도 고체 상태로 엉키게 되는 것이다. 포화지방산 함량이 높은 축육의 지방질을 많이 섭취하면 점도가 높기 때문에 혈관벽에 침착될 가능성이 높아서 혈액의 흐름을 방해하게 되는 것이다. 한편 불포화지방산 함량이 높은 어육의 지방은 점도가 낮기 때문에, 세포막을 쉽게 통과하여 혈액의 흐름이 원활하게 되는 것이다.

3. 구이요리(燒物, 야키모노)

1) 구이

구이는 생선 또는 어패류를 직화열 또는 간접열로 굽는 것으로, 재료가 지닌 맛과 향기를 충분히 살릴 수 있는 것이 특징 중 하나이다. 그래서 생선을 양념에 재웠다가 굽는 방법, 양념을 발라서 굽는 방법 등이 있으며, 이렇게 구이를 아름답고 맛있게 하기 위하여 굽는 방법에 맞춰서 재료를 준비하지 않으면 안 된다. 예를 들면, 통구이할 생선은 칼을 넣지 않고 내장과 뼈를 제거한다든가, 도미를 통구이할 경우 몸통에 잔칼을 넣기도 하고 소금물에 담가 간을 들이기도 해서 살을 단단하게 한다. 고등어 등과 같은 등 푸른 생선은 미리 소금을 해서 살을 단단하게 함과 동시에, 수분을 빼고 비린내를 제거한 다음 유안즈케(幽庵漬, 간장절임)를 하고 닭고기나 오리고기 등은 속까지 덜 익는 것을 막기 위하여 마디를 끊기도 하고, 잘 구워지게

하기 위하여 잔칼질을 넣기도 한다. 죽순 등과 같이 잘 익지 않는 것은 미리 밑간을 해둔다. 두부는 물기를 없애고, 가지는 칼집을 넣어 잘 익게 준비한다. 각각의 재료를 어떠한 구이방법으로 할 것인가에 대해서 자르는 법이나 소금 하는 법 등을 생각하면서 준비한다.

2) 구이의 분류

(1) 구이(스야키, 素燒, すやき; 시로야키, 白燒, しろやき)

재료가 지닌 독특한 맛을 살리기 위한 방법으로 아무것도 바르지 않고 그냥 불에서 열을 가하여 굽는 방법이다. 민물장어 · 붕장어 · 갯장어 등 주로 민물생선에 잘 어울린다.

(2) 소금구이(시오야키, 鹽燒, しおやき)

모든 구이요리의 기본이 되며, 재료가 지닌 맛을 살려 소금을 뿌려 굽는 방법이다. 어패류 · 조육류 · 야채류 등에 잘 어울린다.

(3) 통구이(스가타야키, 姿燒, すがたやき)

작은 생선의 내장을 칼을 넣지 않고 제거하여 모양을 살려 꼬치에 꿰어 통째로 굽는 방법이다. 작은 도미, 은어, 새우 등이 잘 어울린다.

(4) 유안야키(幽庵燒, ゆあんやき)

혼합간장(간장 : 술 : 미림=1 : 1 : 1에 유자 또는 스다치)에 포 떠서 약한 소금 간 후 물기를 제거한 생선을 담가 맛과 향을 좋게 한 고급요리이다. 일본의 유명한 차인(茶人) 중 한 사람인 유암(幽庵)이라는 사람이 고안한 것에서 이런 이름이 붙었다. 담백한 흰 살 생선이 잘 어울린다. 유자가 들어간 유안지에 절여서 구우므로 유안즈케라고도 한다. 회석요리 메뉴에 자주 사용하고 생선 외에 수조육류 등에도 응용할 수 있는 요리이다.

(5) 양념장구이(데리야키, 照燒, てりやき)

재료에 생선국물을 이용해 만든 소스를 발라가며 굽는 방법으로, 데리를 바를 때는 재료가 거의 다 익을 무렵 3~4회 정도 발라가면서 굽는다. 재료가 익기 전에 바르면 타기만 하고 속은 익지 않는다. 주로 민물장어 구이에 많이 사용하고, 방어 등과 같은 지방이 많은 생선에 잘 어울린다.

민물장어 데리야키

고등어 간장구이,
전어 소금구이, 고등어 양념구이

(6) 달걀노른자구이(기미야키, 黃身燒, きみやき)

재료에 달걀노른자나 성게알을 발라 굽는 것으로, 재료를 먼저 소금구이한 다음 달걀노른자 등을 타지 않게 몇 번이고 발라가면서 굽는다. 새우・오징어・관자 및 흰 살 생선 등에 적합하다.

(7) 된장절임구이(미소즈케야키, 味噌漬燒, みそづけやき)

대부분 사이쿄미소(西京味噌, 교토지방에서 만들어진 된장으로 단맛이 난다)에 술・미림 등으로 조미하여 손질한 생선을 약간의 소금을 뿌린 후 씻어 물기를 제거하고 된장에 절여 맛을 들인다. 구이할 때 묻은 된장을 잘 씻어내고 불조절을 잘 하면서 굽는다. 불조절을 잘 하지 않으면 양념이 되어 있어 쉽게 타기 때문이다. 병어・옥돔・삼치・방어 등이 잘 어울린다.

(8) 산적구이(덴가쿠야키, 田樂燒, でんがくやき)

재료에 꼬치를 꿰어서 구이 또는 양념구이한 재료에 산적구이 된장(田樂味噌, 덴가쿠미소)을 발라 다시 불에서 한 번 더 굽는 방법이다. 두부・가지・토란・풋고추・은어・산천어 등의 구이에 적합하다.

3) 구이의 열원과 기구

(1) 구이의 열원

구이의 열원은 숯불(炭火, 스미비), 가스불, 전기불, 오븐(天火, 텐비) 등이 있다.

(2) 구이요리의 기구

구이요리의 기구에는 쇠그물(金網, 카나아미), 대꼬챙이(竹串, 다케쿠시), 쇠꼬챙이(金串, 카나쿠시) 등이 있다.

쇠꼬챙이를 형태에 따라 분류하면 다음과 같다.

① 대포형 꼬챙이(鐵砲串, 텟포오쿠시)

② 솔잎형 꼬챙이(松葉串, 마츠바쿠시)

③ 넓고 평평한 꼬챙이(平串, 히라쿠시)

④ 둥근 꼬챙이(丸串, 마루쿠시)

생선구이 시 강화(强火)의 원화(遠火)란?

구이요리 시 가장 좋은 열원은 숯불이다. 숯불이 좋은 이유는 강력한 화력과 가스불보다 4배나 많은 원적외선 때문이다. 생선의 표면을 빠르고 균일하게 구워 단백질을 응고시켜 감칠맛이 빠져나가지 못하게 하여 표면은 단단하고 중심은 부드럽게 구워 맛있는 구이가 된다.

약화(弱火)로 장시간 구이를 하게 되면 표면 단백질이 단단해지지 못하고, 감칠맛도 빠져나가 버리므로 살이 바삭바삭한 구이가 되어 맛없는 구이가 된다. 따라서 생선구이를 할 때에는, 히카겐(ひかげん, 火加減, 불의 조절)이라고 하여 재료가 타지 않고 맛있는 성분이 빠져나가지 않게 하기 위해서 불의 세기를 잘 조절하여 구워야 하는데, 센 불에서는 멀리 하고 약한 불에서는 가까이 해서 굽는 것이 좋다.

석쇠에 달라붙지 않게 굽는 방법

- 석쇠를 충분히 가열한다(열응착 온도인 50°C로 미리 달구어둔다).
- 석쇠에 기름을 발라둔다.
- 생선표면에 초(酢)를 바른다(초로 인해 단백질 변성이 일어나 타지 않고, 구우면 날아가 버린다).

생선머리구이(카부토야키, かぶとやき)

원래의 의미는 투구를 가리키지만 요리를 완성했을 때의 모양이 투구를 닮았다 하여 이런 이름이 생겨났으며, 주로 생선의 머리를 이용한 요리를 카부토(투구 모양)라고 한다.

(3) 구이 담는 방법(盛り方, 모리가타)

① 통구이는 머리를 좌로, 꼬리를 우측으로, 배를 밑으로 향하게 한다.

② 가자미는 껍질이 검은 쪽을 위로 오게 하고, 머리를 왼쪽으로 향하게 한다.

③ 토막 낸 생선은 껍질이 위로 오게 한다.

④ 민물장어・바닷장어・갯장어는 살을 위로 오게 한다.

⑤ 구이의 곁들임은 구이의 앞쪽에 곁들여 놓는다.

(4) 구이 곁들임(아시라이)의 종류

① 신맛: 순무초절임, 하지가미초절임, 무 아차라즈케
→어개류 육류 등의 전반적인 구이에 잘 어울린다.

② 단맛: 금귤단조림(金橘甘煮), 단밤조림(쿠리칸로니), 고구마아마니
→소금구이, 노른자구이 등의 산뜻한 맛이 나는 구이에 잘 어울린다.

③ 간장 맛: 머위, 우엉, 꽈리고추조림
→된장절임한 구이 이외의 곁들임에 잘 어울린다.

④ 된장 맛: 산우엉된장절임, 산마 모로미소(보리된장)
→간장절임한 구이에 잘 어울린다.

4. 조림요리(煮物, 니모노)

1) 조림요리

생선 또는 어개류·야채류를 냄비에 넣고 그 특성에 맞게 간을 하고 익혀낸 요리를 말한다. 조림에 사용하는 냄비는 바닥이 두껍고 손잡이가 있는 것이 좋다. 두께가 얇은 냄비는 열이 균일하지 않고 일부분만 받기 때문에 타기 쉽다. 냄비의 크기는 재료의 크기, 분량, 조림시간 등을 고려해서 정한다. 생선 등과 같이 겹치면 깨지는 재료는 입구가 넓고 깊이가 얕은 냄비, 조림콩 등과 같이 오래 조리는 재료는 액체 증발이 적은 깊은 냄비를 사용하는 것이 좋다. 덮는 뚜껑은 조림요리에 없어서는 안 될 도구이다. 뚜껑을 덮으면 조림국물이 재료의 위에서부터 잘 돌아 맛과 열이 전체적으로 골고루 전달되어 맛있고 빨리 된다. 대부분 목재를 사용하지만 재료에 따라 나뭇잎·우스이다·쿠킹호일 등을 덮기도 한다.

2) 조미료의 사용 순서

옛날부터 조미료는 'さ, し, す, せ, そ,' 즉 '사: 설탕(砂糖),' '시: 소금(鹽),' '스: 식초(酢),' '세:

간장(醬油),' '소: 된장(味噌)'의 순서에 따라 사용한다. 원칙적으로 간이 잘 스며들기 어려운 설탕 등의 단맛 나는 것을 먼저 넣고, 간이 잘 스며드는 소금 등은 나중에 넣는다. 간장이나 된장 등 향이 있는 것은 나중에 첨가하는 것이 좋다.

3) 조림요리의 종류

(1) 국물 조리기(煮つけ, 니츠케)

일반적인 조림방법으로서 생선을 적당히 잘라 손질해서 냄비에 담고, 분량의 양념을 넣은 후 뚜껑을 덮고 물기가 없어질 때까지 조린다. 특히 조리는 과정에서 생선이 부스러지지 않게 조심히 다루어야 하고, 불조절도 처음 끓을 때까지는 센 불에서 하다가 끓으면 중불로 줄이고, 마지막에 조린 국물을 끼얹어 가면서 광택이 나도록 마무리를 해야 한다. 물론 좋은 재료를 사용하면 좋지만 신선도에 따라서 조리는 방법과 양념을 달리해야 한다.

(2) 바짝 조리기(照り煮, 테리니)

먼저 조림국물을 진하고 윤기가 나게 만든 다음 한 번 익힌 재료를 넣어 재료와 조림국물을 잘 조화시켜 조림국물이 졸아들게 만든다. 오징어・도코부시(작은 전복) 등은 오랫동안 조리면 살이 단단해지고 아주 작게 되어 맛이 떨어지기 때문에 일단 한 번 조림국물에 넣었다가 다시 건져 조림국물을 더 진하게 조린 다음 재료를 넣어 맛과 색을 내게 된다.

(3) 된장으로 조리기(味噌煮, 미소니)

조미료에 간장 대신 된장을 사용하는 것을 말하며, 전갱이・고등어・정어리 등을 많이 사용하는데, 주로 등 푸른 생선의 비린내를 제거해주며 된장의 독특한 풍미가 있다.

(4) 장시간 조리기(含煮, 후쿠메니)

많은 다시물에 연한 간을 해서 재료를 넣어 천천히 간을 하는 방법으로, 그 다시에 수시간 담가 두었다가 다시 간을 맞추어 사용하는 것을 말한다. 이것은 본래의 맛을 파괴하지 않고 재료가 가지고 있는 그대로의 맛을 살리는 방법으로 토란・밤・유바 등을 사용한다.

(5) 볶아서 조리기(炒め煮, 이타메니)

넉넉한 기름으로 재료를 살짝 볶은 다음 기본 국물을 넣어 중불로 천천히 조린 것으로, 대표적인 것이 닭고기야채조림, 가지조림, 우엉조림 등을 들 수 있다.

(6) 튀겨서 조리기(揚げ煮, 아게니)

재료를 기름에 튀겨 요리하는 방법으로, 기름과 잘 어울리는 가지・두부・곤약 등이 좋다. 닭고기도 잘 어울린다. 밀가루나 전분 등을 묻혀 깨끗이 털어내고 튀겨야 깨끗하게 튀겨진다.

(7) 무즙을 이용해 조리기(大根おそし煮, 다이콘 오로시니)

무즙을 이용해 조리는 것으로, 무의 풍미가 잘 나타나며 고등어・전어・전갱이 등 살이 부드러운 생선을 밀가루나 전분을 묻혀 튀긴 다음 무즙과 분량의 양념을 넣고 조림을 한다.

고등어 무즙조림

삼겹살 간장조림

5. 튀김요리(揚物, 아게모노)

1) 튀김요리

포르투갈어로 Tempero(템포로)라고 하는 것은 계절, 맛을 낸다는 의미를 갖고 있다. 그리고 스페인어로 Templo(템포라)라고 하는 것은 사원이나 금요일의 제사일에 행하는 종교적인 의미가 있다. 바꾸어 말하면 기름에 튀기는 요리를 '포르투갈의 요리,' 즉 포르투갈 풍의 요리

라고 하는 의미로 "템페로"라고 불리던 것이, 또한 스페인에서 나가사키(長崎)에 전해지게 된 때에 고기를 먹으면 안 되는 금요일에 고기의 대용식으로 생선을 기름에 튀긴 요리를 고안해 낸 일본인들이 이것을 절의 요리(寺の料理)라고 부르면서, 스페인어의 "Templo"라고 하는 말이 변해서 덴푸라(天婦羅)라고 되었다는 설이 있다.

기름을 사용한 요리는 일본 고래의 조리법엔 없다. 아마도 중국에서부터 전해온 것이라 생각된다. 중국에서 전해온 튀김요리는 아게모노(揚物)보다 볶음요리(炒物, 이타메모노)의 형태로 일본에 왔던 것이다. 현재에도 나가사키(長崎)에 남아 있는 난반요리(南蠻料理) 가운데 나가사키 덴푸라라는 것이 있다. 이것은 덴푸라라고 부르고는 있지만 맛도 조리법도 일본요리와는 다른 것이다. 나가사키(長崎) 덴푸라는 반죽재료와 만드는 방법이 특이해서 반죽에 술・설탕・달걀・밀가루・소금으로 맛을 내고, 물은 절대로 사용하지 않는다. 위의 재료로 만든 튀김은 그 자체가 충분히 간이 되어 있으므로 텐다시가 필요 없는 것이다. 또한 간이 되어 있어 식어서도 먹기가 좋고, 맛이 있기 때문에 나가사키(長崎) 덴푸라를 튀김의 최고라고 한다. 일본요리에 정착한 튀김은 덴푸라(天婦羅), 긴푸라(銀婦羅), 쇼진아게(精進揚) 등이 있으며, 오늘날 일본인의 식탁에 빼놓을 수 없는 요리가 되었다.

튀김을 능숙하게 하기 위하여 튀김냄비(揚鍋)는 기름온도를 일정하게 유지할 수 있는 두께와 충분한 기름을 넣을 수 있는 깊이, 그리고 재료가 충분히 헤엄칠 수 있도록 입구가 넓은 것을 선택하는 것이 좋다. 특히 냄비의 재질은 온도가 쉽게 변하지 않는 철냄비나 동냄비가 좋다.

2) 식용 유지

튀김에 사용되는 기름의 종류와 식재와의 관계는 중요하며, 이는 튀김의 맛을 결정짓는다. 같은 식재라도 튀기는 기름에 따라 맛이 달라지며, 기름의 양에 따라서도 맛의 차이가 생긴다. 유지는 효율이 좋은 에너지원이다. 1g의 유지는 체내에서 대사되어 약 9kcal의 에너지를 공급한다. 따라서 유지의 과잉섭취는 비만으로 연결될 뿐만 아니라 고지혈증・심장병・당뇨병 등을 불러일으키는 원인이 되기도 한다. 그러나 유지에는 비타민 A・E・D 등의 흡수를 촉진하는 작용이 있다. 동물성 유지는 포화지방산을 많이 함유하기 때문에 과잉섭취는 동맥경화・결장암 등의 발증과 깊은 관계가 있다. 따라서 동물성 유지는 적정한 섭취를 하도록 주의할 필요가 있다. 곡류・콩 등을 원료로 하는 식물성 유지는 불포화지방산을 많이 함유해서 동맥경화의 예방에 효과가 있다. 건강상 이상적인 유지의 섭취량은 동물성 유지 1에 대해, 식물성 유지 2의 비율이 좋다.

기름에는 보이는 기름과 보이지 않는 기름이 있다. 샐러드유·버터·라드 등을 보면 알 수 있는 기름을 '보이는 기름,' 달걀·고기·가공식품·과자 등에 함유되어 있는 기름은 '보이지 않는 기름'이라 하는데, 평균 1일당 '보이는 기름 15g에 대해서 보이지 않는 기름 40g'을 섭취하고 있다.

유지는 주로 체내에서 에너지원이 되는데, 리놀산·리놀렌산 등의 필수지방산이나 비타민 E 등 영양소의 보급원이기도 하다. 또한 몸에 없어서는 안 되는 3대 영양소의 하나인 지방으로서 이용된다. 식용으로 이용할 수 있는 유(油: 상온에서 액체)와 지(脂: 상온에서 고체) 모두를 식용 유지라고 하며, 원료에 따라서 식물성 유지와 동물성 유지로 대별된다.

(1) 식물성 유지

식물성 유지는 원료에 따라서 각각 특징 있는 풍미가 있다. 상품명에 붙이는 원료유지의 명칭은 조합의 비율이 30% 이하인 경우는 이용해서는 안 되며, 30% 이상 60% 미만은 '00유(油)입,' 60% 이상은 '조합00유'로 하기로 정해져 있다.

(2) 동물성 유지

소기름(Tallow)과 돼지기름(Lard)이 대표적인 유지이며, 이 밖에 생선기름이 있다. 소기름은 상온에서 고체상으로 융점이 낮아서 즉석 카레 등에 사용된다. 소기름은 Fat을 가리키는 것으로 영어명은 Tallow이다. 돼지기름만을 순제 Lard라고 하며, 소기름을 섞은 것은 조정라드라고 한다. Lard는 최근 즉석면 조리용으로서 수요가 높고, 독특한 풍미가 있기 때문에 쿠킹용으로 일반 가정에서도 사용이 확산되고 있다.

3) 원재료와 정제도에 따른 기름의 분류

정제한 기름을 백교유라고 한다. 샐러드유보다 끈기가 강하고 현재 튀김기름으로 가장 많이 사용하고 있다. 원재료는 대두를 시작으로 채종·면실 등 다양하다. 덴푸라 기름이라 칭하며 유통되고 있는 것은 주로 2~3종류의 백교유를 튀김에 적당하도록 섞은 것이다. 샐러드유는 백교유보다 정제도가 높은 기름이다. 냄새가 없고 생식할 수 있으며 저온에서도 혼탁하지 않다. 튀김용으로 사용하려면 다른 기름과 섞어서 사용하는 것이 좋은데, 참기름과 섞어서 쓰는 것이 일반적이다. 원재료는 대두 · 채종 · 땅콩 등이다.

(1) 참기름

일반적으로 참기름이라고 하는 것은 한 번 볶아서 압착한 정제도가 낮은 기름이다. 향이 대단히 좋고, 다른 기름에 비하여 쉽게 산화되지 않으며, 오래 사용할 수 있지만 점성이 있어 쉽게 기름기가 제거되지 않는다. 튀김에 참기름만을 사용하면 향이 너무 강해서 채종류나 대두유 등의 비교적 가벼운 맛의 기름과 섞어 사용한다. 이 외에 태백유라고 하는 것이 있는데, 생참깨를 압착 유출해서 고도로 정제한 기름이다. 성질은 참기름과 같지만 색 · 향과 함께 숨은 맛이 있다. 튀김에 주로 관동지방에서는 참기름을, 관서지방에서는 태백유를 많이 사용한다.

(2) 대두유

튀김용으로 광범위하게 사용되는 기름으로, 생산량이 많고 가격이 싸지만 풍미와 향이 떨어지는 것이 흠이다. 세계에서 가장 생산량이 많고, 평지유 · 옥수수유 등의 다른 기름과 조합하여 샐러드유 · 튀김유로 사용한다. 마가린 · 쇼트닝 등에도 이용된다.

(3) 채종유

채종 특유의 점액이 있는 중후한 맛과 향이 있고, 비교적 오래 사용할 수 있는 기름이다.

(4) 면실류

풍미가 좋다. 향이 변하기 어려우므로 튀김기름 · 샐러드기름 등에 폭넓게 사용된다. 이 외에 콘유 · 히마와리유 · 미강유 등이 있고, 각각의 향과 특성을 살려서 사용해야 한다. 면화의 면을 딴 후 종자의 핵을 짜서 만든다. 고급스러운 식용유로 친숙하다. 독특한 풍미와 안정성이 우수하며, 샐러드유로서 단품으로도 사용된다. 통조림의 기름, 마요네즈, 마가린, 쇼트닝의 원료로도 이용된다.

(5) 올리브유

주산지는 이탈리아 · 스페인 등의 지중해 연안제국이며, 과실은 40~60%로 높은 기름 함유율을 가진다. 기름은 연한 황색을 띠고 있으며, 특유한 향기와 맛이 좋아서 오래전부터 최고급

유로서 이용되었다. 올레인산이 많이 함유되어 있다.

(6) 옥수수유

콘유라고도 하며, 옥수수의 경우 5%를 차지하는 배아를 짜서 만든다. 잘 산화되지 않으며, 보관성이 좋고, 풍미도 안정되어 있으며, 적량의 리놀산이 함유되어 있다.

(7) 평지유

평지의 종자를 짜서 만든다. 캐나다 · 중국에서의 수입에 100% 의존하고 있다. 포화지방산이 낮으며, 리놀렌산 · 올레인산이 많다. 담백한 풍미가 있으며, 열에 강해서 산화되기 어렵기 때문에 튀김이나 샐러드용에 많이 사용된다.

(8) 팜유

기름야자의 과육에서 취하는 기름을 팜유, 종자에서 취하는 기름을 팜핵유라고 한다. 풍미는 담백하며 산화안정이 우수하기 때문에 마가린 · 쇼트닝 외에 포테이토칩이나 인스턴트 라면의 가공에 이용된다. 말레이시아 · 인도네시아가 주산지이다.

(9) 해바라기유

종자가 흑색인 해바라기에서 만들어지는 기름으로, 특이한 냄새가 없으며 담백한 맛을 즐긴다. 리놀산이 많이 함유되어 있으며, 비타민 E도 많이 함유되어 있기 때문에 건강식품으로서 수요가 증가하고 있다. 샐러드유로서 마리네이드나 드레싱에 이용된다.

(10) 소맥유

소맥 한 알에 겨우 3%밖에 없는 배아를 짜서 만든다. 소맥배아의 비타민 E는 생리적 효과가 높으며, 또한 리놀산도 많이 함유되어 있다.

(11) 코프라유

야자의 과실 내 배유를 건조시킨 것에서 짠 것이 코프라유로, 일반적으로 야자유라고 하며, 기름야자에서 취하는 팜유와는 다르다. 담백한 풍미로 양과자의 장식용, 커피용 크림, 락토 아이스 등 냉과자용에도 사용된다.

(12) 서플라워유

유분 함량이 높은 잇꽃의 종자에서 짜기 때문에 잇꽃유라고도 한다. 오래전부터 꽃잎에서 홍색의 색소를 취했다. 다른 유지에 비해서 리놀산을 가장 많이 함유하기 때문에 건강식품으로서 관심을 모으고 있다.

(13) 쌀유

왕겨에서 만들어지며, 유일하게 국산원료로 조달되는 기름이다. 원유에서 정제유로 하는 데 고도의 기술이 필요한데, 산화나 열에 대해서 안전성이 높다. 날것으로 사용해도 좋으며, 고온의 튀김으로도 사용할 수 있기 때문에 과자의 튀김유에 사용된다.

4) 튀김방법(揚方)

(1) 그냥튀김(스아게, 素揚, すあげ)

재료에 아무것도 묻히지 않고 튀기는 방법이다. 색과 모양을 살리는 것이 좋다. 수분이 많은 것에는 어울리지 않는다. 풋고추 · 아스파라거스 · 소가지 · 연근 · 산마 등이 잘 어울린다. 생선류는 소도미 · 전갱이 등 작은 민물고기류가 적당하다. 낮은 온도(160～165℃)에서 튀긴 후 높은 온도(175～180℃)의 기름에 옮겨 두 번 튀겨서 바싹하게 한다.

(2) 양념튀김(카라아게, 唐揚, からあげ)

밀가루 · 칡가루 · 전분가루 등을 재료에 뿌려 튀긴다. 재료의 맛난 맛을 잃지 않고 바싹해서 감촉이 좋다. 가루를 묻히기 전에 간장 · 술 · 생강즙 등으로 밑간을 하는 경우가 많다. 가루를 묻히면 여분의 가루를 털어내고 기름의 온도는 낮은 온도에서 튀기기 시작해서 온도를 올리면서 깨끗한 색을 가지도록 튀긴다. 양이 많을 때는 두 번 튀긴다. 가자미 · 놀래미 · 토란 · 닭고기 · 두부 등이 대표적이다.

(3) 반죽튀김(코로모아게, 衣揚, ころもあげ)

재료가 가지고 있는 수분을 잃지 않도록 튀김옷을 입혀서 튀긴다. 튀김옷은 점성이 적은 박력분을 사용한다. 얼음물에 달걀노른자를 섞어 레몬즙을 약간 넣어 분리되지 않게 해놓고, 박력분을 섞어 반죽을 만들어 옷을 입혀 일반적으로 170~180℃에서 튀긴다.

(4) 변형튀김(카와리아게, 変揚, かわりあげ)

튀김옷에 여러 가지 재료를 사용해서 튀기는 재료에 손을 더해서 변화를 준 것이다. 변형 튀김옷을 입힐 때는 먼저 재료에 밀가루를 묻히고 달걀흰자를 묻힌 다음 준비한 옷을 입힌다. 변형튀김옷의 재료로서는 당면 · 소면 · 메밀 · 땅콩 · 은행 · 도명사가루 · 호두 · 아몬드 · 잣 · 김 · 시소 · 산초나무순 · 양귀비씨 · 미진코 등이 있다.

5) 튀김 소스(天婦羅 ソース)

(1) 텐다시(天出し)

재료의 선도가 좋은 경우나 술안주로 이용할 때는 엷게 다시국물 6, 미림 1, 엷은 간장 1의 비율로 냉동재료를 사용하고, 반찬용으로 사용할 때는 다시국물 4, 미림 1, 진한 간장 1의 비율이 대강의 기준이다. 텐다시의 온도는 너무 뜨거우면 옷이 벗겨지기 쉽고, 반대로 너무 차가우

면 튀김의 온도가 내려가서 좋지 않으며, 은은한 열기가 있는 정도의 온도가 좋다. 무 오로시를 곁들이면 텐다시가 잘 묻어 상쾌하게 먹을 수 있다. 텐다시를 오이시이다시(美味出し), 츠케다시, 네리다시라고도 한다.

〈표 3-2〉 **텐다시**(텐츠유, 天つゆ)**의 배합**

간장	미림	다시물	재료
1	1	3~5	일반 튀김
1/2	1	5	엷은 튀김옷 덴푸라
2	3	3	생선 · 고기 등의 맛이 강한 튀김
2	1	4	야채
3	1	7	흰 살 생선
2	1	6	카키아게

(2) 식염(食鹽)

빈 냄비에 소금 3에 대해 화학조미료 1의 비율로 섞어 살짝 볶아서 분마기에 갈아 분말형태로 한 것이다. 튀김을 산뜻한 맛으로 즐기고자 할 때 어울린다.

(3) 가감초(加減酢)

레몬즙과 엷은 간장을 동량씩 섞어 적당히 다시국물로 가감한다. 폰즈를 다시국물로 엷게 해서 사용하는 경우도 있으며, 카라아게에 어울린다.

(4) 감귤류(甘橘類)

레몬 · 스다치 등을 짜기에 넣어 곁들이기도 하고, 짠 즙을 권하기도 한다. 모토시오와 함께 곁들이는 경우가 많다.

6) 튀김을 바삭하게 튀기는 방법

① 튀김반죽을 지나치게 많이 섞지 않는다. 튀김 젓가락은 굵은 것으로 사용하고, 밀가루 덩어리가 남아 있을 정도로 많이 섞지 않는다. 반죽을 많이 섞으면 글루텐이 생성되어 바삭한 튀김을 할 수 없다.

② 밀가루는 박력분을 사용하고 냉장고 안이나 드라이아이스를 넣어 차게 보관하였다가 사용하기 전 체에 걸러 사용한다. 박력분이 없을 경우는 중력분 : 전분을 7 : 3의 비율로 섞어 사용하면 된다.

③ 튀김옷은 달걀노른자 한 개에 냉수 1,800cc 정도를 잘 섞어 레몬즙을 짜 넣은 후 냉장고에 차게 보관 후 사용한다.

④ 튀김옷은 즉시 만들어 사용하고 양을 조절하여 남지 않게 한다.

⑤ 재료에 묻히는 튀김옷(약간 되게)과 마지막에 꽃을 피우기 위해 뿌리는 튀김옷(묽게)은 농도를 달리하여 잘 조절하여야 한다.

⑥ 각각의 재료에 따른 온도조절이 무엇보다 중요하다.

⑦ 튀김은 따뜻할 때 즉시 먹는 것이 바람직하다.

6. 찜요리(蒸物, 무시모노)

1) 찜요리

증기를 이용하여 재료에 열을 가하여 익히는 조리법이다. 이 조리법은 열이 구석구석까지 미치고, 감칠맛도 달아나지 않으며, 겉보기도 좋고 부드럽게 마무리되는 이점도 있다. 종류는 조리하여 찜하는 경우와 조리의 과정으로 찌는 경우 등으로 대별된다.

찜통에 불을 붙여 증기가 충분히 올라올 때 재료를 넣어 요리를 해야 비린내나 색상이 변하는 것을 방지할 수 있다.

재료가 지닌 맛과 향이 달아나지 않게 하고, 단단한 재료는 부드럽게 하며, 부드러운 재료는 흐트러지지 않게 한다. 그리고 증기가 구석구석까지 미치므로 온도에 빈틈이 없고 태울 염려

도 없다. 손질 또는 모양을 낸 무청이나 호박·백합뿌리 등은 형태가 흐트러지지 않게 하기 위하여 사전 조리법으로 열을 가하여 찐 다음 가볍게 끓여서 맛이 배게 한다. 일본 간토(關東)지방의 카바야키(蒲焼き)는 구이한 뱀장어를 찜하여 여분의 지방을 제거하고 혀에 닿는 감각을 부드럽게 해준다. 이와 같이 사전처리로서 '찜'(무스, 菜す)을 하는 요리법은 많다.

2) 찜통의 종류 및 특징

(1) 나무찜통(蒸籠, 무시바코)

목재로서 사각형과 둥근형이 있으며, 2~3단 겹쳐서 증기를 올려 사용한다. 금속제의 찜통에 비해 열효율이 좋고, 그 위에 수분을 잘 흡수하므로 물방울이 고이지 않는다. 취급하기에는 조금 번잡하다.

① 2단·3단으로 겹쳐서 사용할 경우 재료에 열을 균일하게 미치게 하기 위하여 도중에 찜통의 상하를 바꿔서 찐다.

② 나무찜통을 사용한 뒤에는 깨끗하게 씻어서 햇볕에 완전히 건조시켜서 보관한다.

(2) 금속찜통(銅壺, 도우고, どうご)

금속성(스테인리스·알루미늄합금)으로서 사각형이다. 영업용은 몇 단이고 겹쳐지며 분리식이 편리하다. 열효율을 높이기 위해서는 바닥이 넓고 높이가 낮은 것을 선택한다.

3) 찜의 재료

찜이란 재료의 형태·맛·향을 지키는 데 적당한 가열법이지만, 반면 양잿물을 제거하거나 비린내 등을 제거하는 것은 안 된다. 그래서 될 수 있는 한 냄새가 없고 담백하며, 수분이 적고 선도가 좋은 재료를 선택한다. 그리고 사전조리에는 세심한 주의를 다하는 것이 매우 중요하다.

이 요리법의 소재의 중심은 역시 어패류이며, 주가 되는 재료는 돔·옥돔·삼치·광어·전복·대합 등이다. 또 육류는 닭·오리로스, 야채는 감자·토란·무청·밤·송이버섯 등 계절적이고 제철의 것이 좋다.

4) 찜하는 방법과 주의사항

(1) 찜통을 사용할 때 주의할 점

필히 재료는 증기가 올라올 때 넣는다. 찜통 속의 열탕은 항시 70~80% 정도 유지하도록 한다. 또 뚜껑을 덮을 때는 마른 요리용 수건을 끼워서 넣으면 여분의 수분을 흡수하고 수증기가 떨어지는 것을 방지해준다.

증기가 올라오지 않을 때 찜통 속에 재료를 넣으면 재료에 의해서 변색되든가 비린내가 나므로 주의한다. 또 항상 뜨거운 물을 정량으로 해두기 위해서는 필히 찬물이 아니고 열탕을 추가한다. 이것은 전술과 같은 이유에서이다.

(2) 불조절

달걀을 사용한 찜요리는 뚜껑을 조금 열어두고 약한 불에서 은근히 찐다. 생선이나 닭 등의 냄새가 있는 재료와 팥밥·감자류 등과 같이 단단한 것 등은 강한 불에서 뚜껑을 꼭 닫고 찜을 한다.

스다치(すだち) 현상 달걀을 사용한 재료를 찜할 때 강한 불에서 찜을 하면 구멍 투성이의 재료가 된다. 이러한 현상을 일본요리 용어로 스다치(すだち)라고 일컬으며, 이와 같이 된 요리는 겉보기도 나쁘고 혀에 닿는 감촉도 아주 나쁘며 감칠맛도 반감되어 버린다.

이 스다치라고 하는 것은 달걀에 혼합되어 있는 물이 가열되면서 움직임이 격하게 되어 수증기가 되려고 거품을 만든다. 이 거품이 굳어지는 달걀 속에서 도망갈 구멍을 찾지 못하고 그냥 그대로 굳어버린 것을 일컫는다. 이와 같은 현상을 방지하기 위하여 약한 불에서 뚜껑을 조금 열고 증기를 적당히 날아가게 하면서 천천히 열을 가하는 것이 이상적인 방법이다.

달걀두부를 찜할 때의 요령 나가시캉(流し箱)은 금속성이므로 열을 잘 흡수하기 때문에 불조절에 주의해도 찜틀에 가까운 쪽 달걀두부의 재료에는 스다치가 발생하기 쉽다. 이것을 방지하기 위해서 나가시캉의 바닥에 대나무젓가락이나 김발을 깔든지 하고, 또 찜틀의 옆면에는 물에 적신 두꺼운 종이로 말아서 금속에 직접 열이 닿지 않도록 한다.

(3) 재료에 따른 찜의 조절방법

재료를 장시간 찜하여 섬유질을 없애고 부드럽게 하여 단번에 찌며, 재료 및 형태가 흐트러지지 않고 맛이 배게 하기 위하여 찜을 하는 요리방법에는 여러 가지가 있다.

① 흰 살 생선: 수분과 지방이 적으며, 너무 열을 가하여 익혀버리면 살이 퍼석퍼석하게 되어 버린다. 열을 가하여 익히는 정도는 90~95% 정도가 제일 적당하다.

② 등 푸른 생선: 지방이 많고 독특한 냄새가 있으므로, 이것을 될 수 있는 한 제거하기 위하여 100% 또는 그 이상으로 열을 가하지 않으면 안 된다.

③ 민물생선: 비린내와 독특한 흙냄새가 있기 때문에 등이 푸른 생선과 동일하게 100% 또는 그 이상으로 열을 가하지 않으면 안 된다.

④ 패류 또는 오징어: 너무 열을 가하면 살이 단단해지므로 흰 살 생선과 동일하게 90~95% 정도로 익혀둔다.

⑤ 수조육류: 육색이 붉은 것과 흰 것이 있으며, 붉은(소고기 · 오리고기) 것은 중심부를 어느 정도 붉게 익히고, 또 흰 재료(닭고기 · 돼지고기)는 100% 익힌다.

⑥ 야채류: 색과 씹히는 맛을 아주 중요시하므로 겨우 익을까 말까의 정도가 좋다. 단, 감자류나 뿌리류는 천천히 시간을 들여서 완전히 익힌다.

5) 찜요리의 분류

(1) 조미료에 의한 분류

술찜(酒蒸, 사카무시) 재료가 지닌 맛을 잘 살리기 위해 선도가 좋은 것을 선택하여 술과 소금만으로 간을 하므로 조미의 조절에 주의하여야 한다. 재료에 칼집을 넣든가 쇠꼬챙이로 표면을 찔러서 익기 쉽고 양념이 스며들기 쉽게 한다. 작은 돔이나 패류, 전복, 대합, 닭고기 등이 술찜의 재료이다.

소금찜(鹽蒸, 시오무시) 패류 · 닭고기 및 흰 살 생선 등에 소금과 술로 간을 하여 찜을 한 요리이다.

된장찜(味噌蒸, 미소무시) 흰 살 생선 등에 으깬 된장을 넣어서 혼합하여 찜을 한 요리로서,

된장은 냄새를 제거해주고 좋은 맛과 풍미를 더해 줌으로써 풍미가 달아나지 않도록 재빨리 쪄낸다.

(2) 재료에 의한 분류

신주찜(信州蒸, 신슈무시; 소바무시) 흰 살 생선이나 옥돔 등에 메밀을 재료 속에 넣든지, 표면을 감싸든지 하여 찜을 한 요리이다.

도명사찜(道明寺蒸, 도묘오지무시) 흰 살 생선 등을 물에 불린 도명사 전분으로 재료를 감싸든지 또는 위에 올려놓고 찜을 한 요리이다. 도명사 전분을 불릴 때는 뜨거운 물의 양에 주의하고 너무 물러지지 않도록 한다.

찻잔찜(茶椀蒸, 차왕무시) 담백하고 감칠맛이 있는 재료와 달걀물을 찻잔에 넣어 찜을 한 요리이다. 달걀찜을 할 때 너무 약한 불에서 찌면 끈기가 없어지고 분리되며, 너무 센 불에서 찌면 속까지 익지 않으므로 불조절을 잘 하면서 쪄야 하고, 달걀물을 섞은 후 거품을 제거하여야 표면을 깨끗하게 잘 쪄낼 수 있다.

남산사찜(南禪寺蒸, 난젠지무시) 생선 으깬 살과 체에 거른 두부를 달걀물로 늘려서 여러 가지 재료를 넣고 찐 요리로, 찻잔찜과 유사하다.

달걀두부(玉子豆腐, 타마고 토우후) 달걀을 다시물과 혼합하여 엷게 간을 하고 속에 구멍이 생기지 않도록 쪄서 소스를 끼얹어 먹는 찜요리이다.

질주전자찜(土瓶蒸, 토빙무시) 질주전자에 다시물과 계절의 재료(송이버섯, 닭고기, 갯장어 등)를 넣어서 찜한 요리이다. 송이버섯의 풍미를 살리기 위해서 질주전자를 직접 물에 올려서 끓이기도 한다.

7. 초회(酢物, スノモノ)와 무침요리(和物, 아에모노)

1) 초회 · 무침요리

혼합한 초나 무침옷으로 사전 처리한 어패류 · 수조육류 · 야채 · 건물(乾物) 등의 재료를 무친 것으로 상큼한 신맛과 씹히는 맛, 부드러운 감촉, 무엇보다 상큼한 뒷맛은 입안을 깨끗이 해준다. 그래서 코스요리에 있어서 식사가 제공되기 전에 제일 마지막에 제공한다. 초회로 사용하기 전에 사전처리를 하여야 하는데, 소금을 뿌리거나 식초에 씻는다든가 불에 익히기도 한다. 초회를 만들 때는 물기가 많은 것은 물기를 없애고, 물에 데친 재료나 합성초 무침옷은 반드시 식혀서 사용한다. 다만 난반즈케(南蠻漬)는 예외로 튀겨서 바로 담근다. 무치는 경우는 내기 직전에 바로 무친다.

갑오징어 난반즈케

갑오징어 산바이즈 아에

피조개 기미즈 아에

2) 재료의 사전처리

사용되는 재료는 어패류 · 수조육류 · 야채 · 건물 · 가공품 등과 같이 범위가 넓고 이러한 것들이 합쳐지는 재료의 사전처리가 초회와 무침의 포인트가 된다. 그 사전처리는 양자 모두 공통되는 경우가 많다.

(1) 날것으로 사용한 것

어패류는 여분의 수분과 비린내를 없애기 위하여 소금간을 한다. 야채류는 적당히 수분을 빼고 맛의 흡수를 보조하는 씹히는 맛을 더욱 살리기 위하여 소금에 주무르든지 소금물에 담가서 사용한다. 또 양잿물이 강한 것은 물이나 식초물에 헹군다. 주재료의 맛을 보충하기 위하여 다시마절임(콘부지메, 昆布じめ)을 할 경우도 있다.

소금을 한다(塩をする, 시오오스루)　소금을 하는 것에 의해 어패류의 여분의 수분과 냄새를 빼고 밑간(下味, 시타아지)을 하여 적당한 소금 맛을 들인다. 일반적으로 흰 살 생선은 생선의 종류나 두께에 따라 양을 조절하면서 후리지오(振り塩), 우스지오(薄塩), 츠요지오(强塩)를 한다. 작은 생선이나 살이 엷은 생선, 섬세한 맛을 가진 재료 등은 다테지오(立塩)*에 담근다. 등이 푸른 생선은 비린내가 강하고 살이 부드러우므로 베타지오(べた塩)**하여 소금 맛이 스며들게 하고, 살이 아주 단단하게 되면 사용한다. 소금을 한 재료는 대개의 경우에는 살짝 물에 씻고, 충분히 수분을 제거하고 나서 사용한다.

*다테지오(立鹽, たてじお): 바닷물 정도의 소금물에 간을 하는 것
**베타지오(べた鹽, べたじお): 생선에 소금을 하는 방법의 하나로, 포 뜬 생선을 소금이 들어 있는 평평한 용기에 넣어 튀김에 밀가루를 무치듯이 생선의 앞뒤로 균등하게 소금 간을 하는 것

소금 주무름(塩もみ, 시오모미)　섬유질이 단단하고 수분이 많은 야채(예를 들면, 무・오이 등)는 소금을 뿌려서 잠시 재워 두었다가 가볍게 주물러 적당히 수분을 짜내고 나서 사용한다.

가늘고 엷게 썬 재료, 극히 엷게 소금 맛을 들일 경우에는 소금물에 담갔다가 짠다. 이렇게 하면 섬유질이 부드럽고 적당한 씹히는 맛이 있으며, 소금 맛이 배어 있어서 무침옷(和え衣, 아에코로모)의 맛을 한층 돋우어준다.

(2) 식초로서 처리한다

소금으로 처리한 재료에 거듭 식초의 맛을 들이든지 살을 단단하게 조이기 위해서는 스아라이(酢洗い)나 스지메(酢じめ)를 한다.

식초와 소금의 관계 옛날부터 안바이(塩梅)라고 하여 소금과 매실초(梅酢)는 조미의 기본으로 되어왔다. 이 소금과 매실초의 조절이 딱 좋다는 것에 의해 안바이가 이이 또는 조미의 조절이 좋다. 또는 고토노 구아이가 이이(事の合がいい)라고 하는 언어가 생겨났다. 특히 소금은 하나의 요리를 살리기도 하고 죽이기도 하는 중요한 역할을 지니고 있으며, 소금조절이 조리의 가장 중요한 부분이며 요점이다.

또 식초는 소금과 함께 함으로써 한층 더 살아난다. 소금에 의해 식초의 강한 산미가 부드러워지며, 동시에 상쾌하고 산뜻한 풍미가 살아나는 것이다. 그러므로 식초를 사용하는 요리의 경우 소금을 사용하여 사전처리할 필요가 있다.

식초에 씻음(酢洗, 스아라이) 초회를 할 경우 소금을 한 재료를 물로 씻으면 싱거워지기 때문에 가볍게 산미를 들여야 할 경우에는 식초물에 살짝 씻으면 아주 좋다. 이 작업을 스아라이라고 한다. 식초를 물에 섞어서 소량의 간장을 첨가하여 사용할 경우도 있다.

식초절임(酢じめ, 스지메) 고등어 등과 같이 살이 부드럽고 비린내가 강한 생선과 두꺼워서 스아라이(酢洗い)로써는 산미가 스며들지 않는 것은 식초에 잠시 재워 두었다가 사용한다. 이렇게 하면 살이 단단히 죄어져서 산미가 스며든다. 또 식초의 움직임에 의해 변질되는 것을 막아주기도 하고 늦춰주기도 한다.

(3) 불에 익힌다(火を通す, 히오도오스)

수분이 많고, 맛이나 코로모(衣)가 입혀지기 어려운 것은 살짝 시모후리(霜ふり)하여 사용하면 좋다. 패류 등은 사케이리(酒いり)하면 재료의 비린내나 냄새를 제거할 수 있다.

민물생선이나 작은 생선은 수분을 제거하고 비린내를 없앤 뒤 향기로움이 나게 하고 씹히는 맛을 좋게 하기 위하여 시로야키(白焼き)하든지 기름으로 튀겨서 사용한다. 쓴맛이 강한 야채는 삶아서 뺀다. 또 맛이 엷은 재료는 밑간(下味, 시타아지)을 곁들여서 사용한다.

술에 볶다(酒いり, 사케이리)

소량의 술로 볶듯이 하여 익히면 냄새가 없어지고 그 위에 술의 향기가 옮겨지며, 또 섬유질이 단단히 죄어지는 것을 방지하므로 살을 부드럽게 할 수 있다.

(4) 불린다(もどす, 모도스)

건물(乾物)류는 여러 가지 적합한 방법으로 완전히 불리고, 그 재료 자체에 맛이 없는 것과 엷은 맛의 재료는 사전에 맛을 들여둔다. 소금절임의 재료는 적당히 소금을 뺄 필요가 있다.

(5) 초회(膾, 나마스)

스노모노(酢の物)를 나마스라고 일컫는 경우도 있지만, 이 언어는 본래 생선류를 잘게 썰어서 식초의 맛으로 먹는 것을 나마스, 야채류를 혼합하여 식초로 조미한 것을 나마스(膾)라고 일컫듯이 분리 사용되었다. 나마스는 사시미(刺身)의 마에미(前身)라고 생각하여 『일본서기』에서는 짐승고기・어패류를 요리하는 것을 와리센(割鮮)이라고 표기하여 나마스츠쿠루(ナマスツクル)라고 불리고 있으며, 이것은 일본요리 최고의 조리법으로 되어 있다.

썬 생선을 간장으로 먹기 시작한 것은 근세 이후이다. 현재에는 나마스라고 하는 언어는 날 것을 그대로, 또는 열을 가하여 익혀서 재료를 식초로 무친 것을 일반적으로 가리키며, 넓은 범위의 언어로서 사용되고 있다.

(6) 초된장무침(沼田, 누타)

재료를 주로 된장을 사용하여 만든 무침옷으로 무쳐서 만든 요리를 말한다. 누타라고 하는 것은 누타(沼田)라고 써서, 즉 밟으면 진흙이 끈적끈적 들러붙는 것 같은 논두렁의 뜻으로서 된장을 사용한 무침의 상태가 이것과 닮아 있다는 것에서 유래하고 있다. 카라시스미소(からし酢味噌)로 초된장무침한 것이 대표적이다. 카라시미소(芥子味噌)나 키노메아에(木の芽あえ) 등도 누타(沼田)라고 불린다.

3) 초회・무침요리의 요령과 주의사항

혼합한 식초나 무침옷(和え衣, 아에코로모)을 만들고, 적절한 사전처리를 한 재료가 준비되었다 하더라도 그냥 무치면 안 되고, 다음과 같은 사항에 주의하여야 한다.

① 열을 가하여 익힌 재료나 무침옷은 반드시 식혀서 무친다.

② 수분이 많은 재료는 반드시 여분의 수분을 제거하고 나서 무친다.

③ 먹기 직전에 무친다.

이상과 같은 것을 지키는 것이 더욱더 중요하며, 그렇지 않으면 싱겁게 되기도 하고 맛이 너무 강하게 스며들기도 하며, 색상이나 씹히는 맛이 나쁘게 된다.

4) 합성초의 종류와 만드는 법

(1) 기본 혼합초

만드는 방법이 간단하여 식초와 다른 조미료를 골고루 섞는 것만으로 만들 수 있으며, 일반적으로 초회에 사용하고 있다. 삼배초(三杯酢)는 가정에서도 널리 사용되고 있다. 대표적인 기본 혼합초는 다음과 같다.

① 이배초(二杯酢, 니하이즈): 식초 100cc, 국간장 100cc, 다시물 150cc을 잘 혼합하여 한 번 끓인다. 설탕과 미림 등의 단맛을 넣지 않는다.

② 삼배초(三杯酢, 산바이즈): 식초 100cc, 설탕 1Ts, 국간장 15cc, 소금 1/2ts, 다시물 150cc의 재료를 섞어서 한 번 끓여 재빨리 식혀 사용한다. 합성초의 기본이 되고 이용범위가 넓다.

③ 단초(甘酢, 아마즈): 식초 100cc, 설탕 45g, 물 100cc, 소금을 약간 넣고 합해서 설탕을 녹인다. 가벼운 단맛을 가진 합성초이다.

④ 토사즈(土佐酢): 가츠오부시의 맛난 맛을 최대한 살린 합성초로서, 식초・간장・미림 등의 조미료를 합해서 다시마를 첨가하고 끓여서 건더기를 걸러내고 체에 걸러 식혀서 사용한다. 이배초나 삼배초에 가츠오부시를 첨가하면 토사즈가 된다.

(2) 응용 혼합초

① 폰즈: 지리냄비에 사용하므로 지리스라고도 하며, 만들어 바로 사용하는 것보다 숙성시킨 후 사용해야 제맛이 난다. 감귤류즙 200cc, 식초 150cc, 엷은 간장 200cc, 타마리간장 30cc, 미림 50cc, 다랑어포 10g, 다시마 10g을 잘 섞어 하루 정도 두고 1개월 정도 숙성시킨 후 사용한다. 사용하는 레시피는 사용하는 간장과 식초 등에 따라서 달라지며, 점

포의 요리 맛을 좌우한다 할 만큼 일본요리에 있어서 가장 많이 사용하는 소스 중 하나이다.

② 매실초(梅肉酢, 바이니쿠즈): 매실장아찌를 체에 걸러 매실살을 발라낸다. 매실육의 염분이 강한 경우에는 미리 물에 담가서 소금기를 뺀다. 매실육의 맛에 따라서 조미료의 가감을 결정한다. 매실육 150g, 미림 10cc, 설탕 1ts, 진한 간장 5cc를 혼합해서 잘 섞는다.

③ 깨초(胡麻酢, 고마즈): 볶은 깨를 절구에 갈아서 분량의 양념과 혼합한다. 흰 살 생선, 고등어, 전갱이, 게 등 패류에 잘 어울린다.

④ 난반즈(南蠻酢): 다시물 5Ts, 진간장 1Ts, 식초 1Ts, 설탕 1Ts, 미림 1Ts을 혼합하여 끓여 식힌다. 주로 파나 고추를 사용한 요리에 붙는 이름으로 니하이즈 또는 산바이즈에 통고추 말린 것을 첨가하여 매운맛을 가미한 합성초이다.

⑤ 진눈깨비초(霙酢, 미조레즈): 다시물 3Ts, 식초 1Ts, 미림 0.5Ts, 국간장 0.5Ts, 소금 약간, 무 오로시를 합해서 만든다. 기본 혼합초(니하이즈 · 산바이즈 · 아마즈 · 토사즈 · 폰즈)에 무즙을 첨가하면 미조레즈가 된다.

⑥ 노른자초(黃身酢, 기미즈): 노른자 10개, 식초 60cc, 설탕 60g, 소금 1ts을 혼합하여 중탕에 올려 걸쭉하게 되면 체에 걸러 사용한다. 흰 살 생선, 새우, 게 등 패류에 잘 어울린다.

⑦ 와사비초(山葵酢, 와사비즈): 기본 합성초인 니하이즈 · 산바이즈 · 토사즈 등에 강판에 간 와사비를 첨가하면 와사비초가 된다.

⑧ 칡초(吉野酢, 요시노즈): 혼합초에 물에 녹인 갈분을 첨가하고 중탕에 올려 걸죽하게 끓여 식혀서 채에 걸러 사용한다. 닭가슴살 · 패류 및 흰 살 생선 등에 잘 어울린다.

카이센 미조레 아에

8. 초밥(寿司, 스시)

1) 생선초밥(壽司)의 유래

신선하고 담백한 일본의 대표적 요리 스시는 언제부터 생겨났을까? 1700~1800년경 빠른 스시와 함께 개발되면서 상자초밥(箱ずし, 하코즈시)이 고안되었다. 당시에는 기리즈시(切りずし: 완성된 초밥을 칼로 잘랐기 때문)라고 했다. 이렇게 자른 스시를 대나무잎으로 말고 상자에 가지런히 넣어 가볍게 눌러놓기도 하였는데, 이것이 오늘날의 대나무잎말이초밥(ささ巻きずし, 사사마키즈시)의 원형이라 하겠다. 이 스시를 기초로 하여 에도마에 니기리즈시(江戸前握り壽司: 관동지방의 손으로 잡고 쥐어서 만든 초밥)가 생겨났으며, 이때부터 와사비를 스시에 처음 사용하였다.

일본의 각 지방별로 다른 모양의 스시가 발달되었는데, 관서지방의 상자초밥에서부터 유래되어 마키초밥과 관동지방의 니기리즈시 등으로 발달되었다. 이런 스시가 우리나라에 건너온 것은 약 100년 전부터이며, 현재는 생선·조개·야채 등을 이용한 다양한 스시가 개발되어 그 종류가 무궁무진하다. 미국이나 유럽 등지에서도 건강식으로 대단한 인기를 끌고 있는 스시는 새콤한 식초를 사용하여 알칼리성의 재료들과 융합하여 유산이 쌓이는 것을 방지하고 미용에도 큰 효과가 있는 음식으로 알려져 있다.

관서초밥은 관동초밥에 비해 단맛과 신맛이 강하다. 관동초밥이 싱거우면서 담백한 맛을 살린다면, 관서초밥은 꿀이나 숙성시킨 초 등을 써서 맛이 풍부한 것이 특징이다. 초밥 한 개에 들어가는 밥의 양은 밥알 150개 정도라고 하는데 밥알숫자가 중요한 것이 아니고, 여기에 얹는 생선의 양과 밥의 무게가 같을 때 가장 맛있다(일반적으로 초밥생선의 무게는 12~15g 정도이다). 또한 초밥을 쥘 때 손에 힘이 너무 많이 들어가면 밥이 단단해져 입안에서 풀리지 않아 맛이 없게 된다. 손의 체온으로 인해 생선재료의 신선도가 떨어지지 않도록 두세 번의 동작으로 재빠르게 만들어야 한다. 따라서 완벽한 초밥의 모양을 만들 수 있게 되기까지는 많은 노력과 수련이 필요하다. 초밥을 보관할 때도 체온(36.5℃) 정도의 온도가 유지되는 밥통에 보관해야 따뜻한 밥과 생선이 잘 어우러져 맛있는 초밥이 된다. 밥이 차다면 등 푸른 생선(고등어 · 전어 · 전갱이) 같은 경우는 비린 맛이 강하여 생선이 가지고 있는 맛을 제대로 느낄 수가 없다. 따라서 맛있는 초밥을 만들기 위해서는 밥 또한 따뜻하게 보관하는 것이 중요하다.

근래에 와서 스시(鮨, 젓갈지, すし)라는 글자는 관동지방에서 쓰고, 스시(鮓, 젓자, すし)라는 글자는 관서지방에서 표기하였으나, 최근에는 스시(鮨, すし)로 공통으로 표기하고 있다. 이 스시(鮨, 젓갈지)의 의미는 고기(魚)가 맛있다(旨, うまい)라고 적어 스시(鮨, すし)라고 부르게 되었다.

2) 생선초밥(壽司)의 종류

초밥은 관동지방의 에도마에니기리즈시(江戸前握りずし)와 관서지방의 하코즈시(箱ずし)로 크게 나눌 수 있으며, 이 외에 말이초밥(巻き壽司, 마키즈시), 흩뿌림초밥(散鮨, 치라시즈시), 봉초밥(棒鮨, 보우즈시), 통초밥(姿鮨, 스가타즈시), 유부초밥(稲荷鮨, 이나리즈시), 찜초밥(蒸鮨, 무시즈시), 나레즈시(熟鮨: 생선의 창자를 빼내고 초밥을 채워 넣고 돌로 눌러 숙성시킨 초밥), 일본 최고의 붕어초밥(鮒壽司, 후나즈시) 등으로 나눌 수 있다.

(1) 말이초밥(마키즈시, 巻鮨, まきずし)

초밥에 여러 가지 다네(건더기)를 심으로 해서 김 · 달걀말이 · 박고지조림 · 소보로 등으로 말아놓은 김초밥(海苔巻鮨, 노리마키즈시)은 굵은 김초밥(太巻鮨, 후토마키즈시)과 가는 김초밥(細巻鮨, 호소마키즈시), 장식말이 김초밥(飾り巻鮨, 카자리마키즈시), 손말이 김초밥(手巻

鮨, 테마키즈시) 등으로 나눌 수 있다.

김밥의 넣는 속재료에 따라서 오이말이김밥(캇파마키, かっぱまき), 참치김초밥(텟카마키, てっかまき), 단무지말이김밥(신코마키, 新香巻, しんこまき), 매실시소김밥(우메시소마키, 梅しそ巻, うめしそまき) 등으로 나눌 수 있다.

일반적으로 김초밥이라고 하면 굵은 김초밥(太巻鮨, 후토마키즈시)을 말하며 속재료로 오보로, 칸표(박고지조림), 오이, 달걀말이를 기본으로 넣고 말이를 한다. 이 외 장식초밥(飾り巻, 카자리마키)이라고 하여 김에 여러 가지 재료를 넣고 몇 번을 거듭 말아 튤립 모양, 물고기 모양, 잠자리 모양, 나비 모양 등의 형태로 김밥을 말아 모둠초밥에 장식용으로 몇 개씩 놓아주는 장식김밥이 있다. 초밥경연대회 등에서 이 장식 마키를 잘 활용하여 스시를 화려하게 장식하기도 한다. 오랜 숙련과 노력을 요구하며, 기술을 필요로 하는 말이김밥이다. 김밥을 만들 때 밥을 너무 꽉꽉 누르지 않는 것이 중요하다.

(2) 김초밥(노리마키, 海苔巻, のりまき)의 역사

김초밥은 도쿄(東京)가 원조격으로 형태가 대포를 닮아 있어 텟포오마키(鐵砲巻)라고 불리는 호소마키(細巻), 텟카마키(鐵火巻) 등이 있다. 호소마키는 김을 가로로 반 잘라 밥을 펴고 속재료를 넣어서 만 것을 말하며, 김을 세로로 자르는 스시집도 있다. 텟카마키의 심은 에도시대(江戸) 말기부터 메이지(明治)시대의 초기에 걸쳐 다랑어를 심으로 사용해 만든 김밥이다. 도박장(鐵火場, 텟카바)에서 놀고 있던 사람들이 박고지를 넣고 말던 김밥 심을 다랑어로 바꾸어 와사비를 곁들여서 먹기 시작했다. 즉 도박장에서 먹었기 때문에 텟카마키라는 이름이 유래되었다. 김을 말아 감는 것은 주사위와 화투를 주무르는 손가락 끝에 밥풀이 붙지 않게 하기 위함이라는 것이 텟카마키의 발생과 어원설이다. 텟카바(鐵火場)에서 먹기 때문에 텟카마키(鐵火巻)라고 한다면, 다른 노리마키(海苔巻)도 텟카마키라고 해야 할 것이다.

데마키의 종류: 신코마키, 우메시소마키, 캇파마키, 김치마키

캘리포니아롤 말이

(3) 에도마에니기리즈시(江戸前握鮨, えどまえにぎりずし)

헤이안(平安)시대에 스시가 번창하면서 종류가 많아졌다. 깊은 산속에서 살아가는 사람들은 멧돼지·사슴의 초밥을, 큰 강이나 호수의 근처에 사는 사람들은 은어·붕어의 초밥을, 해안 근처에서 살아가는 사람들은 홍합·전복·멍게·정어리 등의 진귀한 초밥을 만들어 먹었다고 한다. 이러한 것들이 무로마치시대(1338~1573)가 되면서 홍합·멍게 등은 없어지고, 죽순이나 가지 등과 같은 야채초밥과 미꾸라지·메기 등으로 변화한 초밥이 등장하였다.

일본인들의 생활양식이 크게 변하여 밥을 짓는 방법은 찜에서 끓임으로 되고, 두 번 먹던 식사가 세 번으로 바뀌었다. 그 영향은 초밥에도 미쳐 양성기간이 단축되고, 옛날 나레즈시에 절여두었던 밥은 먹지 않고 버렸으나, 어패류와 함께 밥도 먹는 방법으로 변화했다. 이렇게 해서 발전한 것이 니기리즈시이다. 이것이 오늘날 도쿄의 대표적인 스시이다. 말 그대로 생선을 손으로 잡고 쥐어서(握る: 잡다, 쥐다) 만드는 초밥의 형태이다.

우리나라에서 대개 스시라고 하면 이 니기리즈시를 말하며, 초밥(샤리) 위에 얹는 생선의 이름에 따라 초밥 이름이 결정된다. 예를 들면, 광어(鮃)로 초밥을 쥐었다면 광어초밥, 도미(鯛)로 초밥을 쥐었다면 도미초밥, 참치(鮪)로 초밥을 쥐었다면 참치초밥이라 하고 이것들을 모아 놓은 것을 보고 모둠초밥(鮨盛合, 즈시모리아와세)이라고 한다.

일반적으로 모둠초밥은 1인분을 기준으로 10개 정도를 기본으로 한다. 생선 7~8개 정도에 가늘게 만 김밥이나 군함모양 김밥(軍艦巻), 교쿠(달걀말이, 玉, ぎょく)를 한 개씩 놓아 10개 정도를 담아준다. 이와는 달리 오코노미즈시(お好み鮨)라 하여 주문할 때부터 자기가 좋아하는 것만 골라서 주문하는 형태가 있다. 좋아하는 것만 주문하기 때문에 다양하게 먹을 수 없고 가격도 한 개 한 개의 가격이 적용되기 때문에 일반적인 초밥보다 비싸다.

(4) 흩뿌림초밥(치라시즈시, 散鮨, ちらしずし)

관서지방에서는 고모쿠즈시(五目ずし), 마제즈시(混ぜずし), 바라즈시(ばらずし)라고 하며 잘게 썬 생선과 야채를 초밥에 섞어 위에 달걀지단・초생강 등을 장식으로 얹은 초밥을 말한다. 관동지방에서는 초밥 위에 썬 김을 얹고 그 위에 참치・오징어・새우 등의 조개류와 어묵 양념을 한 표고 등의 즈시다네를 보기 좋게 나란히 얹은 초밥이다. 일명 후키요세즈시(吹き寄せずし)라고도 한다.

(5) 상자초밥(하코즈시, 箱鮨, はこずし), 누름초밥(오시즈시, 押鮨, おしずし)

오사카(大阪)지방의 대표적인 스시이다. 초밥을 초밥틀에 채우고 그 위에 생선이나 어개류 등의 즈시다네를 얹고 뚜껑을 덮은 후 무거운 것으로 눌러 만들어낸 초밥이다. 한입 크기로 썰어서 먹는다고 하여 기리즈시(切りずし)라고도 한다. 코케라(コケラ)라고도 부르는데, 이것은 생선의 비늘처럼 초밥재료를 늘어놓기 때문에 이러한 이름이 붙었다.

(6) 통초밥(스가타즈시, 姿鮨, すがたずし)

작은 생선을 머리 붙은 채로 배를 갈라 내장 및 가운데 뼈를 떼어내고 소금을 하고 초에 절인 다음, 초밥을 배 속에 채워 넣어 만든 초밥으로, 주로 은어나 작은 도미가 많이 사용된다. 숙성초밥(熟鮨, 나래즈시)의 형태를 말한다.

(7) 유부초밥(이나리즈시, 稲荷鮨, いなりずし)

1853년 유키오(喜多) 씨의 저서에 따르면 천보(天保, 1830~1844) 말년, 에도(江戸)에서 유부두부 하나를 주머니 형태로 해서 목이버섯·박고지 등을 잘게 썰어 밥과 혼합하여 유부 속에 넣은 초밥을 팔러 다녔다. 이것을 팔기 위하여 밤에도 행등(行燈)에 "이나리즈시"(稲荷ずし) 또는 "시노다즈시"(篠田鮨)라고 외치고 다녔다. 게다가 여우와 인연이 있는 이름으로, "여우는 유부를 좋아하는 놈, 죽어서 이름을 남긴다"라는 말이 있다.

옛날부터 유부초밥은 나고야(名古屋) 발생의 설이 있는 것도 까닭이 없다고는 하지 않는다. 초기의 유부초밥에는 유부에 밥을 넣은 것과 두부껍질을 넣은 것의 2종류였으며, 여러 가지의 속재료를 혼합하였던 것도 있었던 것 같다. 다만 와사비 간장을 묻혀 먹는다고 하는 것은 진귀하다. 조린 유부에 초밥을 넣고 모양을 내어 만든 것을 유부초밥이라 말한다. 이나리(稲荷, 유부)라는 말은 여우의 다른 말이며, "여우는 곡식을 맡은 신의 사자"라는 데서 유래된 말이다.

관동에서는 유부를 가로로 두 개의 사각으로 잘라서 만들고, 관서에서는 대각선으로 삼각으로 잘라 유부주머니를 만든다. 이 유부를 분량의 양념에 조려 물기를 적당히 제거하고, 초밥에 야채·산채·달걀말이·검정깨 등의 속을 섞어 유부주머니에 넣고 모양을 내서 초밥을 만든다. 초밥에 섞는 재료를 달리하여 변화를 준 것도 있다.

(8) 찜초밥(무시즈시, 蒸鮨, むしずし)

초밥에 밑간을 한 칸표・표고・아나고 등의 속을 넣어 그릇에 담고 찜기에 넣어 쪄낸 초밥이다. 찐 스시 위에 달걀지단・베니쇼가・김 등을 얹어 장식한다. 오사카를 시작으로 관서 각지에서 추운 계절에 많이 만들어 먹었다. 누쿠즈시(ぬくずし)라고도 한다.

(9) 숙성초밥(나레즈시, 熟鮓, なれずし)

소금간을 한 생선을 쌀밥과 함께 채워 넣어 무거운 것으로 눌러 반년에서 1년 숙성시킨 일종의 저장식품이다. 스시의 원형으로 되어 있고, 쌀밥의 당화 및 유산발효에 따른 산미와 생선의 자기소화에 따른 아미노산의 단맛이 형성되어 독특한 풍미를 가진다. 쿠사레(腐れ, くされ: 더러운)즈시라고도 한다. 대표적으로 사가현(佐賀縣)의 붕어초밥(フナずし, 후나즈시)이 유명하다.

3) 생선초밥 다네(鮨種)의 제철(旬)

슌(旬, しゅん: 생선의 맛이 특히 좋아지는 시기), 즉 생선을 초밥재료로 했을 때 제일 감칠맛 나고 그 생선의 깊은 맛을 알 수 있을 때를 말한다. 생선에 제철이 있는 이유는 산란과 관계가 있다고 보고 있으며, 대개 산란기의 1~2개월 전이 더더욱 감칠맛이 증가하는 시기로, 이 때를 제철(슌, 旬, しゅん)이라 일컫는다. 즉 산란을 위해서 왕성하게 먹어서 어체가 충실하고

〈표 3-3〉 생선의 제철

봄 (春)	삼치(鰆, 사와라), 돌돔(石鯛, 이시다이), 학꽁치(細魚, 사요리), 오징어(烏賊, 이카), 생성게(生雲舟, 나마우니), 대합(蛤, 하마구리), 피조개(赤貝, 아카가이), 전복(鮑, 아와비)
여름 (夏)	가다랑어(鰹, 가츠오), 잿방어(間八, 간파치), 은어(鮎, 아유), 농어(鱸, 스즈키)
가을 (秋)	전어(鰶, 고하다), 갈치(太刀魚, 다치우오), 새조개(鳥貝, 토리가이)
겨울 (冬)	삼치(鰆, 사와라), 방어(鰤, 부리), 연어(鮭, 사케), 송어(鱒, 마스), 갑오징어(文甲烏賊, 몬고이카), 광어(鮃, 히라메)

어종에 따라서 어체에 지방이 올라 더욱 별미이다. 한편 산란기 때는 어체의 영양분이 빠져나가서 가장 맛이 없을 때이다. 그래서 제철에 나는 생선을 많이 먹는 것이 가장 맛있게 먹는 방법이다.

4) 초밥 쌀의 조건과 초밥

초밥의 밥은 밥을 지었을 때 맛과 향, 탄력 그리고 적당한 찰기가 있어야 한다. 그래서 전분이 아직 굳지 않은 햅쌀보다는 묵은쌀이 초밥용으로는 더 적합하다. 쌀은 대부분 정미한 쌀을 사용하는데 보관상태가 나쁘면 품질이 떨어진다. 쌀 보관의 최적온도는 12℃이며, 자연 그대로 통풍이 잘 되는 곳에 두면 여름에는 1개월, 겨울에는 2개월 정도 보관이 가능하다.

초밥을 짓기 위해서 쌀을 1시간 전에 씻어놓는다. 여름 30분, 가을 45분, 겨울에는 1시간 정도 물에 불린 후 씻어 건진다. 물의 양은 일반적으로 쌀의 용량에 대해 1.2배, 무게에 대해서는 40% 정도를 넣으면 적당하다. 또한 맛있는 밥을 짓기 위해 찹쌀을 섞는다든가, 다시마를 넣는다든가 미오라(ミオラ)라는 첨가제를 넣기도 한다. 하지만 무엇보다 적당한 물의 조절이 초밥을 하는 데 가장 중요한 핵심이다. 초밥을 쥘 때 밥(しゃり, 샤리)의 온도는 대단히 중요한데, 사람의 체온(36.5℃) 정도일 때가 밥이 부드러우면서도 만들기 쉽고 밥맛도 제일 좋은 온도이다. 이 온도를 유지하기 위해 초밥전용 밥통에 보관 후 사용한다.

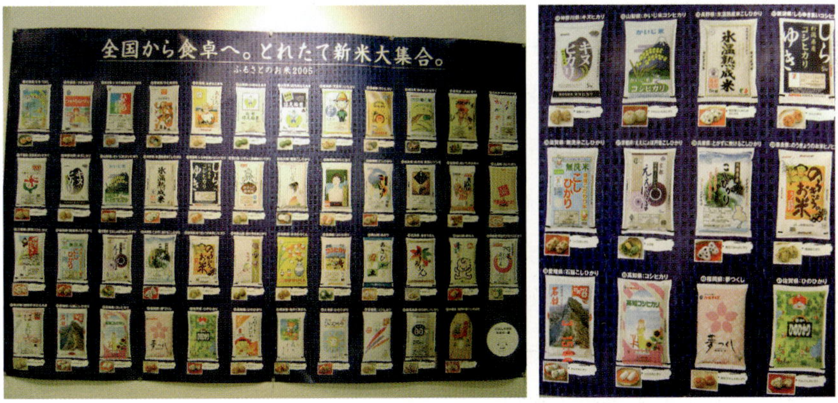

일본의 전국에서 생산되고 있는 쌀의 종류

5) 생선초밥과 오차(お茶)

우리나라에서는 초밥을 먹을 때 된장국과 함께 먹는 것이 상례화되어 있는 듯하다. 하지만 원래의 초밥은 따끈한 오차와 함께 먹어야 제맛을 만끽할 수 있다. 따라서 스시집 오차는 맛있거나 단맛이 나는 차는 잘 어울리지 않고, 떫은맛이 나는 센차류나 향기가 나는 호우지차 · 반차 등이 초밥에 잘 어울린다.

초밥을 먹을 때 오차는 뜨거운 것이 좋으며, 90℃ 정도에서 맛이 나는 센차나 끓는 물로 만드는 호우지차 · 반차 등이 더 적합하다. 뜨거운 오차를 마셔, 입안에 남아 있는 생선 기름기와 냄새를 제거해주고, 다른 생선을 먹을 때 새로운 맛을 느끼게 해준다. 초밥집의 오차잔이 두껍고 큰 것은 오차가 빨리 식지 않게 하기 위함이다. 잔이 얇고 작으면 뜨거워서 잡을 수도 없고 빨리 식기 때문에 오차잔은 일반적으로 두껍고 큰 것을 사용한다.

(1) 우리나라 차의 명칭

우리나라는 차(茶)와 다(茶) 두 가지의 발음을 다 사용하고 있는데, 쓰는 장소와 때에 따라 호칭이 달라지는 특징이 있다.

① '다'(茶)로 읽히는 경우는 예부터 사용해온 불교용어로, 한자와 어울릴 경우 다과(茶果), 감로다(甘露茶)로 쓸 수 있다.

② '차'로 읽히는 경우는 차 자체나 재료를 가리키는 말들로, 토박이말과 붙어서 새말을 만든 경우, 즉 천지차(天地茶), 백산차(白山茶), 설록차(雪綠茶)로 쓸 수 있다.

③ 다(茶)와 차(茶) 두 가지로 모두 읽히는 경우는 대개 차를 마시거나 끓이는 데 사용되는 도구나 풍습으로 다관 · 차관(茶罐), 다례 · 차례(茶禮)로 쓸 수 있다.

④ 우리나라 사람들은 끓여 마시는 것이나 우려서 마시는 음료는 모두 '차'라고 하는데, 이는 대용차(代用茶)와 구분해 주어야 한다. 다산 정약용 선생은 "차를 탕환고처럼 마시는 따위로 알아 …… 생강차 · 귤피차 · 모과차 · 상지차라 하는데, 이는 잘못이다"라며 정통차는 녹차 · 홍차 · 오룡차라고 했다.

(2) 차의 종류와 분류

발효에 따른 분류 발효는 녹차의 발효 성분 중 하나인 탄닌이 산화효소와 결합하여 색상이 변하고 독특한 향기와 맛이 만들어지는 과정을 말한다. 발효법에 따라 크게 발효차와 불발효차로 나뉘고, 차 외에 다른 재료를 가미한 병차(찹쌀과 차를 쪄서 찧어 다식판에 찍은 차), 향편차(향이나 꽃잎 등을 섞은 차), 현미차(현미를 혼합한 차)로도 구분한다.

차의 채엽(採葉)시기에 따른 분류

① 첫물차: 4월 중순부터 5월 초순까지 채엽하는 것으로 맛과 향이 뛰어나 고급품으로 여겨진다. 지역에 따라 기후편차가 심하므로 채엽일자에 얽매일 필요는 없고, 너무 어리면 맛이 약하므로 1심 2엽에 채엽을 시작해 잎이 단단하게 굳어지기 전 5엽 정도에 마치는 것이 바람직하다.

② 두물차: 5월 중순부터 6월 하순까지 채엽하며, 여름철 무더운 날씨로 차의 떫은맛이 강해 품질이 다소 떨어진다.

③ 세물차: 8월 초순부터 중순 사이에 채엽하는 차이다.

④ 네물차: 9월 하순부터 10월 초순 사이에 채엽하는 차로, 섬유질이 많고 아미노산 함량이 적어 번차용(番茶用) 네물차로 구분한다.

발효 정도와 색상에 따른 구분 적당한 온도와 습도에서 찻잎 속에 들어 있는 탄닌 성분이 산화효소의 작용에 의해 색상이 누런색이나 검은 자색으로 변하여 화학반응을 일으켜 독특한 맛과 향이 만들어지는 과정에 따라서 녹차(발효 0%), 우롱차(10~65% 발효), 홍차(85% 발효)로 나뉜다. '세계의 3대 차'라 하면 녹차, 우롱차, 홍차를 말한다.

녹차는 찻잎을 채취해 바로 솥에서 덖거나 쪄서 발효가 일어나지 않도록 한 차로서 우리나라와 일본·중국 등에서 생산되며, 그 소비량은 전체 차 소비의 10%에 불과하다.

홍차는 잎을 시들게 한 뒤 잘 비벼서 충분히 산화시킨 것으로, 전 세계 차 소비량의 85%를 차지하며, 세계적으로 생산량이 가장 많다. 마무리된 잎의 크기와 형태에 따라서 등급이 부여되고 있다. 등급은 ① 홀리프 타입(엽차), ② 브로큰 타입(엽차를 적당히 분쇄한 것), ③ 패닝과 더스트(부엽〈浮葉〉과 분말 및 CTC 티〈粉茶〉의 세 가지로 대별된다) 타입이 있으며, 최근에는 홀리프 타입보다도 침출시간이 빠르고 짙은 멋이 나오는 브로큰 타입의 수요가 증가하고 있다.

인도 · 중국 · 일본의 차 분류 인도는 1820년 아삼지방의 야생 차나무 발견을 시점으로 세계 홍차의 30%를 차지하고 총생산량의 1/3을 수출하고 있다. 다즐링 · 릴기리 · 아삼 등의 홍차가 유명하다.

중국은 최대의 차생산국이며, 차나무 품종과 가공법도 매우 다양해 지역에 따라 차의 종류가 많다. 크게 발효 정도에 따라 녹차(綠茶) · 백차(白茶) · 황차(黃茶) · 청차(靑茶) · 홍차(紅茶) · 흑차(黑茶) 그리고 꽃의 향기를 흡착시킨 화차(花茶)를 포함하여 총 7종류다.

일본은 녹차가 주로 생산되고 있으며, 찻잎 채취시기에 따라 전차 · 번차 · 아차 · 말차 · 현미차 · 옥로차 · 엽차 · 부차 · 경차 등으로 나뉜다.

오차에는 교쿠로차(玉露茶) · 센차(煎茶) · 맛차(抹茶) · 반차(番茶) 등이 있다.

① 교쿠로차(玉露茶): 최고급품으로 차의 새순이 두 잎 정도 나왔을 때 20일 정도 덮개를 덮고 햇빛을 가려주어 부드럽게 기른 후 따서 만든 것으로, 독특한 향기가 있다.

② 센차(煎茶): 덮개를 덮지 않고 60°C에서 가장 맛있기 때문에 이 온도를 맞추는 것이 중요하다.

③ 맛차(抹茶): 빛을 받지 않은 새순을 따서 찌고 말린 후 갈아서 분말로 한 것이다. 아이스크림 제조에 많이 사용한다.

④ 반차(番茶): 센차를 만들고 남은 크고 딱딱한 잎과 줄기로 만든다. 강한 불에서 충분히 말린 다음 만들었기 때문에 황갈색을 띤다. 이 반차를 볶은 것을 호우지차라고 하며, 95~100°C의 뜨거운 물로 만들어야 제맛이 난다.

(3) 차 대표국들의 다양한 차 문화

일본의 차 문화 일본의 다도는 일정한 예법을 알아 주인과 손님이 공감하면서 차를 마시는 교양으로서 16세기 후반 다성(茶聖) '센노리큐'에 의해 대성했다. 예의 바르고 섬세한 미의식을 지닌 일본인들에게 있어 차는 예(禮)가 되고 미학이 되어 마침내 심미적 종교인 도(道)가 된다. 일본의 다도는 '화경청적'(和敬淸寂)으로 표현되는데 화(和)는 마음의 온화함을, 경(敬)은 상대를 공경하는 것을, 청(淸)은 마음이 아름답고 고요함을, 적(寂)은 만족함을 아는 마음을 의미한다.

중국의 차 문화 차의 역사가 가장 오래된 중국은 예로부터 물이 탁하고 먼지가 많았던 까닭에 일찍이 차와 함께 생활해왔다. 중국의 차 문화를 나타내는 것으로 '차 · 양 · 엽 · 반 · 차'

(茶, 湯, 菜, 飯, 茶)가 있다. 아침에 눈을 뜨면 차를 마시고, 차를 마시고 밥을 먹고, 또 차를 마시는 것을 반복한다는 뜻이다. 중국인에게 차는 일상에 꼭 필요한 필수품이라 할 수 있다. 중국에서는 발효의 정도에 따라서 녹차・백차・황차・청차・홍차・흑차의 6가지로 독특하게 분류되어 있다. 이 중 친숙한 것은 오룡차(청차), 부알차(흑차), 재스민차(花茶) 등이다.

6대 차 종류

① 불발효차=녹차
② 약발효차=백차, 황차
③ 반발효차=청차
④ 전발효차=홍차
⑤ 후발효차=흑차

부알차(흑차)는 건조 전의 녹차 또는 건조한 녹차에 수분을 가해 쌓아서(퇴적), 곰팡이를 기생시켜 후 발효시킨 것으로, 침출액의 색은 진한 홍갈색으로 독특한 곰팡이 냄새가 난다. 보통은 1~2년에 걸쳐서 발효시키는데 오랫동안 숙성시킬수록 풍미가 좋아진다. 여러 형태로 굳힌 긴 압차(緊壓茶, 고형차)로 하는 경우가 많다. 화차(花茶)는 녹차나 포종차(包種茶)에 꽃의 향기를 가하는 것으로, 재스민이 가장 일반적이고 그 밖에 난・박달목서・장미・치자 등으로 만들어진다. 막 딴 신선한 꽃을 차에 섞어서 하룻밤 재우고 꽃향기를 흡수시킨 후에 꽃을 제거해 건조시켜서 만든다.

유럽의 차 문화 영국인들이 차를 받아들인 것은 네덜란드를 통해 1630년대 중반으로 비교적 늦었지만 훌륭한 차 문화를 꽃피웠다. 영국인들은 브렉퍼스트 티(Breakfast Tea)로부터 시작해서 가벼운 음식과 함께 즐기는 애프터눈 티(Afternoon Tea), 그리고 일을 마치고 돌아온 저녁에도 식사와 함께 차를 즐기는 등 보통 하루 4~5잔의 차를 마신다. 18세기 후반부터 19세기에는 전반적으로 정원에서 홍차 파티와 무도회에서의 다도회가 성행하였다.

세계적인 명차(名茶) 히말라야산맥 고지대에서 생산되는 다즐링(Darjeeling)은 머스캣 향이라는 독특한 향기와 풍부한 맛으로 '홍차의 샴페인'이라 불린다. 다즐링은 1년에 세 번 수확한다. 중국 인휘성의 기문홍차는 6~8월로 비교적 짧으며, 8월에 생산된 것이 품질이 가장 뛰어나다. 중국녹차의 대명사인 용정차(龍井茶)는 채취시기에 따라 등급이 나누어진다. 음력 4월 20일 전까지 수확해 청명(淸明) 전에 만든 차를 명전용정차(明前龍井茶)라고 하여 진품으로 친다. 곡우쯤에 만든 차를 우전용정차(雨前龍井茶)라 부른다.

6) 생선초밥을 맛있게 먹는 방법

생선초밥을 먹는 방법에는 두 가지가 있다. 하나는 손으로 먹는 법이고, 하나는 젓가락으로 먹는 법이다. 초밥을 초밥 카운터에서 먹을 때는 손으로 먹는 것도 전혀 이상하지 않다. 그러나 테이블에 앉아 먹을 때는 반드시 젓가락을 사용해서 먹어야 한다. 초밥이 나오기 전에 간장병과 접시 물수건이 함께 놓이는데, 물수건은 식사 전에 손을 닦거나 카운터에서 초밥을 손으로 먹을 때 중간중간 닦는 데 사용한다. 다음은 생선초밥을 맛있게 먹는 방법이다.

① 좋아하는 생선을 골라서 먹되, 간장은 생선에 찍어 먹는다(밥에는 간이 되어 있고 간장을 찍으면 모양이 깨진다).

② 된장국으로 먹는 것보다 오차와 함께 먹는 것이 초밥의 깊은 맛을 알 수 있다.

③ 대개 젓가락으로 먹지만, 물수건(시보리)에 손을 닦아가며 맨손으로 먹는 것도 맛있게 먹는 좋은 방법이다. 이때 김치 등 간이 강한 반찬류보다는 간이 강하지 않은 장아찌를 곁들여 먹는 것이 초밥의 맛을 더욱더 음미할 수 있다.

④ 생선을 좋아하는 것부터 먹어도 관계는 없으나, 처음에는 지방이 적고 담백한 생선(흰 살 생선: 광어・도미 등)이나 등 푸른 생선부터 먹기 시작하는 것이 초밥의 맛을 아는 것이다.

⑤ 참치뱃살(토로) 등 기름기가 많은 생선은 중간쯤 먹는 것이 좋다.

⑥ 한 가지 종류의 초밥을 먹은 다음 반드시 초생강(가리)을 먹어서 입안을 깨끗이 한 다음, 다음 생선을 먹어야 다음 생선의 맛을 음미하며 먹을 수 있다.

⑦ 끝맺음은 데마키라고 하는 김마키로 하여 입안을 개운하게 한 후 마무리한다.

⑧ 흔히들 참치뱃살(토로)이 가장 맛있다고 하는데, 실은 그렇지 않고 제철에 많이 나는 생선(슌, 旬, しゅん)을 골라서 먹는 것이 맛있게 먹는 방법 중 하나이다.

⑨ 교쿠(달걀말이)는 그 스시집의 음식맛을 평가하는 잣대로 알려져 있어 특히 교쿠는 신경써서 맛있게 만들어야 한다.

⑩ 히카리모노(光り物: 등 푸른 생선, 즉 고등어・전어・전갱이)의 맛을 안다면 스시는 마스터했다고 할 수 있다.

⑪ 스시를 먹는 중 아가리(あがり: 오차의 스시집 전문용어)를 요구하면 초밥을 다 먹은 것으로 간주한다.

7) 초밥집(壽司屋) 전문용어

(1) 마츠마에즈시(松前壽司)

옛날 홋카이도(北海島)를 마츠마에라고 불렀다. 다시마(昆布)가 홋카이도에서 많이 생산되어 다시마(昆布)의 명칭을 마츠마에(松前)라고 했으며, 반드시 고등어초밥이라든가, 밧데라(상자초밥의 다른 말)에 맛을 좋게 하기 위하여 꼭 사용하였는데 고등어봉초밥을 마츠마에(松前)라고 불렀다.

(2) 밧데라(バッテラ)

포르투갈어로 보트(船)라는 의미이다. 오사카(大阪) 사람들은 전어로 초밥을 즐겨 만들어 먹었다. 옛날 천이나 보자기로 싸서 눌러 보트 모양으로 진열해놓은 것을 보고 보트(船)와 비슷하게 닮아서 밧데라(バッテラ)라고 부르게 되면서 이런 명칭이 붙었다. 현재는 상자초밥(하코즈시)을 밧데라라고 한다.

(3) 샤리(초밥, シャリ)

인도어로 사람의 두개골을 '샤리'라고 한다. 쌀(米)의 모양이 두개골과 비슷하게 닮은 데서 샤리라는 말이 생겨났고 불리게 되었다.

(4) 히카리모노(光物, ひかりもの)

고등어 · 전어 · 전갱이 · 청어 · 학꽁치 등의 등 푸른 생선을 말한다.

(5) 슛세우오(出世魚, しゅっせうお)

생선이 자라면서 크기에 따라 이름이 달라지는 생선을 말한다(방어 · 숭어 · 농어 등이 있다). 방어는 크기에 따라 다음과 같이 나눈다.

① 관동지방: 부리(100cm) 〉 와라사(60cm) 〉 이나다(40cm) 〉 와카시(15cm)

② 관서지방: 부리(80cm) 〉 메지로(50～60cm) 〉 하마치(30～40cm) 〉 츠바스(20cm)

〈표 3-4〉 스시집 전문용어

원래의 뜻	전문용어	원래의 뜻	전문용어
소금(鹽, 시오)	나미노하나(浪の花)	오차(お茶)	아가리(上り)
쌀(米, 고메)	샤리(シャリ)	오징어발 (烏賊の足, 이카노아시)	게소(ゲソ)
생강(生姜, 쇼가)	가리(ガリ)	달걀말이 (玉子燒, 타마고야키)	교쿠(ぎょく)
오이(胡瓜, 큐리)	캇파(カッパ)	간장(醬油, 죠유)	무라사키(ムラサキ)
참치말이김밥 (鮪卷, 마구로마키)	텟카마키(鐵卷)	전복(鮑, 아와비)	카타오모이(片想い)

8) 에도마에니기리즈시 입문(江戶前握壽司 入門)

니기리즈시의 시작은 17세기 초 도쿠가와이에야스(德川家江)가 에도(江戶)에 막부를 열면서부터 약 200여 년이 지날 무렵이라고 전해진다. 니기리즈시(握壽司)를 에도마에즈시라고도 하는데, 에도마에의 어원에 대해서 확실하게 알려져 있지 않지만 다만 에도(江戶) 앞바다에서 잡히는 신선한 어패류를 사용한 초밥이기 때문에 그렇게 불린 것으로 추측된다. 그 당시에는 초밥재료의 종류도 적었을 뿐만 아니라 초밥의 크기도 한입에 먹지 못하고 두세 번 베어먹어야 하는 아주 큰 초밥이었다고 한다.

(1) 에도마에즈시 조리사가 되기 위해 갖추어야 할 조건

① 이키노요사(生の良さ): 신선한 어패류를 고를 줄 아는 고도의 감각
② 능숙한 손놀림
③ 장인의 자존심

일본인들은 이것을 '정취가 있는 멋' 또는 '적극적인 마음가짐'이라고 하여 이것으로 동경식 스시 조리사의 실력을 가늠한다.

(2) 에도마에즈시의 독특한 맛

① 신선하고 세련된 운치와 매력이 초밥 조리의 핵심이다.

② 쥐는 초밥은 손으로 승부한다.

③ 갓 만들어진 초밥을 곧바로 먹는다.

④ 초밥재료는 신선함이 생명이다.

⑤ 초밥과 초밥재료의 균형이 중요하다.

(3) 좋은 어패류 선별을 위한 유의사항

① 생선의 생김새와 제철이 언제인지를 기억하라.

② 생선의 신선도를 구분하는 방법을 익혀라.

③ 실제로 생선과 접해보라.

④ 스스로 손질해보라.

〈표 3-5〉 니기리즈시의 주요 재료

분류	종류
붉은 살(赤身) 생선	다랑어, 가다랑어, 방어, 연어
흰 살(白身) 생선	도미, 광어(넙치), 가자미, 농어(세이고, 훗코), 도루묵, 우럭, 숭어
등 푸른 생선(光り物)	전어, 학꽁치, 전갱이, 고등어, 정어리
익힌 재료(煮物種)	붕장어, 문어, 갯가재, 오징어, 가리비, 대합, 전복, 오분자기
새우(海老)	차새우, 단새우, 모란새우, 보리새우, 냉동새우
오징어(烏賊)	아오리오징어, 갑오징어, 먹오징어, 한치, 오징어, 적오징어, 백오징어
패류(貝)	피조개, 떡조개, 개랑조개, 새조개, 평조개, 가리비, 북방조개, 전복, 오분자기, 돌담조개
어란(魚卵)과 그 외	성게알, 연어알, 뱅어, 게 소패주, 게알, 청어알, 대구알, 날치알, 청어알다시마, 아귀간
달걀말이(卵燒)	두꺼운 달걀말이, 얇은 달걀말이
야채(野菜)	무순, 싹눈파, 오쿠라, 그린아스파라거스, 표고버섯, 산마, 장아찌, 아보카도

도쿄 스시경진대회 창작스시 작품

〈표 3-6〉 이상적인 혼합초의 배합비율

구분	쌀(米)	식초(酢)	설탕(砂糖)	소금(鹽)	그 외	비고
A	3,600cc	450cc	130g	100g		조금 시큼한 맛
B	3,600cc	450cc	180g	90g	감칠맛 조미료 소량	조금 단맛
C	3,600cc	360cc		90g		단맛 없음
D	3,600cc	360cc	270g	120g	감칠맛 조미료 소량	단맛

(4) 참치(마구로, 鮪, まぐろ)의 종류

통 냉동참치와 통 생참치

다랑어류(마구로, 鮪, まぐろ, Tuna)

참다랑어(혼마구로, 本鮪, ほんまぐろ, Bluefin Tuna) 어체중량 30~600kg이며, 육질은 짙은 붉은색으로 최고급 어종이다. 사시미와 스시로 많이 사용하고, 남북위 40도 이상 고위도 한류에 서식한다(북대서양 · 지중해). 최근 일본이 참다랑어 양식에 최초로 성공하였고, 우리나라도 제주도와 통영 욕지도에서 양식하고 있는 어종으로 가장 비싸게 취급되고 있는 참치이다.

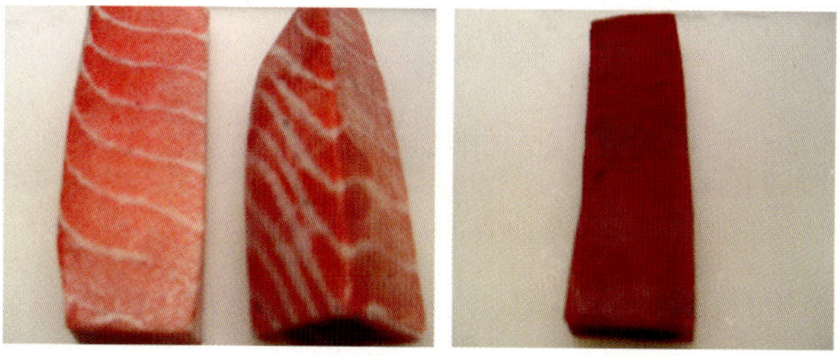

참다랑어(혼마구로)의 뱃살(도로)과 등살(아카미)

황다랑어(기하다마구로, 黃鮪, きはだまぐろ, Yellowfin Tuna) 어체중량 5~100kg이며, 꼬리지느러미가 길고 황색을 띠고 있어 황다랑어라고 한다. 세계의 난류해역에 서식한다.

눈다랑어(메바치, めばち, Bigeye Tuna) 어체중량은 10~150kg이다. 육질은 담백하고 맛이 좋아 횟감으로 이용되며, 세계에서 어획량이 가장 많은 어종이다. 태평양 · 인도양 · 대서양의 아열대 수역에서 광범위하게 서식한다.

날개다랑어(빈니가, びんなが, Winged Fin Tuna) 어체중량 2~30kg이며, 주로 통조림 원료로 사용한다. 육질은 엷은 우윳빛을 내며 부드러운 조직을 가지고 있다. 바다의 닭고기라고 불린다.

가다랑어(가츠오, かつお, Skipjack Tuna) 어체중량은 2~10kg이다. 횟감용 타다키, 가츠오부시, 내장젓갈(しゅと, 슈토)로도 유명하다. 시중에 판매되고 있는 참치 캔의 주원료로 사용된다.

새치류(かじき)

황새치(메카지키, めかじき, Swordfish) 성질이 난폭하고 뿔을 이용하여 상대를 공격하기도 한다. 육색은 짙은 우윳빛과 흰색을 띠며 연한 탄력으로 고소한 맛을 낸다. 횟감과 초밥으로 많이 사용한다. 새치류 중 가장 고급 어종이다.

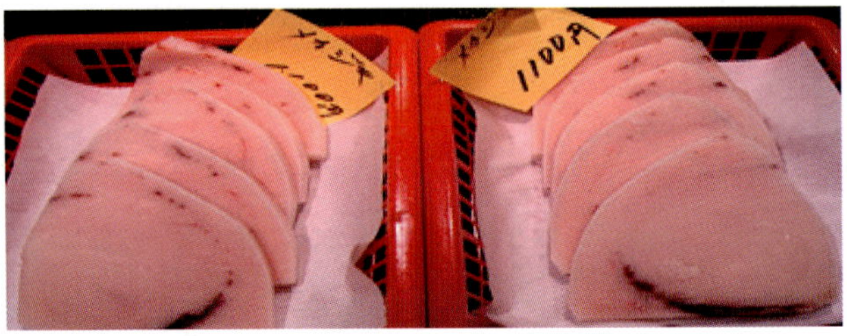

황새치 뱃살(메카도로)

청새치(마카지키, まかじき, Striped Marlin) 어체중량 15~100kg이며, 측선이 선명하고 배 부위가 흰색인 반면, 측선 위쪽은 청색 줄무늬가 있는 것이 특징이다. 육질은 밝은 주홍색이며, 탄력이 있어 특이한 맛을 내며 고급품종의 어종이다.

흑새치(구로카지키, くろかじき, Blue Marlin) 어체중량 30~450kg이며, 육질은 옅은 흰색을 띤다. 새치류 중에서도 가장 열대성 어종으로서 주로 튀김용으로 쓴다.

백새치(시로카지키, しろかじき, Black Marlin) 어체중량 30~600kg이며, 육질은 대체로 흰색을 띠나 기름기가 있어서 약간 붉은색을 띠는 경우도 있다. 맛은 흑새치보다 약간 좋은 편이다.

돛새치(바쇼카지키, ばしょかじき, Sail Fish) 어체중량 5~50kg이며, 등지느러미가 범선의 돛처럼 많이 커서 돛새치라고 일컫는다. 육질은 새치류와 큰 차이로 주홍색을 띠며, 단단한 조직을 가지고 있어 담백하다. 산간지방에서 다랑어류로 잘못 인식하고 횟감용으로 먹기도 한다.

(5) 참치의 부위: 토로(とろ), 아카미(赤身)

지방분이 풍부하며, 살이 곱고 윤기가 흐르는 부위로서 회로 먹거나 초밥의 재료로 쓰인다. 어떤 참치든 뱃살을 다 가지고 있는데, 특히 뱃살 부위만을 토로라고 하며, 양도 많지 않을뿐더러 가장 기름지고 맛있는 부위로 알려져 가장 비싸다. 참치의 종류에 따라 다르지만 참다랑어(本鮪)의 뱃살(토로)이 가장 비싸서 1Kg당 20~30만 원 정도 한다. 따라서 한 점을 썰었을 때 원가만 7천 원 이상 하는 것이 사실이다. 그래서 코스트 관리에 신경을 많이 써야 할 식재료 중 하나이다. 또한 뱃살지방의 크기와 위치에 따라 오토로(大とろ), 주토로(中とろ)로 나뉜다. 뱃살을 빼고 난 참다랑어(本鮪)만의 속살과 등살을 아카미(赤身)라고 한다.

통참치 해체작업

(6) 참치의 보관 및 해동

참치의 보관은 -60°C 급속 동결 후 -55°C의 초저온 냉동보관한다. 따라서 -20°C 이하로 조절이 가능한 참치전용 냉동고에 보관하며, 한 번 해동한 참치는 다시 냉동하지 않는다. 냉동한 참치라도 어떻게 해동하느냐에 따라 선도가 달라지는데, 참치의 해동법에는 다음과 같은 방법이 있다.

① 유수해동법(流水解凍法): 흐르는 물에 여름 20분, 겨울 30분간 해동한다.

② 식염수(食鹽水) 해동법: 27°C 온도, 3% 식염수(미지근한 물〈27°C〉, 소금〈4Ts: 50~55g〉)에 2시간 30분~3시간 동안 둔 다음 냉장고에 20~30분간 둔다.

③ 자연(自然) 해동법: 자연 상태로 놔두어 해동한다.

일본 츠키지 시장의 냉동참치 절단과정

④ 혼지매(저온침투압 탈수 시트) 사용: 물만을 통하고 각종 영양분은 통과하지 않는 비닐필름으로, 고침투압 물질과 고분자 흡수제를 함유한 제품을 사용해 해동한다.

(7) 참치(鮪, 마구로)의 효능

① 머리를 좋게 한다: 뇌세포 성분 DNA(Decosa Hexaenic Acid)가 풍부하다.

② 간장기능강화: 아미노산 함량이 풍부하며 양질의 단백질을 공급한다.

③ 혈전예방과 동맥경화예방: 불포화지방산 EPA(Eicasapenta Enoic Acid)가 풍부하다.

④ 미용 · 건강식품: 저칼로리, 저지방, 균형적인 Diet식품이다.

⑤ 노화방지: 핵산이 풍부하고 뇌세포 기능을 강화시킨다.

일본 츠키지 시장의 생 통참치와 냉동참치 경매장면

9. 냄비요리(鍋物, 나베모노)

1) 냄비요리에 사용하는 냄비

냄비의 형태는 입구가 넓고 얇으며 크기는 4~5인분 정도가 적당하다. 재질로는 토기냄비・철냄비・동냄비・알루미늄냄비 등의 두껍고 보온력이 있는 것이 좋다. 그 밖에 변형재질로 돌・종이・조개껍데기・다시마 등이 냄비 대용으로 사용되고 있다. 또한 냄비요리 종류를 회석요리 메뉴(獻立) 중 일품으로서 구성했을 때는 1인분 정도의 작은 냄비로 해서 조림요리 또는 구이요리 대체로 많이 사용한다.

(1) 재질에 의한 냄비의 분류

철제(鐵製) 철제 냄비는 두께가 있어 열전도도 좋고 보온력도 우수하여 튀김요리냄비, 프라이팬, 등심전골냄비 등에 사용된다. 녹슬기 쉽고 철 특유의 냄새가 있으므로 사용 후에는 뜨겁게 끓여 물로 잘 씻어 건조하여 둔다. 새것은 녹이 슬지 않았으므로 사용하기 전에 한 번 불에 태워 그대로 냉각시킨다. 그 후 스키야키냄비는 쌀뜨물에 담가 5시간 정도 푹 삶아 냄새와 불순물을 제거한다. 코팅된 프라이팬이나 튀김냄비는 뜨거운 불에 팬에 기름을 흡수시켜 식재료가 달라붙지 않게 오일 코팅을 해둔다.

동제(銅製) 열전도가 좋고 열이 균일하게 전달되므로 장시간 가열하는 요리에 적합하다. 구리는 공기 중의 탄산가스 및 물과 결합하면 녹청색을 띤다. 주석 등으로 내측을 도금한 안쪽은 세제와 스펀지로 닦고, 구리 부분은 식초와 소금과 밀가루를 섞어서 문지른 다음 잘 씻어서 충분히 건조한다. 다른 냄비와 같이 두꺼운 것이 좋지만 무거운 것은 취급하기 어렵고 고가이므로 수요가 그다지 많지 않다. 달걀말이팬이나 튀김냄비 등에 사용된다.

토기(吐器) 거의 모든 토기는 흙으로 구운 것으로서 열전도는 좋지 않지만 일단 가열이 되면 보온력이 우수하여 열이 쉽게 식지 않으므로 국물요리에 잘 어울린다. 사용하기 전에 물에 담가 수분을 흡수하게 만들고, 쌀뜨물이나 소금물에 담가 한 번 삶아서 소독한 후 사용한다.

스테인리스제 스테인리스제는 철과 니켈, 크롬의 합금으로 거의 녹슬지 않는 장점을 가지고 있으나 열전도가 좋지 않으므로 전체에 균일한 열이 전달되지 않으므로 일부분이 타기 쉬운 단점이 있다. 하지만 최근에는 동・알루미늄 등을 사이에 넣어 다중구조로 하여 이것들의 약점을 보완하는 제품들이 많이 생산되고 있다. 새것은 주방세제로 깨끗이 씻어 사용한다.

알루미늄・알루미늄합금 알루미늄은 가볍고 녹슬지 않으며 열전도가 좋지만 산이나 알칼리 고온에 약하다. 따라서 알루마이트 가공(알루미늄 표면에 산화막을 만들어서 표면을 견고하게 한 것)을 하여 내산성과 내알칼리성을 강화한 알루미늄합금으로서 내열성이나 강도를 높인 것이다. 냄비의 두께가 얇은 것은 불이 닿는 부분만 고온이 되어 타는 경향이 있어 가능하면 냄비가 두꺼운 것을 선택하여야 강도와 보온성이 높아진다. 야토코냄비나 편수냄비 등에 폭넓게 이용되고 있다.

(2) 용도에 따른 냄비의 분류

등심전골냄비(스키야키나베, 鋤, 數寄燒鍋, すきやきなべ) 원형의 철판 형태로 열전도율이 적고, 냄비 전체적으로 열을 잘 전달하여 재료가 골고루 익을 수 있는 철제나 합금제가 많다.

덮밥냄비(돈부리나베, 丼鍋, どんぶりなべ)　덮밥을 만들 때 사용하는 냄비로, 1인분의 적당한 양을 담아 만들기 편하고, 망치로 두들긴 알루미늄제와 구리제가 대표적이다. 밥 위에 냄비로부터 재료를 그대로 부어내기 때문에 모양을 유지하여 담아낼 수 있다.

튀김냄비(아게나베, 揚鍋, あげなべ)　튀김전용 냄비로 기름의 온도를 일정하게 유지하고, 두껍고 깊이가 있으며 바닥이 편평한 것이 튀김냄비로 적당하다. 재질은 구리합금이나 철이 대표적이고 양은이나 알루미늄, 스테인리스도 있다. 처음 사용할 때 불에 태워서 사용하고 사용 후에는 세제나 연화제로 부드럽게 세척한다.

달걀말이냄비(타마고야키나베, 玉子焼鍋, たまごやきなべ)　다시마키나베라고도 하며, 불소수지 가공의 알루미늄 재질도 있지만, 열 전달방법이 균일한 구리제가 좋다. 안쪽에 도금이 되어 있으며, 도금된 곳은 고온에 약하므로 너무 센 불로 굽는 것을 피한다. 사용 후에는 물로 닦아내고 기름을 얇게 발라둔다.

유키히라나베(雪平鍋, ゆきひらなべ)　냄비 표면에 사각 모양으로 홈이 파져 있는 것이 특징이고 장인들은 망치로 정성스레 두들겨서 모양을 만든다. 손잡이가 있는 냄비로 열전도율이 높아 사용하기 편리하나 빨리 식는 단점이 있다.

(3) 냄비요리 종류

물 또는 다시물로 끓이는 냄비　물 또는 다시국물을 넣어 끓이며, 닭을 토막 내어 닭 국물로 계절야채와 함께 끓이는 미즈다키냄비가 있고, 다시마국물을 사용해 두부의 감칠맛을 보기 위한 유토오후(뜨거운 두부요리), 끓는 다시마국물에 소고기를 살짝 담근 후 건져서 소스에 찍어 먹는 샤부샤부 등이 있다.

엷은 간을 해서 끓이는 냄비　간을 연하게 하여 우동과 계절의 야채 · 어개류 · 닭고기 등과 함께 끓인 우동냄비가 있고, 게의 독특한 맛을 살리기 위한 카니스키나베, 여러 가지 다양한 재료를 풍부히 넣어 다양한 맛을 즐기기 위한 모둠냄비가 있다. 또한 자라에 다시마국물과 술을 넣고 끓인 보양식 자라냄비도 있다.

진한 간을 해서 끓이는 냄비　간을 주로 진하게 해서 끓이며, 엷게 썬 소고기와 각종 야채를 곁들여 즉석에서 간장 소스를 곁들여 끓여 먹는 스키야키가 있고, 된장 맛을 내서 끓여 먹는 굴된장냄비 · 랍스터된장냄비 등이 있다.

2) 냄비요리 재료의 종류

어개류나 육류는 대개 냉동하지 않은 것을 사용하고, 생선은 선도가 좋은 것을 골라야 한다. 특히 지리냄비로 하는 경우는 들어가는 생선이 신선하지 않으면 국물이 탁해지거나 비린 맛이 나기 때문에 반드시 얼지 않은 생선을 사용해야 한다. 어개류는 소금으로 깨끗이 씻은 후 한 번 데쳐서 사용해야 개운한 국물 맛을 낼 수 있다. 야채류는 표고버섯의 경우 꼭지를 떼고 쑥갓 등도 줄기를 떼서 사용하고, 이 외에도 너무 딱딱하거나 질긴 재료는 한 번 삶아낸 후 사용한다. 섞는 재료에 특별한 결정은 없지만 주재료가 되는 어개류와 육류, 부재료가 되는 야채류와 건물(乾物)류의 구성을 생각해서 부재료가 주재료보다는 많아서는 안 되며, 주재료의 국물을 충분히 우러나게 할 수 있는 구성이 필요하다. 특별히 향이 강한 재료나 냄새가 강한 것, 거품이 많이 나는 것은 냄비에 어울리지 않는 재료이다.

3) 양념장 및 야쿠미(薬味)

양념은 독특한 향이나 혀를 자극할 수 있는 것을 곁들이고, 재료의 냄새를 없애며 식욕을 증진시키는 역할을 한다. 소량을 사용해서 냄비요리의 맛을 한층 돋울 수 있다. 잘게 썰어 씻은 파는 향이 좋고 입맛을 부드럽게 하며 재료의 나쁜 맛을 없애주고, 찍어 먹는 소스를 사용하는 냄비요리에 거의 사용한다. 쓰이는 재료와 역할은 다음과 같다.

① 무 오로시: 적당한 매운맛을 더해주고 기름기가 많은 재료도 산뜻하게 먹을 수 있게 해준다. 또한 소화흡수도 도와주며 찍어 먹는 소스를 곁들이는 냄비요리에는 거의 사용한다. 고춧가루만으로 무친 이치미오로시와 아카오로시로 무친 모미지오로시 등이 있다.

② 산초가루: 향이 강하므로 냄새가 강한 오리나 등 푸른 생선 및 된장을 사용한 냄비 등에 사용한다.

③ 유자: 껍질을 가늘게 벗기기도 하고 즙을 내서 사용한다. 재료의 맛을 충분히 살려야 하는 엷은 맛을 내는 냄비에 어울린다.

④ 생강: 다지기도 하고 갈기도 해서 사용한다. 나쁜 맛과 냄새를 없애고 향을 더해준다. 육류나 등 푸른 생선을 사용한 냄비에 많이 사용한다.

⑤ 칠미 고춧가루(七味唐辛子, 시치미토오가라시): 파래 · 산초 · 양귀비씨 · 깨 · 진피 · 마열

매 등을 섞은 것으로 모둠냄비 · 지리냄비 등에 사용한다.

⑥ 김: 향을 살리기 위해서 반드시 불에 살짝 구워서 바늘김이나 부셔서 사용한다.

10. 면류(麵物, 멘모노)와 절임류(漬物, 츠케모노)

1) 면류

밀가루나 메밀가루에 소금물을 첨가해 잘 혼합하여 반죽을 하여 면으로 만든 것으로, 종류에는 우동 · 메밀국수 · 소면 · 라멘 · 기시면 등이 있으며, 요리방식에 따라 여러 가지로 나뉜다. 옛날에는 대부분이 손으로 만들었지만 현재는 거의 기계로 만든다. 다량의 열탕에 삶아 맛국물에 넣기도 하고, 여러 가지 부재료와 소스를 곁들여 먹기도 한다. 그 종류로는 우동(温飩) · 소면(素麵) · 메밀국수(蕎麥) 등을 들 수 있다.

(1) 우동(温飩)

일본을 대표하는 면요리로서 가츠오부시 국물에 양념을 하여 면을 곁들여 끓이는 맛은 일품이다. 우동의 주성분은 탄수화물이다. 탄수화물은 밥이나 빵 · 우동 등의 면류에 포함되어 있고, 영양소로는 포도당과 글리코겐으로 구성되며, 에너지원이 되는 것이다. 또 다른 음식물에 비해서 소화흡수가 빨라 결국 집중력을 발휘하는 등 두뇌의 활동에 도움이 된다. 야식이나 바쁜 샐러리맨들의 조식(朝食)으로서도 좋다.

뭐라 말해도 시코쿠(四國) · 카가와(香川) 우동이라고 하면 사누키우동(讃岐: 카가와현의 옛이름)을 들 수 있다. 도쿄에 사누키(讃岐: 지방이름)우동이라는 간판이 많이 걸려 있는 것은 "맛은 지금 하나이다," "역시 맛있다"이다. 사누키우동을 먹고 싶으면 본고장인 카가와(香川)에 가지 않으면 안 된다고 한다. 또한 속설에 따르면 다카마츠(高松) 등의 번화가에서는 200m 걸러서 한 집으로 우동집이 생겨난다고 할 만큼 우동집이 많다고 한다.

가게에 따라서 굵기도 가감하는 맛도 국물도 전혀 다르지만 주방장의 솜씨에 따라 맛이 천차만별이다. 관동(關東)과 관서(關西)지방의 우동맛이 다른데, 관동은 진한 간장(農口醬油)을 사용해 색깔을 진하게 내서 맛을 속인다는 뜻이 숨겨져 있고, 관서지방은 엷은 간장(薄口醬油)

우동(溫飩)의 종류

① 키츠네우동(狐溫飩): 여우우동이라고 하며, 유부를 달게 조려서 넣은 우동을 말한다. 여우가 유부를 좋아해서 붙여진 이름이라고 한다.

② 카케우동(掛溫飩): 우동국물과 우동 외에는 다른 재료를 첨가하지 않은 우동을 말한다.

③ 냄비우동(鍋溫飩): 냄비에 우동과 국물을 부은 다음 각종 해산물 등을 넣고 끓인 우동을 말한다. 우동 중에서 비교적 고가이며, 맛있는 우동이다.

④ 튀김우동(天婦羅溫飩): 우동 위에 튀김을 얹은 우동을 말하며, 즉시 튀겨서 얹어야 하며, 또한 바로 먹어야 맛있다.

⑤ 타라이우동(たらい溫飩): 도쿠시마현(德島縣)의 명물요리로 몇 인분의 우동을 직경 1m 정도의 큰 그릇에 담아 나오는 것으로, 각자 덜어서 국물을 곁들여 먹는다. 국물은 강에서 잡히는 생선을 말려서 진하게 뽑아 사용한다.

⑥ 싯포쿠우동(卓伏溫飩): 국수나 메밀에 표고버섯, 송이버섯, 어묵과 야채 등을 넣어서 끓인 우동을 말한다.

⑦ 타마우동(玉溫飩): 국수에 간단한 야채를 넣어 끓인 우동을 말한다.

을 사용하기 때문에 절대 다시국물이 맛이 없으면 맛있는 우동을 끓일 수가 없으므로 맛이 정직하다고 말할 수 있다.

다누키우동(狸溫飩)을 줄여서 다누키(狸, 너구리)라 하며, 덴카스(튀김부스러기)를 넣은 우동을 말한다. 동(東)의 다누키우동과 서(西)의 다누키우동의 차이는 다음과 같다.

① 오사카(大阪)의 다누키(狸): 양념한 유부를 넣은 것을 말한다.

② 교토(京都)의 다누키(狸): 유부를 얹은 위에 걸쭉한 양념을 끼얹은 것을 말한다.

③ 관동(關東)의 다누키(狸): 튀김가스를 얹은 것을 말한다.

(2) 소면(素麵)

밀가루를 원료로 한 건면(乾麵)의 일종이다. 만드는 법에 따라 기계로 만드는 법과 손으로 만드는 법이 있다. 밀가루에 식염과 물을 더해 믹서로 잘 반죽하여 글루텐을 형성시켜 기계로 가늘게 잘라 빼서 건조시켜서 만든다. 면의 띠를 절단하는 모양에 따라서 이름이 달라진다.

손으로 만드는 방법은 잘 반죽하여 식용유를 발라가면서 늘리고 때려서 면의 형태로 만들어 태양빛에 건조하여 만드는 것으로, 겨울철에 만들어 상자에 넣은 채로 장마철이 끝날 때까지 창고에 쌓아 보관한다.

주요 산지로서는 미에(三重), 나라(奈良), 오카야마(岡山) 등이 있고 그중에서도 나라현(奈良縣)의 산와(三輪)에서 생산되는 산와소우멘(三輪素麵)과 애히메현(愛媛縣)의 오색소면은 유명하다. 또 변형소면이라고 해서 차를 넣은 차소면, 달걀을 넣은 달걀소면, 시소를 넣은 시소소면 등이 있다.

(3) 메밀국수(蕎麥, 소바)

메밀은 중앙아시아가 원산지로, 생육기간이 짧고 한랭지나 산악지대 등에서 재배가 가능해 쌀·보리의 부족을 보충해줄 수 있는 것으로 옛날부터 구황작물로 재배되어 왔다. 옛날에는 알맹이 그대로를 식용하였으나, 지금에 와서는 껍질을 벗긴 메밀을 먹는다. 메밀의 외피를 거칠게 벗겨내고 제분한 것이 메밀가루이다. 메밀가루에는 처음 나오는 것으로 만드는 1번가루(사라시나)에서 3번가루까지 있으며, 메밀가루에 차를 넣은 차소바 등이 있다.

조리방법으로는 메밀을 삶아 담은 용기에 따라서 자루소바·모리소바로 나누고 차게 한 히야시소바(冷蕎麥), 뜨겁게 한 온소바(溫蕎麥), 산마 간 것을 끼얹은 토로로소바 이외에 다음과 같은 것이 있다.

① 니신소바(鰊蕎麥): 청어를 달게 조려 넣은 메밀국수
② 오로시소바(蕎麥): 강판에 간 무를 첨가한 메밀국수
③ 카모난바소바(鴨難波蕎麥): 오리고기와 오사카 난바(難波)지방에서 많이 나는 파를 첨가하여 만든 메밀국수
④ 카친소바(かちん蕎麥): 떡을 넣어서 만든 메밀국수(카친: 떡의 별명이다)
⑤ 야마카케소바(山掛蕎麥): 메밀국수에 다랑어회와 산마 간 것을 첨가하여 만든 메밀국수

2) 절임류

(1) 절임식품(漬物)의 원리

식품(주로 야채, 그 외 과일·육류·어개류 등)을 식염이나 쌀겨·된장·간장·술지게미·식초 등에 절임양념과 조미액에 담가 저장성과 정미성(呈味性)을 부여한 가공식품이다. 그 역사는 상당히 오래되어 야채의 저장을 목적으로 한 것이 시작이다.

만드는 법으로 대부분은 소금을 사용한다. 절임에 따라 침투압의 차이가 생겨 세포 내의 수

분이 빠지고 생(生)것의 향과 맛을 잃어버리는 대신에 세포 외 성분(식염·쌀겨 등)이 쉽게 들어가 효소작용에 따라 전분은 당으로, 단백질은 아미노산으로 분해시켜 맛난 맛을 생성한다.

식염에 의해 다른 세균이 감소하는 대신에 절임의 환경에 적합한 유산균이 번식한다. 유산균에 의해 생성된 유산은 유해균의 번식을 저지함과 동시에 산미를 부여하고 식염의 짠맛을 부드럽게 한다. 이 외에 효모의 미약한 발효를 동반하는 것도 있는데, 효모는 당을 분해해서 알코올을 만들고 특유의 향기와 맛난 맛이 형성된다. 미생물의 번식은 식염이나 산의 농도에 좌우되는 것이므로 농도가 높을 때는 번식이 억제되어 절이는 시간이 길어지고 낮으면 쉽게 부패한다.

절임의 만드는 법은 종류에 따라 다르지만 일반적으로 선택→세정→본절임의 순서로 한다. 절임에 사용하는 소금은 정제염보다 일반 소금이 좋다. 이것은 일반 소금에 포함된 마그네슘염과 칼슘염이 세포 내의 팩틴을 단단하게 해서 씹는 맛을 좋게 하기 때문이다.

(2) 절임식품(漬物)의 종류

절임류의 종류는 재료의 종류, 절이는 조미료의 종류, 절이는 시간 등에 따라 달라지는데, 절이는 조미료에 따른 절임의 종류는 다음과 같다.

소금절임(시오즈케, 鹽漬け, しおづけ)　재료를 소금으로 절이는 가장 기본적인 절임이다. 절임 재료로는 야채류 외에 수조어육도 사용한다. 재료에 짠맛을 들여 보존목적으로 행한다. 절이는 기간과 염분 농도에 따라 다음과 같이 분류할 수 있다.

① 즉석절임(아사즈케, 淺漬): 재료 1kg, 소금 20~30g

② 당좌절임(도우자즈케, 当座漬): 재료 1kg, 소금 30~50g, 2~3일 또는 1~2개월 절임

③ 보존절임(호존즈케, 保存漬): 재료 1kg, 소금 80~130g

된장절임(미소즈케, 味噌漬, みそづけ)　야채류・어개류・육류 등을 된장 속에 넣어 절인 것을 말한다. 적된장 또는 백된장에 미림・술 등을 혼합해서 절임양념으로 한다. 야채류는 미리 절이거나 말려서, 어개류는 소금을 뿌려 여분의 수분이나 비린내를 없애고 나서 절인다. 재료는 둥근 모양 그대로 하거나 크기에 따라서 적당히 자른다. 야채류는 그대로 절임으로 사용하고, 어개류나 육류는 구이 등으로 사용한다.

술주박절임(카스즈케, 粕漬, かすづけ)　어개류・육류・야채 등을 술주박 또는 미림주박에 절인 것을 말한다. 야채는 보통 오이・무・가지 등이 사용된다. 생선은 소금을 뿌려두고, 야채는 말리거나 미리 소금에 살짝 절여서 담근다. 나라즈케(奈良漬, 참외오이절임)는 대표적인 술주박절임(카스즈케, 粕漬)이다.

쌀겨절임(누카즈케, 糠漬, ぬかづけ)　재료를 쌀겨와 소금으로 절인 것을 말한다. 소금의 탈수작용과 무거운 압력으로 재료에 포함된 수분을 압출하는 대신에 염분과 맛난 맛 성분을 침투시킨 것이다. 독특한 향과 맛난 맛은 쌀겨 자체에 함유하고 있는 성분이 발효작용이나 효모 및

유산의 발효에 따라 분해되어 생긴 것이다. 단무지가 대표적인 것이고 이 밖에 야채류, 정어리나 청어 등의 어개류를 사용하여 장기간 절인다. 쌀겨・소금・물을 섞어 숙성시킨 쌀겨된장에 재료를 절이는 쌀겨된장절임은 단기간에 절일 수 있다. 도부즈케・도보즈케라고도 한다. 절이는 재료는 순무・가지・당근・오이・양배추 등의 모든 야채류를 사용할 수 있다.

누룩절임(코우지즈케, 麴漬, こうじづけ)　소금절임한 야채를 쌀균을 원료로 한 절임 속에 넣은 것을 말한다. 엷게 소금 간을 했기 때문에 다른 절임보다 단맛이 강하다. 절임재료로는 무・순무・가지・배추 등이다. 무 벳타라즈케가 대표적이다. 또 은어・도미・청어 등의 어류를 절임하는 것도 있다.

기타　그 밖에 고추냉이절임(山葵漬, 와사비즈케), 식초절임(酢漬, 스즈케), 겨자절임(芥子漬, 가라시즈케), 꿀절임(蜜漬, 미츠즈케) 등이 있다.

4 일식 국가기술자격 검정시험

*** 실기부문 '수험자 유의사항' 공통내용 ***

- 조리작품 만드는 순서는 틀리지 않게 하여야 한다.
- 숙련된 기능으로 맛을 내야 하므로 조리작업 시 음식의 맛을 보지 않는다.
- 지정된 수험자 지참준비물 이외의 조리기구나 재료를 시험장 내에 지참할 수 없다.
- 지급재료는 시험 전 확인하여 이상이 있을 경우 시험위원으로부터 조치를 받고, 시험 도중에는 재료의 교환 및 추가지급은 하지 않는다.
- 다음과 같은 경우에는 채점대상에서 제외한다.

  가. 시험시간 내에 과제 두 가지를 제출하지 못하는 경우: 미완성

  나. 시험시간 내에 제출된 과제라도 다음과 같은 경우

  ① 문제의 요구사항대로 작품의 수량이 만들어지지 않은 경우: 미완성

  ② 해당 과제의 지급재료 이외의 재료를 사용한 경우: 오작

  ③ 구이를 찜으로 조리하는 등과 같이 조리방법을 다르게 한 경우: 오작

  ④ 불을 사용하여 만든 조리작품이 작품 특성에 벗어나는 정도로 타거나 익지 않은 경우: 실격

  ⑤ 가스레인지 화구 2개 이상 사용한 경우: 실격

  ⑥ 시험 중 시설·장비(칼, 가스레인지 등) 사용 시 감독위원 및 타 수험자의 시험 진행에 위협이 될 것으로 감독위원 전원이 합의하여 판단한 경우: 실격
- 항목별 배점은 위생상태 및 안전관리 5점, 조리기술 30점, 작품의 평가 15점이다.

일식 국가기술자격 검정시험 기능사 품목

- **무침요리**(아에모노, 和物, あえもの)

  갑오징어명란무침(몬고우이카노 사쿠라아에, 文甲烏賊の櫻和え, いかのさくらあえ)

- **국물요리**(스이모노, 吸物, すいもの)

  된장국(미소시루, 味噌汁, みそしる)

  대합맑은국(하마구리 스이몬, 蛤吸物, はまぐりすいもん)

  도미머리맑은국(타이아타마 스이몬, 鯛頭吸物, たいあたますいもん)

- **구이요리**(야키모노, 燒物, やきもの)

  삼치소금구이(사와라노 시오야키, 鰆の鹽燒, さわらのしおやき)

  소고기간장구이(규니쿠 데리야키, 牛肉照り燒, きゅうにくてりやき)

  달걀말이(다시마키타마고, 出汁卷卵, だしまきたまご)

  전복버터구이(아와비 바타야키, 鮑パタ燒, あわびパタやき)

- **조림요리**(니모노, 煮物, にもの)

  도미조림(타이아라니, 鯛粗煮, たいあらに)

- **찜요리**(무시모노, 蒸物, むしもの)

  달걀찜(차왕무시, 茶椀蒸, ちゃわんむし)

  도미술찜(타이 사카무시, 鯛酒蒸, たいさかむし)

- **초회요리**(스노모노, 酢物, すのもの)

  문어초회(타코 스노모노, 鮹酢物, たこすのもの)

  해삼초회(나마코 스노모노, 海蔘酢物, なまこすのもの)

• **초밥**(스시, 壽司, すし)

김초밥(노리마키즈시, 海苔巻壽司, のりまきずし)

참치말이김초밥(텟카마키즈시, 鐵火巻壽司, てっかまきずし)

생선초밥(니기리즈시, 握り壽司, にぎりずし)

• **덮밥**(돈부리, 丼物, どんぶり)

소고기덮밥(규니쿠 돈부리, 牛肉丼, きゅうにくどんぶり)

• **면요리**(멘모노, 麵物, めんもの)

우동볶음(야키우동, 燒溫飩, やきうどん)

메밀국수(자루소바, 蕎麥, そば)

❖ **2020년 일식조리기능사 시험 감소품목**

- 대합술찜(하마구리 사카무시, 蛤酒蒸, はまぐりさかむし)
- 도미냄비(타이지리 나베, 鯛ちり鍋, たいちりなべ)
- 모둠냄비(요세나베, 寄鍋, よせなべ)
- 소고기등심전골(스키야키, 鋤燒鍋, すきやきなべ)
- 모둠튀김(덴푸라 모리아와세, 天婦羅盛合, てんぷらもりあわせ)
- 튀김두부(아게다시 토우후, 揚げだし豆腐, あげだしとうふ)
- 소고기튀김(규니쿠 카라아게, 牛肉空揚, きゆうにくからあけ)
- 꼬치냄비(오뎅나베, 御田鍋, おでんなべ)
- 모둠생선회(사시미 모리아와세, 刺身盛合, さしみもりあわせ)

1. 된장국(미소시루, 味噌汁, みそしる)

[실기시간: 20분]

요구사항

※주어진 재료를 사용하여 다음과 같이 **된장국**을 만드시오.

가. 다시마와 가다랑어포로 국물을 만드시오.

나. 두부는 1×1×1cm로 썬 다음 데쳐 사용하시오.

다. 가.의 국물에 된장을 풀어 체에 거른 후 간하여 그릇에 담아 완성하시오.

수험자 유의사항

1. 채소는 크기가 알맞도록 썬다.
2. 된장은 풀어 살짝 끓여낸다.
3. 다른 품목과 같이 완료하여 식지 않도록 한다.
4. 이하의 내용은 본서 223쪽의 "실기부문 '수험자 유의사항' 공통내용"을 참조바랍니다.

지급재료

적된장 40g, **판두부** 20g, **건미역** 5g, **실파** 20g, **건다시마**(5×10cm) 1장, **가다랑어포**, **청주**, **산초가루**

만드는 법

1. 용도에 맞게 식재료를 확인하고 분리한다.
2. 다시마는 젖은 행주로 닦아 찬물에 넣고 끓으면 다랑어포를 넣은 후 불을 끈 다음 5분 후에 면보에 맑게 걸러낸다.
3. 두부는 사방 1cm 크기의 주사위 모양으로 썰어 끓는 물에 데쳐 찬물에 식혀 준비한다.
4. 실파는 송송 썰어 찬물에 헹궈 물기를 뺀다. 미역은 물에 불려 끓는 물에 살짝 데쳐 찬물에 씻은 후 줄기를 떼어내고 0.5~1cm 크기로 자른다.
5. 2.의 다시물을 냄비에 올려 끓으면 된장 한 큰술을 고운체에 걸러 푼다.
6. 된장국이 끓으면 거품을 걷어내고, 청주로 맛을 낸다.
7. 완성그릇에 두부와 미역을 담고, 된장국을 8부 정도 담은 후 실파와 산초가루를 뿌려 완성한다.

POINT

- 가다랑어포를 냄비에 넣고 끓이면 국물이 맑지 않고 탁하게 되므로 다시마를 넣고 충분히 끓은 후에 가다랑어포를 넣고 5분 정도 지난 후에 거른다.
- 미역을 너무 오래 데쳐 흐물흐물하지 않게 하고 썰 때 줄기는 제거하고 자른다.
- 적당량의 된장으로 맛을 조절하고 간장이나 소금으로 간을 하지 않는다.
- 일본 된장국은 팔팔 오래 끓이면 텁텁한 맛이 나므로 오래 끓이지 않는다.
- 두부 · 실파 · 미역을 규격에 맞게 잘 썰어야 하며, 완성그릇에 담을 때 건더기가 너무 많지 않게 국물의 양과 어울리게 담아야 한다.
- 간을 보지 못하기 때문에 다시국물과 된장의 비율을 잘 조합하여 간이 맞게 하여야 한다.

MEMO

❖된장(味噌, みそ)의 개요

보리 또는 쌀의 코우지(누룩)에 찐 대두, 식염, 물을 섞어 발효・숙성시킨 것으로 그 액즙을 이용한 것이 현재의 간장이 되고 전체를 그대로 먹도록 한 것이 된장이다.

된장은 색깔로 크게 흰된장과 적된장으로 구분한다. 흰된장은 황색을 띠고 향기가 진하며, 단맛이 강하다. 코우지의 양이 많고 식염의 함유량이 6% 이하이므로 저장성이 낮다. 적된장은 흰된장의 반대 개념이며 짙은 색을 내는 된장의 총칭으로, 된장을 만드는 과정에서 장시간 고온 처리되므로 착색된 것이다. 끓이는 방법은 흰된장과 동일하다.

된장은 예로부터 오덕(五德)이라 하여 ① 단심(丹心: 다른 맛과 섞어도 제맛을 낸다), ② 항심(恒心: 다른 맛과 섞어도 상하지 않는다), ③ 불심(佛心: 비리고 기름진 냄새를 제거한다), ④ 선심(善心: 매운맛을 부드럽게 한다), ⑤ 화심(和心: 어떤 음식과도 잘 어울린다)이라고 하며 우리나라를 대표하는 전통식품이라고 할 수 있다.

❖된장의 분류

된장은 원료, 식염의 양, 색, 지방 등의 다양한 분류방법이 있지만 일반적으로는 조미료로서 사용하는 보통된장과 부식 또는 가공용으로 사용되는 나메미소(그냥 반찬으로 먹을 수 있도록 조리한 된장) 등 크게 두 가지로 나눌 수 있다. 보통된장은 원료에 따라서 쌀된장・보리된장・콩된장으로 분류할 수 있고, 가공용이나 부식으로 사용되는 나메미소에는 양조(釀造) 나메미소와 가공(加工) 나메미소가 있다.

❖일본의 흰된장(사이쿄미소, 西京味噌)과 적된장(핫초미소, 八丁味噌)

사이쿄미소(西京味噌)는 흰된장의 하나로 쌀을 원료로 하여 코우지를 많이 쓰고, 소금을 적게(5~7%) 넣으며, 단기간 숙성시켜 단맛이 강하다. 교토(京都)가 주산지이고, 염분이 적어 저장성이 떨어진다. 각종 된장 중에서 누룩의 사용량이 가장 많아 황백색을 띠며, 광택이 있고, 상품은 풍미와 향을 가지고 있다. 된장을 담근 후 3주 정도가 지나야 최고의 맛이 나며, 생선류・육류・야채류의 된장절임에 많이 사용한다. 이 외에 2~3종류의 된장을 섞어 만든 아카다시미소(赤出し味噌)가 있다.

현재는 핫초미소(八丁味噌)와 신슈미소(信州味噌)를 섞어 적된장(赤味噌, 아카미소)을 만들어 사용한다.

2. 대합맑은국(하마구리 스이몬, 蛤吸物, はまぐりすいもん)

[실기시간: 20분]

요구사항

※주어진 재료를 사용하여 다음과 같이 대합맑은국을 만드시오.

가. 조개 상태를 확인한 후 해감하시오.

나. 다시마와 백합조개를 넣어 끓으면 다시마를 건져내시오.

수험자 유의사항

1. 찬물에 조개를 넣고 끓어올라 국물이 잘 우러나오도록 한다.
2. 곁들일 채소를 밑 손질하여 사용할 수 있도록 한다.
3. 조개국물에 간을 하여 약간 싱거운 맛이 나야 한다.
4. 다른 품목과 같이 뜨거울 때 완성하여야 한다.
5. 이하의 내용은 본서 223쪽의 "실기부문 '수험자 유의사항' 공통내용"을 참조바랍니다.

지급재료

백합조개 2개, **쑥갓** 10g, **레몬** 1/4개, **건다시마**(5×10cm) 1장, **소금**, **간장**, **청주**

만드는 법

1. 지급된 재료를 확인한 후 분리하여 쑥갓은 찬물에 담근다.
2. 백합조개는 선도 확인 후 깨끗이 씻어서 소금물에 담가 해감한다.
3. 레몬껍질에 칼을 넣어 오리발 모양으로 도려낸다.
4. 두 컵 분량의 찬물에 백합조개와 다시마를 넣고 약한 불에서 끓이다가 거품을 제거한 후 다시마를 먼저 건져내고, 대합도 입을 벌리면 건져낸다.
5. 건져낸 대합은 한쪽 껍질은 제거하고, 살이 있는 껍질을 완성그릇에 담는다.
6. 삶아낸 대합국물은 면보에 걸러 간장 · 소금 · 청주로 간을 하여 살짝 끓인다.
7. 완성그릇에 담아둔 대합에 간을 한 대합국물을 8부 정도 붓는다.
8. 손질해둔 쑥갓과 오리발 모양의 레몬(유자) 껍질을 띄워낸다.

POINT

- 백합조개는 서로 두들겨보아 투명한 소리가 나면 싱싱한 것이고, 퍽퍽한 소리가 나면 싱싱하지 않은 것이다.
- 백합조개는 소금물에 담가 해감하고 눈을 떼지 않아야 끓으면 쉽게 입을 연다.
- 조개맑은국은 센 불에서 오래 끓이면 국물이 탁해질 뿐 아니라 조개가 질겨지므로 오래 끓이지 않고, 조개가 입을 벌리면 곧바로 불을 끈다.
- 끓인 국물이 해감으로 지저분하면 면보에 걸러 맑게 해야 한다.
- 레몬(유자)껍질을 사용하여 오리발 모양이나 단풍 모양을 만들어 국물에 띄워 맛과 향을 좋게 한다.
- 국물의 간은 짜지 않게 하고 끓여서 따뜻하게 제출한다.

MEMO

❖맑은국(스이모노, 吸物, すいもの)

맑은국의 구성은 주재료(타네, 種), 부재료가 되는 야채(츠마, 妻), 향이 나는 재료(스이쿠치, 吸口)로 골격을 구성하며 계절감을 가장 중요시하는 요리하고 할 수 있다. 국물은 다시마와 다랑어포로 뽑은 일번다시(이치반다시, 一番だし)를 이용하고 소금과 간장으로 가볍게 간을 해야 한다.

주재료 타네(種)는 담백하고 독특한 향기가 없어야 하며, 크기도 너무 크지 않게 잘라야 하고, 육류・어류・난류・야채・두부 등을 준비한다. 부재료인 츠마(妻)는 주재료와의 맛의 조화, 배색 등을 고려하여 준비하고 향을 내는 재료에는 산초・유자・생강・산초나무순 등 계절의 향을 첨가한다. 맑은 국을 제공하는 순서에 따라 다음과 같이 분류한다.

① 식사 전 제공: 스마시지루(清汁)

② 식사 중 제공(입가심용): 하시아라이(箸洗い)

③ 식사 후 제공: 토메완(止め椀)

❖대합(하마구리, 蛤, はまぐり)

대합은 겨울에서 초봄이 제철이다. 철이나 칼슘 등 미네랄이 풍부하고, 비타민 B_2가 많이 함유되어 있다. 철은 빈혈에 효과적이고, 혈액 속의 콜레스테롤이나 중성지방을 줄여주며, 타우린은 고지혈증과 동맥경화 예방효과가 있다. 영양소로는 글리신・알라닌・글루타민산 같은 감칠맛 성분이 많이 들어 있어 국물요리가 좋다.

MEMO

3. 갑오징어명란무침

(몬고우이카노 사쿠라아에, 文甲烏賊の櫻和え, もんごういかのさくらあえ)

[실기시간: 20분]

요구사항

※주어진 재료를 사용하여 다음과 같이 **갑오징어명란무침**을 만드시오.

가. 명란젓은 알만 빼내시오.

나. 갑오징어를 두께 0.3cm로 채썰어 50°C 정도의 청주에 데쳐서 사용하시오.

수험자 유의사항

1. 갑오징어는 잘 손질하여 얇은 껍질도 없도록 한다.
2. 이하의 내용은 본서 223쪽의 "실기부문 '수험자 유의사항' 공통내용"을 참조바랍니다.

지급재료

갑오징어 몸살 70g, **명란젓** 40g, **무순** 10g, **청차조기 잎**(시소) 1장, **소금**, **청주**

만드는 법

1. 지급된 재료를 확인한 후 분리하여 무순과 청차조기 잎은 찬물에 담근다.
2. 갑오징어 몸살은 양쪽의 껍질을 잘 벗겨낸 후 두께 0.3cm, 길이 5cm로 포를 뜬 후 가늘게 채 썬다.
3. 냄비에 청주를 넣고 50℃ 정도의 미지근한 물에 채썬 오징어를 살짝 데친 후 체에 밭쳐 수분을 제거한다.
4. 명란젓은 반으로 갈라 칼등으로 명란을 긁어낸다.
5. 수분을 제거한 채썬 오징어와 명란을 넣고 젓가락으로 잘 섞이도록 무쳐준다.
6. 완성접시에 물기 제거한 시소 잎을 깐 다음 명란무침을 보기 좋게 담고 무순을 곁들여 장식한다.

POINT

- 갑오징어는 면보나 소금 · 이쑤시개 등을 이용하여 껍질이 남지 않도록 완전히 벗겨내어 최대한 가늘게 채썬다.
- 채썬 오징어는 센 불에 데쳐서 너무 오그라들지 않게 미지근한 물에 살짝 데쳐낸다.
- 명란젓은 반으로 갈라 껍질이 들어가지 않도록 알만을 빼서 사용한다.
- 채썬 오징어와 명란젓의 비율이 잘 조화되도록 양을 조절한다.
- 무쳐놓은 모양과 색이 아름다워 마치 분홍빛 벚꽃이 핀 것 같은 색상을 가져 사쿠라아에(櫻和え)라고 한다.

오징어

- 오징어 종류는 40여 종으로 가을 · 겨울이 제철이며, 타우린 성분이 풍부하여 혈액 속의 콜레스테롤을 낮추고 중성지방을 줄여 혈압을 정상적으로 유지시키고 당뇨병을 예방한다.
- 오징어 먹물에는 리조팀이라는 방부효과가 강한 아미노산이 들어 있어 항암효과가 있다.
- 오징어 등뼈에는 마그네슘 · 인산 · 칼슘 · 탄산칼슘이 많아 지혈작용이 있어 한방에서는 이것을 달여 위궤양 · 십이지장궤양의 약으로 이용하고 있다.

❖무침요리(아에모노, 和物, あえもの)

혼합한 초나 무침 옷으로 사전 처리한 어패류, 수조육류, 야채, 건물(乾物) 등의 재료를 무친 것으로 상큼한 신맛과 씹히는 맛, 부드러운 감촉, 무엇보다 상큼한 뒷맛은 입안을 깨끗이 해준다. 그래서 코스요리에 있어서 식사가 제공되기 전 마지막에 제공한다.

초회로 사용하기 전에 사전 처리를 하여야 하는데, 소금을 뿌리거나 식초에 씻는다든가 불에 익히기도 한다. 초회를 만들 때는 물기가 많은 것은 물기를 없애고, 물에 데친 재료나 합성초 무침 옷은 반드시 식혀서 사용한다. 다만 난반즈케(南蠻漬)는 예외로 튀겨서 바로 담근다. 무치는 경우는 내기 직전에 바로 무친다. 아에모노의 종류로는 된장무침, 초된장무침, 초무침, 겨자무침, 깨무침, 성게알젓무침, 호두무침, 달걀노른자 무침 등이 있다.

❖초회 · 무침요리의 요령과 주의사항

혼합한 식초나 무침 옷(아에코로모, 和え衣)을 만들고, 적절한 사전 처리를 한 재료가 준비되었다 하더라도 그냥 무치면 안 되며, 다음과 같은 사항에 주의하여야 한다.

① 열을 가하여 익힌 재료나 무침 옷은 반드시 식혀서 무친다.

② 수분이 많은 재료는 반드시 여분의 수분을 제거하고 나서 무친다.

③ 먹기 직전에 무친다.

이상과 같은 내용을 지키는 것이 더욱더 중요하다. 그렇지 않으면 싱겁게 되기도 하고, 맛이 너무 강하게 스며들기도 하며, 색상이나 씹히는 맛이 나쁘게 된다.

❖오징어(이카, 烏賊, いか, Squid, Cuttlefish)

오징어는 우리나라 사람에게 가장 친숙한 연체동물이다. 20년 전에는 혈압이 높은 사람은 콜레스테롤의 함유량이 많은 조개류나 오징어를 가능한 한 먹지 않도록 하였다. 그러나 패류에 들어 있는 타우린의 영향력이 상당히 커 혈압을 내려주거나 간 기능을 향상시키기 때문에 알코올로 인한 장애에도 효과가 있다고 한다. 특히 담석의 예방이나 신경계 기능 개선 등의 생리효과가 확인되었다.

오징어는 적을 만났을 때 먹물을 뿜어 적을 격퇴한다. 이러한 먹물에는 뮤코다당류 등의 세포를 활성화하는 물질이 들어 있어 암을 예방하는 데 효과적이라 한다. 오징어가 가장 맛있는 시기는 가을이며, 7～11월에 가장 많이 잡힌다. 오징어의 수명은 1년이며, 단 1회 알을 낳고 죽는다. 좋은 환경에서는 내장까지 보일 정도로 투명하지만 흥분하거나 스트레스를 받으면 적색이나 다갈색으로 변하며, 환경의 변화에 민감하다.

오징어는 갑오징어, 살오징어, 꼴뚜기, 한치오징어로 나눌 수 있다. 갑오징어는 먹물오징어라고 하며, 전라북도의 변산반도 근해에서 많이 잡히고 5~6월이 제철이다. 살오징어는 마른오징어의 원료로 사용된다. 꼴뚜기는 일명 호레기라 부르고, 회나 젓갈로 이용된다. 한치오징어는 다리의 길이가 한 치(약 3cm) 정도로 짧아서 붙여진 이름이다. 오징어의 눈은 신선도를 평가하는 중요한 요소이다.

❖갑오징어(몬고우이카, 文甲烏賊, もんごういか)

몸의 등속에 배 모양의 딱지가 들어 있어 이런 이름이 붙여졌으며, 마이카(マイカ), 스미이카(スミイカ)라고도 한다. 살이 두꺼워 생선회, 초밥의 재료, 튀김요리 등 다양한 요리의 재료로 사용된다. 살이 두껍고 맛이 좋은 갑오징어의 몸통에는 단단한 뼈가 들어 있다. 탄산칼슘이나 인산칼슘 등이 변하여 붙은 것으로, 건조시켜 분말로 만들어 먹으면 기관지 천식이나 위궤양, 십이지장궤양 등에도 효과가 있다고 한다. 또한 민간요법으로 상처로 인한 출혈을 억제하는 작용을 하여 외용약으로도 이용되고 있다.

MEMO

4. 삼치소금구이(사와라노 시오야키, 鰆の鹽燒, さわらのしおやき)

[실기시간: 30분]

요구사항

※주어진 재료를 사용하여 다음과 같이 **삼치소금구이**를 만드시오.

가. 삼치는 세 장 포 뜨기를 한 후 소금을 뿌려 10~20분 후 씻고 꼬챙이에 끼워 구이하시오 (※석쇠를 사용한 경우 감점)

나. 채소는 각각 초 담금 및 조림을 하시오.

다. 구이그릇에 삼치소금구이와 곁들임을 담아 완성하시오.

라. 길이 10cm로 2조각을 제출하시오(단, 지급된 재료의 길이에 따라 가감한다).

수험자 유의사항

1. 겉 표면이 타지 않도록 불조절을 잘한다.
2. 이하의 내용은 본서 223쪽의 "실기부문 '수험자 유의사항' 공통내용"을 참조바랍니다.

지급재료

삼치 200g, **무** 50g, **깻잎** 1장, **레몬** 1/4개, **우엉**(길이 5cm) 50g, **건다시마**(5×10cm) 1장, **진간장** 50ml, **청주** 30ml, **미림** 30ml, **식초** 50ml, **설탕** 30g, **소금** 20g, **참깨** 10g, **식용유** 30ml, **쇠꼬챙이** 2개

만드는 법

1. 지급된 재료를 확인한 후 분리하여 깻잎은 찬물에 담근다.
2. 다시마는 젖은 면보로 닦은 후 냄비에 다시마와 찬물을 붓고, 물이 끓으면 불을 끄고 5분 정도 지난 후 다시마를 건져내 다시마국물을 만든다.
3. 삼치는 머리를 자르고 배를 갈라 내장을 제거한 후 씻어 물기를 제거한 다음, 세 장 포 뜨기 하여 10cm 크기로 잘라 껍질 쪽에 칼집을 넣고 소금을 뿌려 밑간을 해둔다.
4. 밑간을 해둔 삼치는 물에 씻어 물기를 제거한다.
5. 무는 2cm 두께로 썰어 2/3 깊이로 가로 세로 칼집을 넣은 다음, 뒤집어서 사방 2cm 크기로 잘라 소금에 절인 후 물기를 꽉 짠 다음 분량의 담근초에 담가둔다.
6. 우엉은 칼등으로 껍질을 벗겨 길이 5cm 정도로 잘라 네 토막으로 썰어 기름에 볶다가 간장·설탕·청주·다시물을 넣고 윤기 나게 조려낸 다음 볶은 참깨를 뿌린다.
7. 레몬은 웨지(Wedge Cut)로 잘라 준비한다.
8. 소금을 뿌려 물기를 제거한 삼치를 꼬챙이에 끼워 껍질 쪽부터 60% 익힌 후 뒤집어서 살 쪽 40%를 완전히 익을 때까지 약한 불에서 구워낸다.
9. 완성그릇에 깻잎을 깔고, 삼치의 껍질이 위로 오게 담은 후 담근초에 담근 무·우엉조림·레몬을 곁들여 담아낸다.

RECIPE

- 담근초: 다시마국물 2Ts, 식초 2Ts, 설탕 1Ts, 소금 약간
- 우엉조림: 다시국물 1/2컵, 간장 1Ts, 미림 1Ts, 설탕 1Ts

POINT

- 삼치는 머리 붙은 쪽이든, 꼬리 쪽이든 세 장 포 뜨기를 해서 사용한다.
- 삼치에 밑간을 하기 위해 소금을 뿌릴 때 너무 짜지 않게 적당량 뿌린다.
- 삼치를 꼬챙이에 끼워 구울 때 껍질부터 먼저 굽고, 나중에 살 쪽을 구워 완전히 익혀 껍질이 위로 오게 담는다.
- 무는 가로세로 양방향으로 칼집을 넣고 소금에 절인 후 담근초에 담근다.
- 우엉은 팬에 한 번 볶은 후 다시물을 넉넉히 부어 윤기 나게 조려낸다.
- 완성된 접시에 깻잎을 깔고 삼치를 담은 후 레몬, 우엉조림, 무 담근초를 곁들여 담아낸다.

❖구이(야키모노, 燒物)의 개요

구이는 생선 또는 어패류를 직화열 또는 간접열로 굽는 것으로, 재료가 지닌 맛과 향기를 충분히 살릴 수 있는 것이 특징 중 하나이다. 그래서 생선을 양념에 재웠다가 굽는 방법, 양념을 발라서 굽는 방법 등이 있으며 이렇게 구이를 아름답게 맛있게 하기 위하여 굽는 방법에 맞춰서 준비하여야 하는데, 재료에 따라 다르지만 생선의 밑 손질을 잘 하여야 하고, 통째로 원형을 살려서 하는 것과 두 장 포 뜨기, 세 장 포 뜨기 등을 구분하여 정확하게 꼬챙이에 꿰어 구워야 한다.

생선머리구이(카부토야키)

원래의 의미는 투구를 가리키지만 요리를 완성했을 때의 모양이 투구를 닮았다 하여 이런 이름이 생겨났으며, 주로 생선의 머리를 이용한 요리를 카부토(투구 모양)라고 한다.

❖소금구이(시오야키, 鹽燒, しおやき)

구이요리의 종류 중 하나로, 소금구이에서 가장 중요한 것은 소금 간하기이다. 소금의 양은 생선의 종류・크기・두께, 생선이 함유하고 있는 지방성분 등에 따라 다르나 대개 생선의 2%의 소금을 양면에 골고루 스며들도록 뿌린 다음 생선의 종류에 따라 다르지만 일반적으로 20~30분간 두었다가 염기가 배인 다음 굽는 것이 좋다.

❖생선구이 시 강화(强火)의 원화(遠火)

옛날부터 생선은 강화(强火)의 원화(遠火)로 구우라고 했다. 생선을 구울 때 가장 좋은 열원은 원적외선을 많이 방사하며 강력한 화력을 가진 숯불이 가장 좋다. 생선을 알맞게 가열하기 위해 숯불과 생선의 거리를 가감(加減)하게 되는데, 너무 가까우면 타버리므로 생선을 불로부터 떨어지게 하는데 이것이 원화(遠火)다. 적외선 발생량은 온도에 비례하여 숯불은 강화이므로 온도가 높아 발생하는 복사열이 대단히 강할 뿐만 아니라 데워진 공기가 숯불 주위에 퍼진다. 이런 화력으로 생선을 구우면 표면 단백질이 단단한 피막으로 돼 감칠맛 및 수분이 빠지지 못하게 될 뿐 아니라 전체적으로 균일하게 가열돼 단시간에 불이 통한다. 그렇게 되면 표면은 알맞게 그리고 안쪽은 연하게 구워져 맛있는 생선구이가 된다. 즉 강화의 원화란 강한 화력을 사용해 타지 않도록 불에서 조금 떨어져 굽는 것이다.

❖석쇠에 달라붙지 않게 굽는 방법

① 석쇠를 충분히 가열한다(열 응착온도인 50°C로 미리 달구어둔다).

② 석쇠에 기름을 발라둔다.

③ 생선 표면에 초(酢)를 바른다(초로 인해 단백질 변성이 일어나 타지는 않고, 구우면 날아가 버린다).

❖구이 담는 방법(모리가타, 盛り方)

① 통구이는 머리를 좌로, 꼬리를 우측으로, 배를 밑으로 향하게 한다.

② 가자미는 껍질이 검은 쪽을 위로 오게 하고, 머리를 왼쪽으로 향하게 한다.

③ 토막 낸 생선은 껍질이 위로 오게 한다.

④ 민물장어, 바닷장어, 갯장어는 살을 위로 오게 한다.

⑤ 구이의 곁들임은 구이의 앞쪽에 곁들여 놓는다.

❖곁들임(아시라이, あしらい)

서양요리의 가니시(Garnish)와 같은 뜻으로 주요리에 곁들이며, 구이요리를 더욱 돋보이게 하고 뒷맛을 좋게 하는 역할을 하며, 아시라이의 구비조건은 다음과 같다.

① 그 계절의 재료를 사용한다.

② 주재료의 색과 조화를 이룬다.

③ 주재료의 맛에 변화를 줄만큼 맛이 강하면 안 된다. 일반적으로 데리야키에는 단맛 재료, 된장구이에는 매운맛 재료, 일반적인 구이에는 신맛 재료가 잘 어울린다.

MEMO

5. 전복버터구이(아와비 바타야키, 鮑バタ焼, あわびバタやき)

[실기시간: 25분]

요구사항

※주어진 재료를 사용하여 다음과 같이 **전복버터구이**를 만드시오.

가. 전복은 껍질과 내장을 분리하고, 칼집을 넣어 한입 크기로 어슷하게 써시오.

나. 내장은 데쳐서 사용하시오.

다. 채소는 전복의 크기로 써시오.

라. 은행은 속껍질을 벗겨 사용하시오.

수험자 유의사항

1. 내용은 본서 223쪽의 "실기부문 '수험자 유의사항' 공통내용"을 참조바랍니다.

지급재료

전복 150g, **시소** 1장, **양파** 1/2개, **청피망** 1/2개, **은행** 5개, **버터** 20g, **소금** 15g, **후춧가루** 20g, **식용유** 30ml

만드는 법

1. 지급된 재료를 확인한 후 분리하여 시소는 찬물에 담근다.
2. 양파와 피망은 2.5×3cm 크기로 자른다.
3. 은행은 프라이팬에 기름을 두르고 볶아 껍질을 벗겨둔다.
4. 전복은 깨끗하게 씻은 후 수저를 이용하여 껍질 쪽을 밀어서 껍데기에서 살과 내장을 떼어낸다.
5. 내장은 따로 분리해서 모래주머니를 제거하고 끓는 물에 데쳐둔다.
6. 전복살은 길게 칼집을 넣어주고, 반대쪽으로 어슷하게 포 뜨듯이 썰어준다.
7. 프라이팬에 전복과 내장을 먼저 볶다가 양파 · 피망 · 은행을 넣어 볶아주면서 버터를 넣고 소금 · 후추로 간을 한 다음 청주를 넣어 잡맛을 없애고 마무리한다.
8. 완성그릇에 깻잎을 깔고 볶아낸 전복과 야채들을 보기 좋게 조화롭게 담아낸다.

POINT

- 전복의 껍질 · 살 · 내장의 분리 시 내장이 손상되지 않도록 주의해야 한다.
- 전복 내장에 붙은 모래주머니는 반드시 제거해야 한다.
- 양파 · 피망 · 전복은 같은 크기로 자른다.
- 야채를 너무 많이 볶아 물기가 생기지 않게 한다.
- 프라이팬에 볶을 때 먼저 식용유에 볶다가 버터를 나중에 넣고 볶아주어야 한다.
- 완성된 접시에 담을 때 전복과 야채가 조화를 이루도록 양을 균형 있게 담아야 한다.

MEMO

❖전복(아와비, 鮑, あわび, Abalone Ormer)

전복은 식용으로 되기까지 4~5년 정도 걸리므로 어획량이 적으며 어패류 중에서도 최고급으로, 맛이나 영양 면에서도 뛰어나다. 오분자기는 전복과 비슷하나 크기가 약간 작고, 주로 조리거나 젓갈을 담가 먹는 경우가 많다.

전복은 날것과 말린 것이 서로 다른 맛을 가지고 있는데, 패류를 말리게 되면 알긴의 양이 증가하여 감칠맛과 동시에 정력증강의 효과도 늘어난다고 한다. 전복에는 정력증진에 필요한 인산이나 비타민류도 풍부하다. 보존성이 좋은 마른 전복은 편리하게 이용할 수 있으므로 자양강장식이라고도 할 수 있다. 임신 중에 산모가 먹으면 시력이 좋은 아이를 낳을 수 있다고 하는데 이는 타우린 성분 때문이다. 타우린은 성인의 시력 회복뿐만 아니라 태아의 망막 형성이나 유아기의 시력 발달에도 없어서는 안 될 성분이다.

전복은 쫄깃쫄깃한 살은 물론이고 신선하다면 내장도 먹도록 한다. 전복은 대황이나 감태 등의 해초를 먹기 때문에 내장에는 해초에 들어 있는 성분이 농축되어 있다. 감칠맛의 근원인 타우린과 비타민 A도 많으며, 피부가 좋아지고, 감기 등의 바이러스에 저항력을 길러주는 효과도 기대할 수 있다.

❖버터(バタ)

우유 속 지방 응집체로, 단백질도 약간 들어 있고, 수분은 전체의 16% 정도 포함되어 있다. 식용유가 흔해졌음에도 버터를 의도적으로 조리에 사용하는 이유는 주로 가열하였을 때의 풍미와 약간 식었을 때의 바삭해지는 식감 때문이다. 우유에서 지방만 모아놓은 것이니 열량은 매우 높아 1 티스푼의 버터는 100Kcal로 단 3 티스푼으로 밥 한 공기와 맞먹는 열량을 낸다. 100g당 720~750Kcal의 열량이다. 물론 지방은 필수영양소이고 포화지방도 꼭 나쁜 것만은 아니어서 적당히 먹는 것이 좋지만, 현대인의 식생활에서 포화지방은 과잉섭취할 경로가 너무 많은 것이 문제인데, 버터 역시 그중 하나이다. 포화지방이라는 점에서는 버터나 마가린이나 별반 차이가 없고, 그저 버터의 풍미가 마가린의 그것보다 훨씬 뛰어나기 때문에 선택한다고 보는 것이 나을 것이다. 상온에서 액체인 버터도 있다.

6. 소고기간장구이(규니쿠 데리야키, 牛肉照り焼, きゅうにくてりやき)

[실기시간: 20분]

요구사항

※주어진 재료를 사용하여 다음과 같이 **소고기간장구이**를 만드시오.

가. 양념간장(다래)과 생강채(하리쇼가)를 준비하시오.

나. 소고기를 두께 1.5cm, 길이 3cm로 자르시오.

다. 프라이팬에 구이를 한 다음 양념간장(다래)을 발라 완성하시오.

수험자 유의사항

1. 내용은 본서 223쪽의 "실기부문 '수험자 유의사항' 공통내용"을 참조바랍니다.

지급재료

소고기 160g, **통생강** 30g, **깻잎** 1장, **건다시마**(5×10cm) 1장, **진간장** 50ml, **청주** 50ml, **미림** 50ml, **설탕** 30g, **소금** 20g, **식용유** 100ml, **후춧가루**, **산초가루**

만드는 법

1. 지급된 재료를 확인한 후 분리하여 깻잎은 찬물에 담근다.
2. 다시마는 젖은 면보로 닦은 후 냄비에 다시마와 찬물을 붓고 물이 끓으면 불을 끈 다음, 5분 정도 지난 후 다시마를 건져내 다시마국물을 만든다.
3. 소고기는 1.5cm 두께로 잘라 오그라들지 않도록 잔 칼집을 내거나 칼등으로 두들긴 후 소금·후추로 간을 해둔다.
4. 냄비에 청주와 맛술을 넣어 끓여 알코올을 제거한 후 나머지 양념을 넣어 반으로 조려 양념간장(다래)을 만든다.
6. 생강은 최대한 얇게 채썰어(하리쇼가) 찬물에 담가둔다.
7. 프라이팬에 기름을 두르고 달궈지면 센 불에서 고기의 겉면만 살짝 익힌 후 양념간장(다래)을 조금씩 발라주면서 앞뒤로 구워준다.
8. 미디엄 정도로 익힌 소고기는 포 뜨듯이 어슷하게 썰어준다.
9. 완성그릇에 깻잎을 깔고 썰어놓은 소고기를 보기 좋게 담은 다음, 남은 소스를 끼얹고 산초가루를 뿌린 후 하리쇼가를 곁들여낸다.

RECIPE

- 양념간장(다래): 다시국물 100cc, 간장 50cc, 미림 50cc, 설탕 50cc

※ 1Ts=15ml, 다시물 8Ts, 청주 2Ts, 설탕 2Ts, 간장 2Ts

POINT

- 소고기를 손질할 때는 결 반대로 칼집을 넣거나 두들겨 주어야 한다.
- 소고기를 먼저 팬에 구운 후 데리야키 소스를 발라준다.
- 하리쇼가(바늘생강)는 최대한 가늘게 썰어주어야 한다.
- 소고기의 손질법과 구운 상태, 다래의 농도, 하리쇼가의 가늘게 썰기에 중점을 두고 조리해야 한다.

❖양념장구이(데리야키, 照燒き, てりやき)

재료에 생선국물을 이용해 만든 데리(다레: 소스)를 발라가며 굽는 방법으로, 데리를 바를 때는 재료가 거의 다 익을 무렵 3~4회 정도 발라가면서 굽는다. 재료가 익기 전에 바르면 타기만 하고 속은 익지 않는다. 주로 민물장어 구이에 많이 사용하고, 갯장어 · 방어 · 참치 등 지방이 많고 살이 두꺼운 생선이나 닭고기 등에 잘 어울린다.

❖생강(쇼우가, 生薑, しょうが)

원산지는 열대아시아 지방이지만 현재는 온 세계에서 재배되고 있다. 하지가미(ハジカミ)라고 불린다. 지하뿌리는 육질이 많아 강한 방향과 매운맛이 있어 식용과 약용 및 향신료로서 폭넓게 이용되고 있다.

품종은 20여 종이 있고, 재배법으로는 싹생강 · 잎생강 · 뿌리생강이 있다. 싹생강은 빛을 차단하고 새싹을 30cm 정도로 재배한 것이다. 잎생강은 뿌리가 작은 것을 잎이 붙은 채로 수확한 것이다. 초여름에 출하되는 매운맛이 적은 잎생강은 된장을 찍어서 생으로 먹기도 하고, 튀김으로 하기도 하며, 초생강을 만들어 구이의 곁들임으로 사용하기도 한다. 뿌리생강은 고기나 생선의 비린내를 제거하는 야쿠미나 베니쇼가(紅生姜) 등의 절임용으로 많이 사용한다. 채썬 바늘생강은 초회나 무침류의 텐모리(天盛り)로서 식욕을 돋운다.

❖생강의 체내 지질 저하효과 및 항균효과

종양 억제 및 DNA 손상 억제 효과 등의 약리효능이 보고되어 있다. 또한 편두통을 경감하고 임신 또는 멀미로 인한 구토를 줄이는 역할을 한다. 진저롤(Gingerol)을 경관 및 구강으로 투여하면 수면시간의 연장과 같은 자율신경활동을 억제한다는 보고가 있으며, 심장혈관에서는 혈압을 낮추는 역할을 한다.

MEMO

7. 우동볶음(야키우동, 燒溫飩, やきうどん)

[실기시간: 30분]

요구사항

※주어진 재료를 사용하여 다음과 같이 **우동볶음**을 만드시오.

가. 새우는 껍질과 내장을 제거하고 사용하시오.

나. 오징어는 솔방울 무늬로 칼집을 넣어 1×4 cm 정도 크기로 썰어서 데쳐 사용하시오.

다. 우동은 데쳐 사용하시오.

라. 가다랑어포(하나가츠오)를 고명으로 얹으시오.

수험자 유의사항

1. 우동과 해물, 채소 등이 잘 어우러지게 볶아낸다.
2. 이하의 내용은 본서 223쪽의 "실기부문 '수험자 유의사항' 공통내용"을 참조바랍니다.

지급재료

우동 150g, **작은 새우** 3마리, **갑오징어 몸살** 50g, **양파** 1/4개, **숙주** 80g, **생표고버섯** 1개, **당근** 50g, **청피망** 1/2개, **가다랑어포**(하나가츠오) 10g, **진간장** 15ml, **청주** 30ml, **미림** 15ml, **식용유** 15ml, **참기름 · 소금** 약간

만드는 법

1. 지급된 재료를 확인한 후 분리하여 깨끗이 씻는다.
2. 새우는 껍질과 내장을 제거한다.
3. 갑오징어는 속껍질을 제거하고 솔방울 무늬로 칼집을 넣어 1×4cm 정도 크기로 썬 뒤 끓는 물에 데쳐 찬물에 식혀 사용한다.
4. 우동은 끓는 물에 데쳐 찬물에 2~3회 씻은 후 물기를 제거한다.
5. 당근은 겉껍질을 제거하고, 청피망은 속 씨를 제거하여 1×4cm 정도로 썬다.
6. 표고버섯은 기둥을 제거하여 채썰고, 숙주는 거두절미하며, 양파는 1×4cm 정도로 썬다.
7. 프라이팬에 식용유를 두르고 새우 · 갑오징어를 넣고 볶다가 양파 · 당근 · 숙주 · 피망 · 표고버섯을 넣고 조금 더 볶은 다음, 우동을 넣은 후 청주 · 간장 · 미림 · 소금으로 간을 맞춘 다음 볶다가 마지막으로 참기름을 넣고 마무리 한다.
8. 완성그릇에 담은 후 하나가츠오를 고명으로 얹어 완성한다.

POINT

- 새우는 껍질과 내장을 제거한다.
- 갑오징어는 속껍질을 제거하고, 오징어 등살에 솔방울 무늬로 칼집을 넣는다.
- 우동은 끓는 물에 데쳐 찬물에 헹구지 않으면 서로 달라붙기 때문에 반드시 찬물에 씻는다.
- 볶음을 할 때 센 불에서 빨리 볶아내지 않으면 물이 생겨 맛있는 볶음이 되지 않는다.
- 우동과 새우, 오징어와 채소 등이 잘 어우러지게 볶아 접시에 담을 때 균형감 있게 담아야 한다.

MEMO

❖우동(溫飩, うどん)의 개요

일본의 우동은 기후・토양 등 지역적 조건에 따라 달리 생산되며 제조공정이나 면발, 모양, 맛, 육수 맛 등 독특한 지역적 특색을 나타낸다. 카가와현(香川県)의 사누키우동(讃岐うどん), 아키타현(秋田県)의 이나니와우동(稲庭うどん), 군마현(群馬県)의 미즈사와우동(水沢うどん)은 일본의 3대 우동으로 꼽힌다. 여기에 나가사키(長崎)의 고토우동(五島うどん), 아이치(愛知)의 키시멘우동(きしめん)을 추가하면 일본의 5대 우동이 된다.

❖일본의 3대 우동

① 사누키우동(讃岐うどん)

- 일본 사누키현(오늘날의 카가와현, 香川県)에서 탄생된 우동이다.
- 카가와현(香川県)은 지역 전체가 우동의 왕국으로 중요한 위치를 차지한다.
- 사누키 지역은 강수량이 적어 밀 재배에 최적의 조건으로 에도시대(江戸時代, 1603~1867)에는 밀의 이모작 재배가 이루어졌다.
- 에도시대 중기 밀이 풍족하게 생산되었고, 간장과 이 지역의 명물인 다시멸치(イリコ)가 더해지면서 사누키우동이 탄생했다.
- 사누키우동은 밀가루의 중량 대비 물 40% 이상, 소금 3% 이상을 넣고 반죽한 후 온장고에서 2~4시간 숙성 후 족타로 30분 정도 반죽하고 제면기로 20회 정도 펴서 두께 2.5~3.5cm, 넓이 3.5~4.5cm로 잘라 완성한다.
- 면발은 다른 우동 면보다 굵고 식감이 쫄깃쫄깃한 것이 특징이다.
- 현재 일본을 대표하고 해외에도 널리 알려진 우동이다.

② 이나니와우동(稲庭うどん)

- 아키타현(秋田県) 유자와시(湯沢市)에서 테노베면(手延べ麺, 수타면) 제법으로 만들어진 건(乾)우동이다.
- 이나니와우동은 사토 키치자에몬(佐藤吉左衛門) 가문이 기술을 계승하고 발전시켜 1665년에 이나니와우동의 표준 제법이 확립되었다.
- 반죽할 때 전분가루를 묻히며, 면의 굵기는 1.5mm 정도로 가늘고 납작하며 옅은 황색을 띠는 것이 특징이다.
- 면이 가늘고 윤기가 흘러 츠유와 참깨된장소스를 찍어 먹으며, 목넘김(노도코시, のどこし)이 좋다.

③ 미즈사와우동(水沢うどん)

- 군마현(群馬県) 미즈사와(水沢) 부근에 있는 사찰 미즈사와테라(水澤寺)에서 참배객들을 위해 군마현의 밀과 미즈사와야마(水沢山, 미즈사와산)의 약수로 만든 우동에서 유래되었다.
- 손기술로 반죽하여 숙성시간을 1차 30분, 2차 2시간, 3차 18시간 숙성하여 수타과정을 거쳐서 만든다. 다른 우동 제조법보다 숙성기간이 길어 면발이 쫄깃하고 탄력이 있는 것이 특징이다.
- 절에서 참배객에게 제공하였기 때문에 발로 밟지는 않고 순수하게 손으로 만든 수타면이다.
- 우동국물은 다시마와 건표고버섯을 찬물에 담가 17시간 정도 우려낸 후 불에 올려 끓여 고등어부시, 가츠오부시, 소다부시(소가다랑어포) 등을 넣고 15분 정도 더 끓여낸 진한 국물을 사용한다.

❖기타 우동의 종류

① 카케우동(掛溫飩, かけうどん): 뜨거운 츠유를 담은 그릇(돈부리)에 면을 넣고 잘게 썬 파를 고명으로 올린 우동으로, 니시니혼(西日本, 카가와현 제외)에서는 스우동(素うどん)이라고 부르기도 한다.

② 자루우동(ざるうどん): 삶은 면을 찬물에 씻어 바구니(자루)에 담아내는 것으로, 츠유에 찍어 먹는다.

③ 덴푸라우동(天婦羅溫飩, てんぷらうどん): 오징어나 야채・새우 등을 튀긴 덴푸라(天ぷら)나 일본 모둠야채튀김인 카키아게(かき揚げ: 다양한 재료를 채썰어 둥글납작하게 튀긴 것) 등을 얹은 우동이다.

④ 다누키우동(たぬきうどん): 튀김 부스러기(덴카스)를 고명으로 얹은 우동으로, 지역에 따라 토핑이 다른 경우도 있다.

⑤ 카레우동(カレーうどん): 다시국물에 카레가루와 전분가루를 넣어 걸쭉하게 만든 우동으로, 지역에 따라 재료와 조리법이 다양하다.

⑥ 니쿠우동(肉うどん): 간장・설탕 등으로 양념한 소고기・닭고기・돼지고기를 볶아 고명으로 올린 우동이다.

⑦ 치가라우동(力うどん): 모찌(餅, 떡)를 넣은 우동으로 일본에서는 모찌(떡)를 경사스러운 날에 먹는 전통이 있다. 신으로부터 힘(力, 치가라)을 얻기를 기원하며 우동에 떡을 넣었다고 한다.

⑧ 미소니코미우동(味噌煮込みうどん): 나고야의 전통요리로서 하초미소(八丁味噌, 대두와 소금만으로 된장을 만들어 대두 맛이 농후한 것이 특징)를 사용해 끓인 나베우동(鍋うどん, 냄비우동)이다.

⑨ 야키우동(焼うどん): 채소와 고기를 넣고 소스에 볶은 볶음우동이다. 기타큐슈(北九州)의 고쿠라(小倉)에 있는 한 식당에서 개발된 메뉴라고 한다.

⑩ 붓가케우동(ぶっかけうどん): 삶은 우동에 다양한 고명을 얹고 다시를 조금 끼얹은 우동으로, 생강・파・와사비 등을 기호에 따라 넣어 먹는다. 오카야마현(岡山県)의 구라시키(倉敷)에서 탄생했다.

MEMO

8. 달걀말이(다시마키타마고, 出汁卷卵, だしまきたまご)

[실기시간: 25분]

요구사항

※주어진 재료를 사용하여 다음과 같이 **달걀말이**를 만드시오.

가. 달걀과 가다랑어국물(가츠오다시), 소금, 설탕, 맛술(미림)을 섞은 후 가는체에 거르시오.

나. 젓가락을 사용하여 달걀말이를 한 후 김발을 이용하여 사각 모양을 만드시오.

다. 길이 8cm, 높이 2.5cm, 두께 1cm 정도로 썰어 8개를 만들고, 완성되었을 때 틈새가 없도록 하시오.

라. 달걀말이(다시마키)와 간장무즙을 접시에 보기 좋게 담아내시오.

수험자 유의사항

1. 달걀을 말 때 주걱이나 손을 사용한 경우는 감점 처리한다.
2. 이하의 내용은 본서 223쪽의 "실기부문 '수험자 유의사항' 공통내용"을 참조바랍니다.

지급재료

달걀 6개, **무** 100g, **시소** 2장, **건다시마**(5 × 10cm) 1장, **진간장** 30ml, **미림** 50ml, **설탕** 20g, **소금** 10g, **식용유** 50ml, **가다랑어포** 20g

만드는 법

1. 지급된 재료를 확인한 후 용도에 맞게 분리하여 손질한다.
2. 다시마는 젖은 면보로 닦은 후 냄비에 다시마와 찬물을 붓고 물이 끓으면 불을 끈 다음, 가다랑어포를 넣어 5분 정도 지난 후 국물이 우러나오면 면보에 걸러 다시물을 만든다.
3. 시소나 깻잎은 찬물에 담가두고, 무는 강판에 갈아 오로시를 만들어 흐르는 찬물에 여러 번 씻어 매운맛을 제거한 다음 물기를 짜고 간장에 무쳐 간장무즙을 만들어둔다.
4. 달걀 6개를 풀어 분량의 달걀 양념국물을 넣고 충분히 섞은 후 체에 거른다.
5. 달걀말이팬에 기름을 충분히 두르고 달걀이 달라붙지 않게 센 불에 오일 코팅을 시킨다.
6. 팬에 기름을 적당히 바르고 양념한 달걀국물을 부어 팬에 골고루 펴주고, 위쪽이 살짝 덜 익었을 때 손잡이가 있는 안쪽 방향으로 말아 들어간다.
7. 다 익은 달걀말이를 뒤로 밀고 식용유를 충분히 바른 후 다시 양념달걀물을 붓고 젓가락을 사용해 손잡이가 있는 안쪽 방향으로 말이를 하는데, 준비한 양념달걀물을 모두 사용하여 8×2.5cm 크기로 말아 김발에 놓고 사각으로 모양을 잡아 말아둔다.
8. 완성접시에 시소를 깐 다음 달걀말이를 1cm 두께로 8개를 썰어 달걀말이와 무즙간장을 곁들여 낸다.

RECIPE

- 달걀양념: 다시물 100cc, 미림 20g, 설탕 20g, 소금 10g

POINT

- 달걀말이를 할 때 대나무젓가락을 사용해야 한다.
- 달걀말이는 사각팬을 사용하여 타지 않게 낮은 불에서 말이를 하여야 하며, 달걀물이 다 익기 전에 말이를 하여야 완성했을 때 모양이 좋게 된다.
- 달걀말이를 하기 전 말이팬에 기름을 충분하게 붓고, 센 불에서 오일 코팅을 해주어야 말이할 때 달걀이 들러붙지 않는다.
- 달걀말이는 8쪽을 제시해야 하며, 간장무즙을 곁들여낸다.

❖교쿠(ぎょく)

초밥집의 은어로 달걀말이를 말한다. 일본어로 달걀을 뜻하는 타마고(玉子)의 옥(玉)자를 음독(音讀)으로 읽을 때 나는 발음이다. 타마고마키(玉子巻き)의 약어로 교쿠라고 한 데서 유래되었다. 교쿠는 초밥집 전문용어로 초밥집의 수준을 평가하는 잣대로 되어왔다.

❖생산자번호 및 생산지역

서울특별시 01, 부산광역시 02, 대구광역시 03, 인천광역시 04, 광주광역시 05, 대전광역시 06, 울산광역시 07, 경기도 08, 강원도 09, 충청북도 10, 충청남도 11, 전라북도 12, 전라남도 13, 경상북도 14, 경상남도 15, 제주특별자치도 16, 세종특별자치도 17

달걀숫자로 신선도 구분하는 법(축산물위생관리법 표시대상 축산물)

01: 지역코드　　001: 생산자번호　　02: 계군번호

AA: 집하장명　　110326: 등급판정일자

❖달걀 등급판정

① 외관판정: 달걀 외부의 전체적인 모양과 상태

② 투광판정: 달걀 내부의 노른자 모양과 퍼짐 정도

③ 할란판정: 달걀을 깨트린 후 흰자 및 노른자의 높이와 무게, 이물질 유무 등을 평가

❖좋은 달걀 고르는 방법

표면은 깨끗하고 매끈하며 전체적으로 반점과 주름이 적은 것을 고르는 것이 좋으며, 달걀 표면에 적혀 있는 등급판정일자가 최신 날짜일수록 신선한 달걀이다. 달걀을 깬 후 구분하는 법은 신선한 달걀일수록 흰자와 노른자의 경계가 뚜렷하다. 농후단백이 탄력 있고, 난황이 봉긋한 모양을 보인다.

또 하나의 구분 팁은 달걀을 먹기 전에 물에 한번 넣어 보았을 때 달걀 표면에 공기방울이 맺히면 신선도가 떨어지는 것이고, 소금물에 넣었을 때 달걀이 뜨면 달걀 속 공기가 많아 뜨는 것이므로 오래된 달걀이라고 보면 된다.

❖달걀의 유통기한

달걀은 정해진 유통기한이 없지만 농협이나 농림축산식품부에서는 달걀의 상태에 따라 유통기한이 지났어도 멀쩡한 경우가 있고, 지나기 전부터 상한 달걀이 있을 수 있기 때문에 유심히 보는 것이 좋다고 하였다.

유통기한 지정기준은 다음과 같다.

① 10°C 이하에 보관했을 경우 35일

② 10~20°C에서 보관했을 경우 14일

③ 23~30°C에서 보관했을 경우 7일

❖등급달걀 정보 서비스

달걀은 크게 등급란과 비등급란으로도 구분한다. 등급란의 경우는 달걀 정보를 입력하면 등급달걀 정보 서비스에서 자세한 이력을 확인할 수 있다. 예를 들어, 1단계에 달걀정보 0800103GN 입력, 2단계 등급판정일을 선택, 3단계 제품을 선택하면 해당 달걀에 대한 자세한 정보를 확인할 수 있다.

[등급란과 비등급란의 차이]

항목	등급란	비등급란
세척	오염(세균) 제거	오염(세균) 잔존
중량규격	등급판정 시 중량 확인	확인 시스템 미흡
내부품질	품질평가사가 확인	미확인
품질표시	등급판정 합격 시 표시	미표시
생산일	등급판정일 난각마다 인쇄	업계 자율 표시
생산이력	평가원 홈페이지에 공개	알 수 없음

MEMO

9. 도미머리맑은국(타이아타마 스이몬, 鯛頭吸物, たいあたますいもん)

[실기시간: 30분]

요구사항

※주어진 재료를 사용하여 다음과 같이 **도미머리맑은국**을 만드시오.

가. 도미 머리 부분을 반으로 잘라 50~60g 정도 크기로 사용하시오(도미 몸통<살>을 사용할 경우 오작 처리).

나. 소금을 뿌려 놓았다가 끓는 물에 데쳐 손질하시오.

다. 다시마와 도미 머리를 넣어 은근하게 국물을 만들어 간하시오.

라. 대파의 흰 부분은 곱게 채를 썰어 사용하시오(시라가네기).

마. 간을 하여 각 곁들일 재료를 넣어 국물을 부어 완성하시오.

수험자 유의사항

1. 도미는 머리만 사용하고 비늘이나 불순물이 없도록 손질한다.
2. 국물에 비린내가 나지 않도록 한다.
3. 다른 작품과 같은 시간에 완료시켜 뜨겁게 완성한다.
4. 이하의 내용은 본서 223쪽의 "실기부문 '수험자 유의사항' 공통내용"을 참조바랍니다.

지급재료

도미 1마리, **대파** 1/2개, **죽순** 30g, **레몬** 1/4개, **건다시마**(1×10cm) 1장, **진간장** 30ml, **청주** 50ml, **소금** 20g

만드는 법

1. 다시마는 젖은 면보로 닦은 후 냄비에 다시마와 찬물을 넣고 물이 끓으면 5분 정도 뒤에 다시마를 건져내고 국물을 만든다.
2. 죽순은 끓는 물에 데쳐서 빗살 무늬를 살려 썰어 준비하고, 대파는 흰 부분을 5cm 길이로 가늘게 채썰어(시라가네기) 찬물에 씻은 후 담가둔다. 레몬은 껍질 부분을 이용해 오리발 모양으로 만들어둔다.
3. 도미는 비늘과 지느러미를 제거한 후 머리를 반으로 쪼갠 다음 3토막으로 잘라 소금을 살짝 뿌려둔다.
4. 끓는 물에 소금 뿌려둔 도미를 살짝 데친 후 남은 비늘과 불순물을 제거한다.
5. 냄비에 다시마국물과 손질한 도미를 넣고 끓이다가 도미가 다 익으면 소금, 청주, 약간의 국간장, 조미료로 간을 하고, 뜨는 거품은 제거하여 마무리한다.
6. 완성그릇에 도미 머리를 먼저 담고 죽순을 올린 다음, 끓인 국물을 8부 정도 붓고 채썬 대파(시라가네기)와 오리발 레몬을 올려 완성한다.

POINT

- 작은 도미 1마리가 나오면 비늘을 긁어 손질한 후 머리 부분만을 사용해야 한다.
- 도미 머리를 반으로 가를 때는 앞니 사이에 데바칼을 넣어 반으로 자른다.
- 반으로 자른 도미 머리는 주둥이 쪽으로 칼을 넣고 3토막으로 잘라 비린내 제거를 위해 소금을 살짝 뿌려둔다.
- 소금 뿌려둔 도미는 끓는 물에 살짝 데쳐 남은 비늘과 불순물을 제거한다.
- 죽순은 끓는 물에 데쳐 불순물을 제거한 후 사용한다.
- 다시마국물과 도미를 넣고 끓일 때 너무 센 불에서 펄펄 끓이지 말고, 한 번 끓으면 불을 줄여서 약한 불에서 끓인다.
- 곁들이는 대파채는 최대한 가늘게 썬 후 찬물에 한 번 씻어 매운맛을 제거한 후 사용한다.

❖도미(타이, 鯛, たい, Seabream)

도미는 형태도 아름답고 맛도 좋아 고급 생선에 속하며, 연회 파티나 축하할 때 많이 사용한다. 일본에서는 쿠삿데모 타이(腐ても鯛: 썩어도 도미)라는 말이 있듯이 도미의 가치를 높이 평가하여 경사스럽거나 축하하는 요리에 많이 사용한다.

도미는 지방의 함유량이 적어 소화에도 좋고 알레르기나 식중독의 염려가 없다. 그러나 도미는 뼈가 단단하여 가시에 찔릴 위험성이 있으므로, 어린아이에게 먹일 때는 잔가시에 주의하여야 한다. 도미의 눈알에 가득 들어 있는 젤라틴의 물질은 뮤코다당류라고 하는 것으로, 관절의 골수와 같은 성분으로 아주 맛이 좋다. 뮤코다당류는 원래 체내에서 만들어지는 것이지만, 나이가 들면 들수록 체내 생산량은 줄어들게 된다. 따라서 중장년이 되면 뮤코다당류가 풍부하게 들어 있는 생선을 많이 섭취하여야 한다. 또한 도미에 들어 있는 지방분에는 일단 고도불포화 지방산이 적어 산화에 의한 맛의 저하가 잘 일어나지 않는다.

MEMO

10. 도미조림(타이아라니, 鯛粗煮, たいあらに)

[실기시간: 30분]

요구사항

※주어진 재료를 사용하여 다음과 같이 **도미조림**을 만드시오.

가. 손질한 도미를 5~6cm로 자르고, 머리는 반으로 갈라 소금을 뿌리시오.

나. 머리와 꼬리는 데친 후 불순물을 제거하시오.

다. 냄비에 안쳐 양념하여 조리하시오.

라. 다시(국물)를 만들어 사용하시오.

마. 완성 후 접시에 담고 채소를 앞쪽에 담아내시오.

수험자 유의사항

1. 곁들일 채소를 준비하여 처음 넣을 것과 나중에 넣을 것을 구분한다.
2. 조릴 때 타거나 눋지 않게 해야 한다.
3. 국물이 적당히 남도록 해야 한다.
4. 이하의 내용은 본서 223쪽의 "실기부문 '수험자 유의사항' 공통내용"을 참조바랍니다.

지급재료

도미 1마리, **우엉** 40g, **꽈리고추** 30g, **통생강** 30g, **건다시마**(1×10cm) 1장, **진간장** 50ml, **청주** 50ml, **미림** 50ml, **설탕** 50g, **소금** 10g

만드는 법

1. 지급된 재료를 확인한 후 분리한다.
2. 다시마는 젖은 면보로 닦은 후 냄비에 다시마와 찬물을 붓고 물이 끓으면 불을 끈 다음 5분 정도 지난 후 다시마를 건져내 다시마국물을 만든다.
3. 도미는 비늘을 긁어내고 아가미와 내장을 제거한 후 머리·몸통·꼬리로 3등분하여 머리는 세워서 반으로 가르고, 꼬리는 지느러미를 잘라 V자 형태로 다듬어주며, 몸통은 3장 포 뜨기 한 다음 흐르는 물에 깨끗이 씻어 준비한다.
4. 손질한 도미를 접시에 나란히 펴서 약간의 소금을 뿌려둔다.
5. 끓는 물에 약간의 소금을 넣고 잘라 놓은 도미를 넣은 다음 살짝 데쳐 남아 있는 비늘과 불순물을 깨끗이 제거한다.
6. 우엉은 칼등으로 껍질을 벗겨 5cm 길이의 나무젓가락 굵기로 자른 후 식초물에 담근다.
7. 꽈리고추는 꼭지를 제거하고 통생강은 얇게 썰어 가늘게 채(하리쇼가)썰어 찬물에 헹구어 담가둔다.
8. 냄비에 우엉을 먼저 깔고 손질한 도미를 얹은 후 청주와 맛술을 넣어 센 불에서 끓여 알코올을 제거한 다음, 나머지 분량의 양념을 넣고 쿠킹호일을 뚜껑 모양으로 만들어 덮어 조림한다.
9. 도미가 거의 졸여지면 꽈리고추를 넣고 소스를 스푼으로 떠서 도미살에 골고루 뿌려가며 소스가 걸쭉하게 될 때까지 조린다.
10. 완성접시에 조려진 도미를 몸통 살부터 밑에 깔고, 머리와 꼬리를 세워서 담은 다음 우엉과 꽈리고추는 앞쪽에 담고, 남은 조림국물을 윤기 나게 끼얹은 후 물기를 제거한 생강채(하리쇼가)를 곁들여낸다.

RECIPE

- 조림 소스: 다시물 1컵, 간장 4Ts, 설탕 4Ts, 맛술 4Ts, 청주 4Ts
- 아라니 소스: 미림 2Ts, 술 2Ts, 진간장 1Ts
  정종 1Ts, 설탕 0.8Ts, 진간장 1Ts

❖조림(니모노, 煮物)요리의 개요

조림요리는 생선 또는 어개류, 야채류를 냄비에 넣고 그 특성에 맞게 간을 하고 익혀낸 요리를 말한다. 소금이나 간장, 설탕, 미림, 청주 등을 양념으로 사용하며, 불 조절이 무엇보다 중요하여 조림요리 시에는 불의 곁을 떠나서는 안 된다. 술안주나 밥반찬으로 잘 어울린다. 덮는 뚜껑은 조림요리에 없어서는 안 될 도구이다. 뚜껑을 덮으면 조림국물이 재료의 위에서부터 잘 돌아 맛과 열이 전체적으로 골고루 전달되어 맛있고 빨리 된다. 대부분 목재를 사용하지만 재료에 따라 나뭇잎이나 우스이다, 쿠킹호일 등을 덮기도 한다.

❖조미료의 사용 순서

옛날부터 조미료는 'さ, し, す, せ, そ'의 순서에 따르며, 사(さ)는 설탕(砂糖), 시(し)는 소금(鹽), 스(す)는 식초(酢), 세(せ)는 간장(醬油), 소(そ)는 된장(味噌)을 가리킨다. 원칙적으로 간이 잘 스며들기 어려운 설탕 등의 단맛 나는 것을 먼저 넣고, 간이 잘 스며드는 소금 등은 나중에 넣는다. 간장이나 된장 등 향이 있는 것은 나중에 첨가하는 것이 좋다.

❖도미조림(타이아라니, 鯛粗煮, たいあらに)

조림 종류의 하나로 생선의 머리, 살이 붙은 가운데 뼈 뽈살(가마) 등과 아가미를 넣고, 진하고 농후한 양념으로 간장・청주・미림・설탕 등을 섞은 국물에 재료를 넣어 윤기 있게 조림한 것이다. 우엉 등을 첨가해서 조림하는 것도 있다. 도미나 방어 등 큰 것으로 단맛이 있고 지방이 풍부한 생선이 주로 사용된다. 아라다키(鯛粗炊, あらたき)라고도 한다.

MEMO

11. 달걀찜(차왕무시, 茶椀蒸, ちゃわんむし)

[실기시간: 30분]

요구사항

※주어진 재료를 사용하여 다음과 같이 **달걀찜**을 만드시오.

가. 찜 속 재료는 각각 썰어 간을 하시오.

나. 나중에 넣을 것과 처음에 넣는 것을 구분하시오.

다. 가다랑어포로 다시(국물)를 만들어 식혀서 달걀과 섞으시오.

수험자 유의사항

1. 각 재료는 적합한 크기로 자르거나 손질하여 밑간한다.
2. 가다랑어포로 다시(국물)를 뽑아 적당한 달걀물을 만들어야 한다.
3. 찔 때 불조절을 잘하고 평면이 부풀어 오르지 않아야 한다.
4. 다른 작품과 같이 완료되어 뜨거워야 한다.
5. 이하의 내용은 본서 223쪽의 "실기부문 '수험자 유의사항' 공통내용"을 참조바랍니다.

지급재료

달걀 1개, **잔새우** 1마리, **어묵** 10g, **표고버섯** 1/2개, **밤** 1/2개, **닭고기** 20g, **은행** 2개, **흰 살 생선** 20g, **쑥갓** 10g, **레몬** 1/4개, **죽순** 10g, **건다시마**(1×10cm) 1장, **가다랑어포** 10g, **진간장** 10ml, **청주** 10ml, **미림** 10ml, **소금** 10g, **이쑤시개** 1개

만드는 법

1. 지급된 재료를 확인한 후 분리하여 쑥갓은 찬물에 담근다.
2. 다시마는 젖은 면보로 닦은 후 냄비에 다시마와 찬물을 붓고 물이 끓으면 불을 끈 다음 가다랑어포를 넣고 5분 정도 지난 후 고운체에 걸러 다시물을 만들어 식혀둔다.
3. 생선살과 닭고기살은 1cm 크기로 썰고, 새우는 이쑤시개로 내장을 제거하고 껍질을 벗긴다.
4. 밤은 껍질을 벗겨 노릇하게 구워 사방 1cm 크기로 썰고, 레몬은 껍질 부분을 사용해 오리발을 만든다.
5. 어묵·표고버섯·죽순도 사방 1cm 크기로 썰어 준비한다. 은행은 팬에 볶아 껍질을 벗긴다.
6. 끓는 물에 소금을 약간 넣고 썰어 준비한 야채를 먼저 데친 다음 나중에 준비한 해산물을 데쳐 찬물에 헹군다.
7. 달걀을 풀어서 다시물 1/2컵을 잘 섞은 후 소금·맛술·간장으로 간을 하고, 고운체에 거른다(달걀 : 다시물=1 : 2 이상).
8. 찜그릇에 손질한 모든 재료를 담고, 양념한 달걀물을 8부 정도 붓는다.
9. 중탕으로 냄비에서 찌거나 찜솥이 구비되면 찜통에서 12분 정도 쪄낸다.
10. 달걀찜이 익으면 레몬 오리발과 쑥갓 잎을 얹어 살짝 익혀서 마무리한다.

RECIPE

- 달걀찜 비율: 다시물 2.5 : 달걀 1

POINT

- 다시물을 먼저 뽑아서 반드시 식힌 후 달걀과 섞어야 한다.
- 달걀과 다시물의 비율을 1 : 2～2.5배 정도로 해서 잘 섞어 고운체에 한 번 걸러서 거품을 제거하고 사용한다.
- 찜통에 찜을 할 때 찜그릇 속으로 물이 들어가지 않도록 반드시 뚜껑이나 호일 또는 랩을 씌우고 중탕을 할 때는 물이 들어가지 않도록 찜그릇의 반 정도의 물을 부어 찜을 한다.
- 찌는 시간을 체크하여 덜 익거나 너무 많이 익지 않도록 시간조절을 잘 하여야 하고, 다 익을 무렵 쑥갓 잎과 레몬 오리발을 얹어 낸다.

❖차왕무시(茶椀蒸, ちゃわんむし) 의미

계란찜은 일본어로 타마고무시(玉子蒸し)라고 하는데, 차왕무시(茶椀蒸し, ちゃわんむし)라고 하는 의미는 “차 마시는 그릇(차왕, 茶椀)에 찌다(무시, 蒸し)”라는 의미로, 달걀찜을 할 때는 차 마시는 그릇처럼 반드시 뚜껑이 있는 그릇에 담아 찜을 하여야 한다.

MEMO

12. 도미술찜(타이 사카무시, 鯛酒蒸, たいさかむし)

[실기시간: 30분]

요구사항

※주어진 재료를 사용하여 다음과 같이 **도미술찜**을 만드시오.

가. 머리는 반으로 자르고, 몸통은 세 장 포 뜨기 하시오.

나. 손질한 도미살을 5~6cm 정도 자르고 소금을 뿌려, 머리와 꼬리는 데친 후 불순물을 제거하시오.

다. 곁들일 채소를 삶거나 데쳐서 적합한 크기로 자르시오.

라. 다시(국물)를 만들어 사용하시오.

마. 양념초와 양념을 만들어 내시오.

수험자 유의사항

1. 도미에는 가시가 없도록 한다.
2. 다시(국물)를 만들고 술의 알코올을 제거해야 한다.
3. 다시(국물)와 술을 적당량 혼합하여 찐다.
4. 이하의 내용은 본서 223쪽의 "실기부문 '수험자 유의사항' 공통내용"을 참조바랍니다.

지급재료

도미 1마리, **배추** 50g, **대파** 1/2개, **쑥갓** 20g, **죽순** 20g, **당근** 60g, **무** 50g, **두부** 50g, **표고버섯** 1개, **레몬** 1/4개, **실파** 20g, **건다시마**(1×10cm) 1장, **고운 고춧가루** 10g, **진간장** 50ml, **청주** 40ml, **식초** 50ml, **소금** 10g

만드는 법

1. 지급된 재료를 확인한 후 분리하여 쑥갓은 찬물에 담가둔다.
2. 다시마는 젖은 면보로 닦은 후 냄비에 다시마와 찬물을 붓고, 물이 끓으면 불을 끈 다음 5분 정도 지난 후 다시마를 건져내 다시마국물을 만든다.
3. 도미는 비늘을 긁어낸 후 아가미와 내장을 제거하고, 머리·몸통·꼬리로 3등분하여 머리는 세워서 반으로 가르고, 꼬리는 지느러미를 잘라 V자 형태로 다듬어주며, 몸통은 3장 포 뜨기 한 다음 흐르는 물에 깨끗이 씻어 준비한다.
4. 손질한 도미는 깨끗이 씻어 소금을 뿌려 두었다가 끓는 물에 데쳐 잔여 비늘과 불순물을 제거한다.
5. 무와 당근은 끓는 물에 삶아내어 매화꽃·은행잎 모양으로 만든다.
6. 두부는 끓는 물에 데쳐 5cm 길이로 약간 도톰하게 썰고, 대파는 5cm 길이로 어슷하게 썬다.
7. 죽순은 끓는 물에 데쳐 0.3cm 두께로 썰고, 표고버섯은 기둥을 제거한 후 갓 부분에 칼집을 세 번 넣어 꽃 모양을 만든다.
8. 배추와 쑥갓은 끓는 물에 데쳐 찬물에 씻어 김발에 배추를 편 후 쑥갓을 심으로 해서 말아 어슷하게 썰어놓는다.
9. 무는 강판에 갈아 오로시를 만들어 흐르는 물에 씻어 매운맛을 제거하고, 물기를 뺀 후 고운 고춧가루에 버무려 붉은 무즙(아카오로시)을 만든다.
10. 실파는 가늘게 송송 썰고, 레몬은 슬라이스한다.
11. 찜그릇에 다시마를 깔고 준비한 야채를 보기 좋게 담은 후, 손질한 도미를 앞쪽에 놓고 술찜 양념을 재료가 잠길 만큼 부어 찜기에 15분 정도 쪄낸다.
12. 다 익을 때쯤 쑥갓을 얹어낸다.
13. 폰즈와 야쿠미를 따로 곁들여낸다.

RECIPE

- 폰즈: 간장 2Ts, 식초 1Ts, 다시 1Ts, 미림 1/2Ts, 설탕
- 술찜 양념: 청주 4Ts, 다시물 2Ts, 소금 약간
- 야쿠미: 아카오로시(무즙+고춧가루), 실파, 레몬

❖찜요리의 개요

증기를 이용하여 재료에 열을 가하여 익히는 조리법으로, 열이 구석구석까지 미치고 감칠맛도 달아나지 않으며, 겉보기도 좋고 부드럽게 마무리되는 이점도 있다. 종류는 조리하여 찜하는 경우와 조리의 과정으로 찌는 경우 등으로 대별된다. 찜통에 불을 붙여 증기가 충분히 올라올 때 재료를 넣어 요리를 하여야 비린내나 색상이 변하는 것을 방지할 수 있다. 재료가 지닌 맛과 향기가 달아나지 않게 하고, 단단한 재료는 부드럽게 하며, 부드러운 재료는 흐트러지지 않게 한다. 그리고 증기가 구석구석까지 미치므로 온도에 빈틈이 없고 태울 염려도 없다. 사전 처리로서 '찜'(무스, 蒸す)을 하는 조작의 이용법은 많다.

❖찜의 재료

찜이란 재료의 형태・맛・향기를 지키는 데 적당한 가열법이지만, 그 반면 양잿물을 제거하거나 비린내 등을 제거하는 것은 안 된다. 그래서 될 수 있는 한 냄새가 없고 담백하며, 수분이 적고 선도가 좋은 재료를 선택한다. 그리고 사전 조리에는 세심한 주의를 다하는 것이 매우 중요하다. 찜요리 소재의 중심은 어패류이며, 주가 되는 재료는 돔・옥돔・삼치・광어・전복・대합 등이다. 또 육류는 닭・오리로스, 야채는 감자・토란・무청・밤・송이버섯 등 계절적이고 제철의 것이 좋다. 그리고 달걀이 있다.

❖재료에 따른 찜의 조절방법

재료를 장시간 찜하여 섬유질을 없애고 부드럽도록 단번에 찌는 요리, 형태가 흐트러지지 않고 맛이 배이게 하기 위하여 찜을 하는 요리 등과 같이 그 찜의 조절방법에는 여러 가지가 있다.

① 흰 살 생선: 수분과 지방이 적으며 너무 열을 가하여 익혀버리면 살이 퍼석퍼석하게 되어버린다. 열을 가하여 익히는 정도는 90~95% 정도가 제일 적당하다.

② 등 푸른 생선: 지방이 많고 독특한 냄새가 있으므로, 이것을 될 수 있는 한 제거하기 위하여 100% 또는 그 이상으로 열을 가하여야 한다.

③ 민물생선: 비린내와 독특한 흙냄새가 있기 때문에 등 푸른 생선과 동일하게 100% 또는 그 이상으로 열을 가하여야 한다.

④ 패류 또는 오징어: 너무 열을 가하면 살이 단단해지므로 흰 살 생선과 동일하게 90~95% 정도로 익혀둔다.

⑤ 수조육류: 육색이 붉은 것과 흰 것이 있으며, 붉은 재료(소고기・오리고기)는 중심부를 어느 정도 붉게 익히고, 또 흰 재료(닭고기・돼지고기)는 100% 익힌다.

⑥ 야채류: 색과 씹히는 맛을 아주 중요시하므로 겨우 익을까 말까의 정도가 좋다. 단, 감자류나 뿌리류는 천천히 시간을 들여서 완전히 익힌다.

13. 해삼초회(나마코 스노모노, 海蔘酢物, なまこすのもの)

[실기시간: 20분]

요구사항

※주어진 재료를 사용하여 다음과 같이 **해삼초회**를 만드시오.

가. 오이를 둥글게 썰거나 엇비슷(자바라)하게 얇게 썰어 사용하시오.

나. 미역을 손질하여 4~5cm 정도로 써시오.

다. 해삼은 내장과 모래가 없도록 손질하고, 힘줄(스지)을 제거하시오.

라. 빨간 무즙(아카오로시 / 모미지오로시)과 실파를 준비하시오.

마. 양념초(폰즈)를 끼얹어 내시오.

수험자 유의사항

1. 내용은 본서 223쪽의 "실기부문 '수험자 유의사항' 공통내용"을 참조바랍니다.

지급재료

해삼 100g, **오이** 1/2개, **건미역** 5g, **무** 20g, **실파** 20g, **레몬** 1/4개, **건다시마**(5×10cm) 1장, **가다랑어포** 20g, **소금** 10g, **식초** 15ml, **간장** 15ml, **고운 고춧가루** 5g

만드는 법

1. 지급된 재료를 확인한 후 분리하여 건미역은 물에 담가 불린다.
2. 다시마를 면보로 닦아 냄비에 넣고 물이 끓으면 가다랑어포를 넣고 불을 끈 다음 5분 정도 뒤에 고운체에 걸러 다시물을 만든다.
3. 오이는 소금으로 문질러 깨끗이 씻고, 오이의 2/3 정도 깊이로 어슷하게 촘촘하게 칼집을 넣은 다음 그대로 반 바퀴 돌려 반대쪽에도 어슷하게 촘촘하게 칼집을 넣어 소금에 절여 자바라 오이를 만든다.
4. 무는 강판에 갈아 오로시를 만들어 흐르는 물에 씻어 매운맛을 제거하고, 물기를 꼭 짜서 고운 고춧가루에 무쳐 아카오로시를 만들어둔다.
5. 불려둔 미역은 끓는 물에 소금을 약간 넣고 데쳐서 찬물에 식혀 줄기를 제거한 후 김발에 말아 4cm 길이로 썬다.
6. 실파는 얇게 송송 썰고, 레몬은 슬라이스한다.
7. 생해삼이 나오면 주둥이 쪽을 잘라내고 배를 갈라 내장과 모래를 제거하고, 2.5cm 크기로 포 뜨듯이 썬다. 냉동해삼이 나오는 경우에는 물에 해동하여 끓는 물에 소금을 넣고 데쳐 찬물에 씻어 포 떠서 사용한다.
8. 분량의 양념으로 폰즈를 만든다.
9. 완성그릇에 자바라 오이는 물에 씻어 짠맛을 제거하여 2cm 길이로 자르고, 김발에 말아 자른 미역과 손질한 해삼을 넣고, 아카오로시・실파・레몬을 곁들인 후 폰즈를 뿌려서 마무리한다.

RECIPE

- 폰즈: 간장 2Ts, 식초 1Ts, 다시물 1Ts, 설탕 1Ts, 미림 1/2Ts
- 나마코즈(海氣酢, 해삼초): 다시물 9Ts, 설탕 1Ts, 식초 1Ts, 소금 1Ts, 간장 약간

POINT

- 생해삼이 나오면 주둥이 자르고 배를 갈라 내장과 모래를 제거하고 깨끗이 씻어 바로 잘라 사용하면 되지만 냉동해삼이 나오는 경우에는 해동하여 끓는 물에 소금을 넣고 데쳐 포 떠서 사용한다.

❖초회요리의 개요

혼합한 초나 무침 옷으로 사전 처리한 어패류, 수조육류, 야채, 건물(乾物) 등의 재료를 무친 것으로 상큼한 신맛과 씹히는 맛, 부드러운 감촉, 무엇보다 상큼한 뒷맛은 입안을 깨끗이 해준다. 그래서 코스요리에 있어서 식사가 제공되기 전에 제공한다. 초회로 사용하기 전에 사전 처리를 하여야 하는데, 소금을 뿌리거나 식초에 씻는다든가 불에 익히기도 한다. 초회를 만들 때는 물기가 많은 것은 물기를 없애고, 물에 데친 재료나 합성초 무침 옷은 반드시 식혀서 사용한다. 다만 난반즈케(南蠻漬)는 예외로 튀겨서 바로 담근다. 무치는 경우는 내기 직전에 바로 무친다.

❖초회요리의 요령과 주의사항

혼합한 식초나 무침 옷(아에코로모, 和え衣)을 만들고 적절한 사전 처리를 한 재료가 준비되었다 하더라도 그냥 무치면 안 되고, 다음과 같은 사항에 주의하여야 한다.

① 열을 가하여 익힌 재료나 무침 옷은 반드시 식혀서 무친다.

② 수분이 많은 재료는 반드시 여분의 수분을 제거하고 나서 무친다.

③ 먹기 직전에 무친다.

이상과 같은 것을 지키는 것이 더욱더 중요하며, 그렇지 않으면 싱겁게 되기도 하고 맛이 너무 강하게 스며들기도 하며 색상이나 씹히는 맛이 나쁘게 된다.

❖야쿠미(薬味, やくみ)

요리에 맞는 양념으로 여러 가지가 사용되고 있다. 예를 들면, 메밀국수에는 와사비 · 무즙 · 실파 · 김가루가 들어가고, 우동에는 시치미(七味)가 들어가며, 텐다시에는 무즙 · 실파 · 생강즙이 들어가고, 지리냄비의 야쿠미로는 폰즈와 아카오로시, 실파 등이 곁들여진다.

야쿠미는 이처럼 요리에 어울리는 양념 또는 곁들여지는 향신료를 말한다.

❖해삼(나마코, 海蔘)

극피동물문 해삼류에 속하는 해삼은 전 세계적으로 1,500여 종이 서식하는 것으로 알려져 있다. 긴 원통형이고, 껍질에 석회질이 많으며, 10~30m의 깊은 바다에서 모래 속의 미생물을 먹고 산다. 우리나라와 일본에 특히 많으며, 홍해삼 · 흑해삼 · 청해삼으로 나뉘는데 홍해삼을 최고로 친다. 홍해삼은 제주도에서만 잡히고, 흑해삼과 청해삼은 서해안과 남해안에서 잡힌다.

해삼은 수온이 25℃ 이상이면 단식 상태로 들어가면서 여름잠을 잔다. 여름잠을 자고 난 다음인 가을, 겨울에 걸쳐 활동하므로 이때부터 맛이 좋아지기 시작하여 동지 전후에 가장 맛이 좋다. 해삼은 재생력이 뛰어나 몸을 두 동강으로 잘라도 2~3개월이면 절단 부분이 모두 치유된다. 재생률은 홍해삼이 90%, 청해삼이 100%이고 항문 쪽 재생률이 훨씬 높다. 해삼의 내장은 고노와타(このわた)라고 하여 젓갈로 만들어 고급 안주로 이용된다.

MEMO

14. 문어초회(타코 스노모노, 蛸酢物, たこすのもの)

[실기시간: 20분]

요구사항

※주어진 재료를 사용하여 다음과 같이 **문어초회**를 만드시오.

가. 가다랑어국물을 만들어 양념초간장(토사즈)을 만드시오.

나. 삶은 문어를 4~5cm 길이로 포를 떠서 사용하시오.

다. 미역은 손질하여 4~5cm 정도로 사용하시오.

라. 문어초회 접시에 오이와 문어를 담고 장식하시오.

수험자 유의사항

1. 오이를 용도에 맞게 손질하여 소금에 절여 사용한다.
2. 양념초간장(토사즈)과 레몬을 준비해야 한다.
3. 접시에 재료를 담고 양념초간장(토사즈)을 끼얹어 완성시켜 낸다.
4. 이하의 내용은 본서 223쪽의 "실기부문 '수험자 유의사항' 공통내용"을 참조바랍니다.

지급재료

문어 100g, **오이** 1/2개, **건미역** 5g, **무** 20g, **실파** 20g, **레몬** 1/4개, **건다시마**(5×10cm) 1장, **가다랑어포** 20g, **소금** 10g, **식초** 15ml, **간장** 15ml

만드는 법

1. 지급된 재료를 확인한 후 분리하여 건미역은 물에 담가 불린다.
2. 다시마를 면보로 닦아 냄비에 넣고 물이 끓으면 가다랑어포를 넣고 불을 끈 다음 5분 정도 뒤에 고운체에 걸러 다시물을 만든다.
3. 오이는 소금으로 문질러 깨끗이 씻고 오이의 2/3 정도 깊이로 어슷하게 촘촘하게 칼집을 넣은 다음, 그대로 반 바퀴 돌려 반대쪽에도 어슷하게 촘촘하게 칼집을 넣어 소금에 절여 자바라 오이를 만든다.
4. 레몬은 반달 모양으로 자른다.
5. 불려둔 미역은 끓는 물에 소금 약간 넣고 데쳐서 찬물에 식혀 줄기를 제거하고 김발에 말아 4cm 길이로 썬다.
6. 문어는 소금으로 문질러 깨끗이 씻어 끓는 물에 간장과 청주를 조금 넣고 살짝 삶아 식힌 다음 4~5cm 길이로 물결 무늬로 얇게 포를 뜬다.
7. 분량의 양념으로 토사즈를 만든다.
8. 완성그릇에 자바라 오이는 물에 씻어 짠맛을 제거하여 2cm 길이로 자르고, 김발에 말아 자른 미역, 포를 뜬 문어를 넣고 레몬을 곁들인 다음 토사즈를 뿌려서 마무리한다.

RECIPE

- 토사즈: 다시물 3Ts, 간장 1Ts, 식초 2Ts, 설탕 1Ts
- 토사즈(土佐酢)
  - 토사(土佐): 일본의 고치현(高知縣: 지방이름, 도사견〈土佐犬〉: 일본+서양 잡종견)
  - 다시 7Ts, 미림 2Ts, 식초 3Ts, 엷은 간장 1Ts
  - 다시 3Ts, 미림 1Ts, 식초 2.5Ts, 엷은 간장 1Ts, 설탕 1Ts, 소금, 가다랑어포

POINT

- 생문어가 나오면 발판을 소금으로 잘 문질러 씻어 이물질을 잘 제거해야 한다. 자숙문어가 나오는 경우 끓는 물에 살짝만 데쳐야 한다.
- 자바라 오이는 오이의 단면에 어슷하게 2/3 정도 칼집을 촘촘하게 깊게 넣고, 그대로 반 바퀴 돌려 반대쪽도 어슷하게 2/3 정도 깊이로 칼집을 촘촘하게 넣어 오이가 늘어나게 만들어 소금물에 절인다. 이때 곁들이는 오이는 문어와 함께 먹기 때문에 소금물에 너무 짜게 절이지 않는다.

❖ **문어**(타코, 蛸, たこ, Octopus)

문어는 오징어 등의 연체동물 중에서도 타우린 함량이 가장 많다. 타우린은 시력과 큰 관계가 있어 옛날부터 문어가 시력회복에 좋다는 말이 있다.

문어 · 감자 · 호박은 다이어트와 미용에도 효과가 있어 여성이 좋아한다. 감자 · 호박에는 식이섬유, β-카로틴, 비타민 C가 함유되어 있으며, 단백질이 풍부한 저칼로리 식품이다. 문어를 익힐 때 탄산을 넣으면 살이 연해지는데 탄산은 단백질을 부드럽게 하는 작용을 하기 때문이다.

문어의 주 어획시기는 8~11월이고, 가을이 제철이며, 11~2월이 우리나라에서 가장 맛이 좋은 시기이다. 옥토퍼스(Octopus)의 Octo는 8이란 뜻으로 문어의 다리는 8개이다. 낙지와 주꾸미도 다리가 8개이고 오징어는 다리가 10개이다. 문어는 우리나라의 관혼상제 상차림에 반드시 사용하는 해산물이고, 연체동물 중에서 가장 크고 머리가 제일 좋으며, 다리가 착 달라붙는 느낌이 든다고 하여 오징어 다리라고 부르는 것과는 다르게 발이라고 부른다.

MEMO

15. 소고기덮밥(규니쿠 돈부리, 牛肉丼, きゅうにくどんぶり)

[실기시간: 30분]

요구사항

※주어진 재료를 사용하여 다음과 같이 **소고기덮밥**을 만드시오.

가. 덮밥용 양념간장(돈부리다시)을 만들어 사용하시오.

나. 고기 · 채소 · 달걀은 재료 특성에 맞게 조리하여 준비한 밥 위에 올려 놓으시오.

다. 김을 구워 잘게 썰어(하리노리) 사용하시오.

수험자 유의사항

1. 채소는 너무 익히지 않도록 유의한다.
2. 덮밥용 국물의 양에 유의한다.
3. 이하의 내용은 본서 223쪽의 "실기부문 '수험자 유의사항' 공통내용"을 참조바랍니다.

지급재료

소고기 60g, **양파** 1/3개, **팽이버섯** 10g, **실파** 20g, **김** 1/4장, **달걀** 1개, **밥** 120g, **건다시마**(5×10cm) 1장, **가다랑어포** 10g, **설탕** 10g, **간장** 15ml, **소금** 2g, **미림** 15ml

만드는 법

1. 지급된 재료를 확인한 후 분리하여 소고기는 핏물을 제거한다.
2. 다시마는 젖은 면보로 닦은 후 냄비에 다시마와 찬물을 붓고 물이 끓으면 불을 끈 다음 가다랑어포를 넣고 5분 정도 지난 후 고운체에 걸러 다시국물을 만든다.
3. 핏물을 제거한 소고기는 결 반대로 얇게 채를 썬다.
4. 실파는 4cm 길이로 썰고, 양파는 0.3cm 두께로 채를 썬다.
5. 팽이버섯은 밑둥을 자르고, 4cm 길이로 썬다.
6. 김은 살짝 구워 가늘게 채썬다(하리노리).
7. 달걀은 알끈을 제거하고 풀어놓는다.
8. 분량의 양념으로 덮밥다시를 만든다.
9. 냄비에 준비한 야채와 소고기를 넣고, 내용물이 잠길 만큼 덮밥다시를 붓고 한 번 끓으면 거품을 걷어내고 실파와 팽이버섯을 넣고 풀어놓은 달걀을 국자로 원을 그리듯이 끼얹는다.
10. 달걀이 2/3 정도 익으면 불을 끄고 국자를 사용하여 밥 위에 풀어지지 않게 조심스럽게 부어준다.
11. 완성된 덮밥 위에 김채(하리노리)를 얹어낸다.

RECIPE

- 덮밥다시: 다시물 4Ts, 간장 1Ts, 청주 1Ts, 설탕 1/2Ts
  다시물 4Ts, 진간장 1Ts, 미림 1Ts

POINT

- 소고기는 핏물과 힘줄, 기름기를 제거하고 결 반대로 채를 썬다.
- 분량의 양념으로 덮밥다시를 만들어둔다.
- 냄비에 준비한 야채와 소고기를 넣고 덮밥다시를 부을 때 속 재료가 잠길 만큼 양을 조절하여 붓는다.
- 냄비가 끓으면 거품을 걷어내고 너무 오래 끓여 야채가 늘어지지 않게 하고, 실파와 팽이버섯은 2/3 정도 익을 무렵 넣어주고 달걀 푼 것을 부어준다. 이때 달걀이 흩어지지 않도록 가만히 부어준다.

❖덮밥(돈부리, 丼, どんぶり)의 개요

돈부리(丼)는 밥그릇보다 약간 큰 그릇을 가리키는 말로서, 그릇에 밥을 담고 밥 위에 반찬이 되는 요리를 올려놓은 것을 말한다. 올려놓은 요리에 따라서 이름이 달라지는데, 오야코돈(親子丼)이라는 의미는 오야(親)는 부모, 코(子)는 자식을 뜻하는 말로서, 요리에 오야(親: 부모)인 닭고기와 코(子: 자식)인 달걀이 함께 들어간 요리가 오야코돈부리, 즉 닭고기덮밥인 것이다. 또 연어와 연어알이 들어간 덮밥도 오야코돈이라고 할 수 있다.

❖덮밥의 종류

요시노야(吉野家, よしのや)는 일본의 대표적인 규동(소고기덮밥, 牛丼, ぎゅにくどんぶり) 전문점이다.

① 회덮밥(사시미돈부리, 刺身丼, さしみどんぶり): 사시미와 채썬 각종 야채와 밥을 함께 넣어 초고추장에 비벼 먹는 한국식 덮밥

② 장어덮밥(우나기돈부리, 鰻丼, うなぎどんぶり＝우나쥬, 漫重, うなじゅう): 밥 위에 데리소스를 뿌리고 민물장어구이를 올려 채썬 생강을 곁들여낸 덮밥

③ 튀김덮밥(덴푸라돈부리, 天婦羅丼, てんぷらどんぶり＝덴동, 天丼, てんどん): 밥 위에 튀김소스를 묻힌 튀김과 덴가스를 함께 올려낸 덮밥

④ 닭고기덮밥(오야코돈부리, 親子丼, おやこどんぶり): 닭고기와 야채를 넣고 소스를 부어 끓여 달걀을 풀어 넣고 밥 위에 올려낸 덮밥

⑤ 참치덮밥(뎃카쥬, 鐵火重, てつかじゅう＝뎃카동, 鐵火丼, てつかどん): 초밥 위에 참치회를 얹어 와사비와 초생강을 곁들인 것으로 간장에 찍어 먹는다.

⑥ 송이덮밥(마츠다케돈부리, 松茸丼, まつたけどんぶり): 자연송이와 야채를 넣은 다음 소스를 넣고 끓여 밥 위에 올려낸 덮밥

⑦ 돈가스덮밥(카츠돈, カッ丼, カッどんぶり): 야채를 넣은 다음 소스를 넣고 끓여 야채와 돈가스를 올려낸 덮밥

⑧ 교다이돈부리(兄弟丼, きょうたい どんぶり): 뱀장어와 미꾸라지를 소스에 넣어 익힌 후 밥 위에 올려낸 덮밥

⑨ 야채덮밥(야사이돈부리, 野菜丼, やさいどんぶり): 각종 야채에 소스를 넣고 끓여 달걀을 풀어 넣고 밥 위에 올려낸 덮밥

16. 메밀국수(자루소바, 蕎麥, そば)

[실기시간: 30분]

요구사항

※주어진 재료를 사용하여 다음과 같이 **메밀국수**를 만드시오.

가. 소바다시를 만들어 얼음으로 차게 식히시오.

나. 메밀국수는 삶아 얼음으로 차게 식혀서 사용하시오.`

다. 메밀국수, 양념(야쿠미), 소바다시를 각각 따로 담아내시오.

라. 메밀국수는 접시에 김발을 펴서 그 위에 올려내시오.

마. 김은 가늘게 채썰어(하리기리) 메밀국수에 얹어내시오.

수험자 유의사항

1. 지급된 양념(야쿠미)재료를 각각 특성에 맞게 준비하여 곁들여 내도록 한다.
2. 이하의 내용은 본서 223쪽의 "실기부문 '수험자 유의사항' 공통내용"을 참조바랍니다.

지급재료

메밀국수 150g, **무** 60g, **실파** 40g, **김** 1/2장, **고추냉이** 10g, **건다시마**(5×10cm) 1장, **가다랑어포** 10g, **간장** 50ml, **설탕** 30g, **미림** 10ml, **각얼음** 1kg

만드는 법

1. 지급된 재료를 확인한 후 분리하여 김은 눅눅하지 않도록 따로 보관한다.
2. 다시마는 젖은 면보로 닦은 후 냄비에 다시마와 찬물을 붓고 물이 끓으면 불을 끈 다음 가다랑어포를 넣고 5분 정도 지난 후 고운체에 걸러 다시국물을 만든다.
3. 냄비에 분량의 양념을 넣고 한 번 끓여 소바다시를 만들어 얼음물에 차갑게 식혀둔다.
4. 실파는 얇게 송송 썰고, 무는 강판에 갈아 오로시를 만들어 흐르는 물에 씻어 매운맛을 제거하고, 물기를 꼭 짜서 준비한다.
5. 김은 곱게 채썰고, 와사비는 찬물에 개서 준비한다.
6. 끓는 물에 메밀면을 넣어 삶아 면을 손가락으로 끊어보아 심지가 보이지 않으면 흐르는 물에 깨끗이 씻어 녹말물을 전부 제거하고 얼음물에 차갑게 해둔다.
7. 접시 위에 김발을 펴서 깔고 차갑게 해둔 메밀국수를 사려 담는다.
8. 김채는 메밀국수에 얹어서 내고, 야쿠미(무즙 · 실파 · 와사비)와 소바다시를 따로 담아낸다.

RECIPE

- 소바다시: 다시물 1cup, 간장 2Ts, 설탕 2ts, 미림 1ts, 청주 1ts
  다시물 7~8Ts, 진간장 1Ts, 미림 1Ts, 혼다시(약간 한 번 끓여 식힌다)
- 야쿠미: 무즙, 실파, 와사비, 채썬 김

POINT

- 다시물이 만들어지면 곧바로 소바다시를 만들어 차갑게 식혀둔다.
- 메밀국수는 삶아 찬물에 반드시 씻어준 후 얼음물에 차갑게 식혀 사용해야 한다.
- 메밀국수, 양념(야쿠미), 소바다시를 각각 따로 담아내야 한다.
- 메밀국수를 담을 때 접시에 김발을 펴고 그 위에 올린다.
- 김은 살짝 구워 채(하리노리)썰어 메밀국수에 얹어내든지 야쿠미에 곁들여낸다.

❖메밀국수(소바, 蕎麥, そば)의 개요

메밀은 중앙아시아가 원산지로, 생육기간이 짧고 한랭지나 산악지대 등에서 재배가 가능해 쌀과 보리의 부족을 보충해줄 수 있는 것으로, 옛날부터 구황작물로 재배되어 왔다. 옛날에는 알맹이 그대로를 식용하였으나, 지금에 와서는 껍질을 벗긴 메밀을 먹는다. 메밀의 외피를 거칠게 벗겨내고 제분한 것이 메밀가루이다. 메밀가루에는 처음 나오는 것으로 만드는 1번가루(사라시나)에서 3번가루까지 있으며, 메밀가루에 차를 넣은 차소바 등이 있다. 조리방법으로는 메밀을 삶아 담은 용기에 따라서 자루소바와 모리소바로 나누고, 차게 한 히야시소바(冷蕎麥), 뜨겁게 한 온소바(溫蕎麥), 산마 간 것을 끼얹은 토로로소바 등이 있다.

일본의 민간 풍습에 '토시코시소바'(年越蕎麥)와 '힛코시소바'(引越し蕎麥)가 있다. 토시코시소바는 12월 31일에 운수를 빌며 메밀국수를 먹는 관습을 말하며 다음과 같은 의미가 담겨져 있다.

- 메밀국수처럼 가늘고 길게 장수할 수 있도록
- 소바는 끊어지기 쉽기 때문에 올해의 불운을 잘라 내년을 행운으로 맞이할 수 있도록
- 옛날에 금세공사는 흩어진 금가루를 메밀가루를 사용해서 모았기 때문에 재물운이 상승하도록
- 소바는 비바람에 노출되어도 햇빛을 받으며 다시 살아나기 때문에 내년에도 무병장수하도록

또한 소바의 일본어 뜻이 옆, 이웃, 곁을 의미하므로 일본에서 이사를 하게 되면 힛코시소바를 만들어 먹고 이웃에게 돌리는 풍습이 있다.

❖메밀국수의 종류

① 니신소바(練蕎麥): 청어를 달게 조려 넣은 메밀국수
② 오로시소바(蕎麥): 강판에 간 무즙을 첨가한 메밀국수
③ 카모난바소바(鴨難波蕎麥): 오리고기와 오사카 난바(難波) 지방에서 많이 나는 파를 첨가하여 만든 메밀국수
④ 카친소바(かちん蕎麥): 떡을 넣어서 만든 메밀국수(카친: 떡의 별명이다)
⑤ 야마카케소바(山掛蕎麥): 메밀국수에 다랑어회와 산마 간 것을 첨가하여 만든 메밀국수

17. 생선초밥(니기리즈시, 握り壽司, にぎりずし)

[실기시간: 40분]

요구사항

※주어진 재료를 사용하여 다음과 같이 **생선초밥**을 만드시오.

가. 각 생선류와 채소를 초밥용으로 손질하시오.

나. 초밥초(스시즈)를 만들어 밥에 간하여 식히시오.

다. 곁들일 초생강을 만드시오.

라. 초밥(니기리즈시)을 만드시오.

마. 색상이 알맞도록 접시에 담아 완성하시오.

바. 생선초밥은 8개를 만들어 제출하시오.

사. 간장을 내시오.

수험자 유의사항

1. 각 생선은 위생상 깨끗이 각각 밑 손질하여 포를 뜬다.
2. 이하의 내용은 본서 223쪽의 "실기부문 '수험자 유의사항' 공통내용"을 참조바랍니다.

지급재료

참치 30g, **도미살** 30g, **광어살** 30g, **문어** 50g, **차새우** 1마리, **학꽁치** 1마리, **밥** 200g, **통생강** 50g, **고추냉이** 20g, **시소** 1장, **식초** 70ml, **설탕** 50g, **소금** 20g, **간장** 20ml

만드는 법

1. 지급된 재료를 확인한 후 분리하여 시소는 찬물에 담근다.
2. 냄비에 분량의 양념을 배합하여 약불에 녹을 정도만 가열한 후 준비된 밥에 주걱으로 골고루 섞은 다음 식지 않도록 면보로 덮어둔다.
3. 생강은 얇게 편으로 썰어 끓는 물에 살짝 데쳐 남은 배합초에 담가 초생강을 만든다.
4. 광어·도미는 껍질을 벗겨 3×7cm 크기로 포를 떠 초밥 다네를 준비한다.
5. 참치는 미지근한 소금물에 해동한 후 면보에 물기를 제거하고 3×7cm 크기로 포를 뜬다.
6. 새우는 두 번째 마디를 찔러 내장을 제거하고, 꼬챙이에 끼워 끓는 물에 삶아 꼬리 부분 1마디를 남기고 껍질을 벗겨 배 쪽을 반으로 갈라 초밥 다네로 만든다.
7. 문어는 끓는 물에 살짝 삶아 포를 떠 초밥 다네로 만든다.
8. 학꽁치는 가시를 제거하고 껍질을 벗겨 7cm 길이로 잘라 등 쪽에 칼집을 넣는다.
9. 와사비는 찬물에 개어놓고, 냉수에 식초를 떨어뜨려 초밥을 지을 때 손에 발라가면서 쓸 수 있도록 준비한다(데즈, 手酢=식초 3:물 7).
10. 손에 식초물을 묻히고 왼손 손가락 안쪽 마디에 초밥생선을 올려놓고, 오른손 검지로 와사비를 생선에 바르고 초밥을 뭉쳐 와사비 바른 생선 위에 얹은 다음 앞뒤로 뒤집어가며 모양을 잡아 초밥을 짓는다.
11. 완성접시에 초밥을 45° 각도로 어슷하게 가지런히 4개씩 두 줄로 담고, 오른쪽 앞에 시소를 깐 다음 초생강을 얹어낸다.

RECIPE

- 초데리: 식초 3Ts, 설탕 2Ts, 소금 1/2Ts
- 초밥초(壽司酢, すしず): 국산 식초 1,800cc, 설탕 1kg, 소금 200g(대량)

POINT

- 분량의 양념을 넣고 배합초를 끓일 때 재료가 녹을 만큼 살짝 끓인다.
- 밥에 배합초를 버무릴 때 너무 시지 않게 배합초의 양을 조절해야 한다.
- 초생강은 얇게 편으로 썰어 끓는 물에 데친 후 초데리에 담가 사용한다.

❖에도마에니기리즈시(江戸前握鮨)의 개요

말 그대로 생선을 손으로 잡고 쥐어서(握る: 잡다, 쥐다) 만드는 초밥의 형태이다. 우리나라에서 대개 스시라고 하면 이 니기리즈시를 말하며, 초밥(샤리) 위에 얹는 생선의 이름에 따라 초밥 이름이 결정된다. 예를 들면, 광어(鮃)로 초밥을 쥐었다면 광어초밥, 도미(鯛)로 초밥을 쥐었다면 도미초밥, 참치(鮪)로 초밥을 쥐었다면 참치초밥이라 하고, 이것들을 모아놓은 것을 보고 모둠초밥(즈시모리아와세, 鮨盛合)이라고 한다. 일반적으로 모둠초밥은 1인분을 기준으로 10개 정도를 기본으로 한다. 생선 7~8개 정도에 가늘게 만 김밥이나 군함 모양 김밥(軍艦巻), 교쿠(玉, 달걀말이)를 한 개씩 놓아 10개 정도를 담아준다. 이와는 달리 오코노미즈시(お好み鮨)는 자기가 좋아하는 것만 골라서 주문하는 형태로, 좋아하는 것만 주문하기 때문에 다양하게 먹을 수 없고 가격도 한 개 한 개의 가격이 적용되기 때문에 일반적인 초밥보다 비싸다.

❖생선초밥 다네(鮨種)의 제철(旬)

슌(旬, しゅん)은 '생선의 맛이 특히 좋아지는 시기,' 즉 이 시기의 생선을 초밥재료로 했을 때 가장 감칠맛 나고 그 생선의 깊은 맛을 알 수 있을 때를 말한다. 생선의 제철이 있는 이유는 산란과 관계가 있다고 보고 있으며, 대개 산란기의 1~2개월 전이 더더욱 감칠맛이 증가하는 시기로 이때를 제철(슌, 旬, しゅん)이라 일컫는다. 즉 산란을 위해서 왕성하게 먹어서 어체가 충실하고 어종에 따라서 어체에 지방이 올라 더욱 별미이다. 한편 산란기 때에는 어체의 영양분이 빠져나가서 가장 맛이 없을 때이다. 그래서 제철에 나는 생선을 먹는 것이 가장 맛있게 먹는 방법이다.

❖초밥 쌀의 조건과 초밥

밥을 지었을 때 맛과 향, 탄력 그리고 적당한 찰기가 있어야 한다. 그래서 전분이 아직 굳지 않은 햅쌀보다는 묵은쌀이 초밥용으로는 더 적합하다. 쌀은 대부분 정미한 쌀을 사용하는데 보관상태가 나쁘면 품질이 떨어진다. 쌀 보관의 최적온도는 12°C이며, 자연 그대로 통풍이 잘 되는 곳에 두면 여름에는 1개월, 겨울에는 2개월 정도 보관이 가능하다. 초밥을 짓기 위해서 쌀을 1시간 전에 씻어놓는다. 여름 30분, 가을 45분, 겨울에는 1시간 정도 물에 불린 후 씻어 건진다. 물의 양은 일반적으로 쌀의 용량에 대해 1.2배, 무게에 대해서는 40% 정도를 넣으면 적당하다. 무엇보다 중요한 것은 적당한 물의 조절로서 초밥을 하는 데 가장 중요한 핵심이다. 초밥을 쥘 때 밥(샤리, しゃり)의 온도는 사람의 체온(36.5°C) 정도일 때가 밥이 부드러우면서도 만들기 쉽고 밥맛도 제일 좋은 온도이다. 이 온도를 유지하기 위해 초밥전용 밥통에 보관 후 사용한다.

❖초밥집(壽司屋) 전문용어

원래의 뜻	전문용어	원래의 뜻	전문용어
소금(시오, 鹽)	나미노하나(浪の花)	오차(お茶)	아가리(上り)
밧데라(バッテラ)	상자초밥(하코즈시)	고등어초밥	마츠마에즈시 (松前壽司)
등 푸른 생선	히카리모노 (光物, ひかりもの)	크기에 따라 이름이 바뀌는 생선	슛세우오 (出世魚, しゅっせうお)
쌀(고메, 米)	샤리(シャリ)	오징어발 (이카노아시, 烏賊の足)	게소(ゲソ)
생강(쇼가, 生姜)	가리(ガリ)	달걀말이 (타마고야키, 玉子燒)	교쿠(ぎょく)
오이(큐리, 胡瓜)	갓파(カッパ)	간장(죠유, 醬油)	무라사키(ムラサキ)
참치말이김밥 (마구로마키, 鮪卷)	뎃카마키(鐵卷)	전복(아와비, 鮑)	가타오모이(片想い)

MEMO

18. 김초밥 (노리마키즈시, 海苔巻壽司, のりまきずし)

[실기시간: 25분]

요구사항

※주어진 재료를 사용하여 다음과 같이 **김초밥**을 만드시오.

가. 박고지 · 달갈말이 · 오이 등 김초밥 속재료를 만드시오.

나. 초밥초를 만들어 밥에 간하여 식히시오.

다. 김초밥을 일정한 두께로 마시오.

라. 크기가 똑같이 8~10등분하여 담으시오.

마. 간장을 곁들여 제출하시오.

수험자 유의사항

1. 박고지는 뜨거운 물에 담근 다음 잘 씻어야 한다.
2. 각 재료를 졸이고, 소금에 절이며, 달갈말이 한다.
3. 김과 김발을 사용하여 말이를 하고, 초생강을 준비한다.
4. 이하의 내용은 본서 223쪽의 "실기부문 '수험자 유의사항' 공통내용"을 참조바랍니다.

지급재료

김 1장, **밥** 200g, **오보로** 10g, **박고지**(칸표) 10g, **오이** 1/4개, **달걀** 2개, **단무지** 30g, **통생강** 30g, **시소** 1장, **식초** 70ml, **소금** 20g, **설탕** 50g, **식용유** 10ml, **간장** 20ml, **미림** 10ml

만드는 법

1. 지급된 재료를 확인한 후 분리하여 시소는 찬물에 담근다.
2. 분량의 양념으로 배합초를 끓여 밥에 버무려 초밥을 만들어 면보로 덮어두고, 나머지 배합초는 초생강을 만들 때 사용한다.
3. 박고지는 따뜻한 물에 불리고, 통생강은 얇게 편으로 썰어 끓는 물에 데쳐 배합초에 담근다.
4. 오이는 소금으로 문질러 가시를 제거해 씻어내고, 반으로 갈라 씨 부분을 도려낸 후 1cm 두께의 김 크기로 잘라 소금에 절인다.
5. 불린 박고지는 김 길이로 잘라 분량의 양념으로 윤기 나게 잘 조려준다.
6. 달걀은 젓가락으로 잘 풀어 분량의 양념을 넣고 달구어진 프라이팬에 잘 말아서 김발에 말아 모양을 잡아 식혀서 두께 1.5cm 김밥 길이로 잘라준다.
7. 김발 위에 김을 펴고, 김의 8부 정도 초밥을 펴준다.
8. 펴놓은 초밥 가운데 오이 · 박고지 · 오보로 · 달걀말이를 순서대로 놓고, 펴놓은 밥과 밥이 만나도록 단번에 말이한다.
9. 말아놓은 김초밥을 8～10등분으로 잘라 완성접시에 시소를 깔고 초생강을 얹어 곁들여낸다.
10. 간장을 따로 담아낸다.

RECIPE

- 배합초: 식초 3Ts, 설탕 2Ts, 소금 1/2Ts
- 박고지조림: 다시물 1/2cup, 간장 1Ts, 맛술 1Ts, 설탕 1Ts
- 달걀말이: 달걀 2개, 다시물 1Ts, 설탕 1/2ts, 소금 · 간장 약간

POINT

- 김의 거칠거칠한 면이 안쪽으로, 반질반질한 면이 밖으로 나오도록 앞면과 뒷면을 잘 구분해서 김밥을 말아야 한다.
- 초밥을 배합초에 버무릴 때 양을 조절하여 적당히 넣고, 밥이 너무 질지 않게 하며, 버무릴 때 바람으로 부쳐서 식초 성분을 날려버려야 밥이 질지 않게 된다.
- 김은 누그러지지 않게 따로 잘 보관하고, 김밥을 말 때 속재료가 치우치지 않고 중앙에 위치하도록 말아야 한다.
- 초밥을 김 위에 펼 때 밥을 너무 꾹꾹 눌러 뭉쳐지지 않게 손으로 살살 밀어서 펼친다.
- 김밥은 8～10등분하여 완성접시에 담고 초생강을 곁들여낸다.

❖김초밥(노리마키, 海苔巻)의 개요

김초밥(노리마키, 海苔巻)에는 굵은 김초밥(후토마키, 太巻)과 가는 김초밥(호소마키, 細巻), 장식 말이 김초밥(카자리마키, 飾り巻), 손 말이 김초밥(데마키, 手巻) 등으로 나눌 수 있다. 또한 김밥에 넣는 속재료에 따라서 오이말이김밥(캇파마키, かっぱまき), 참치김초밥(뎃카마키, てっかまき), 단무지말이김밥(신코마키, 新香まき), 매실시소김밥(우메시소마키, 梅しそ巻) 등으로 나눌 수 있다. 호소마키는 김을 가로로 반 잘라 밥을 펴고 속재료를 넣어서 만 것을 말하며, 김을 세로로 자르는 스시집도 있다. 일반적으로 김초밥이라고 하면 굵은 김초밥(후도마키, 太巻)을 말하며, 속재료로 오보로, 칸표(박고지조림), 오이, 달걀말이를 기본으로 넣고 말이를 한다.

이 외 장식초밥(카자리마키, 飾り巻)이라고 하여 김에 여러 가지 재료를 넣고 몇 번을 거듭나게 말아 튤립 모양, 물고기 모양, 잠자리 모양, 나비 모양 등의 형태로 김밥을 말아 모둠초밥에 장식용으로 몇 개씩 놓아주는 김밥이 있다. 초밥경연대회 등에서 이 장식 마키를 잘 활용하여 스시를 화려하게 장식하기도 한다. 오랜 숙련과 노력을 요구하며, 기술을 필요로 하는 말이김밥이다.

MEMO

19. 참치말이김초밥(텟카마키즈시, 鐵火巻壽司, てっかまきずし)

[실기시간: 20분]

요구사항

※주어진 재료를 사용하여 다음과 같이 **참치말이김초밥**을 만드시오.

가. 김을 반 장으로 자르시오.
나. 참치를 김 길이에 맞춰 자르시오.
다. 와사비와 초생강을 준비하시오.
라. 초밥을 만들어 김말이 준비를 하시오.
마. 초밥은 12개를 만들어 내시오.
바. 간장을 곁들여 제출하시오.

수험자 유의사항

1. 냉동참치는 소금물에 반 정도 녹여 행주에 싸서 해동시킨다.
2. 김을 눅눅하지 않게 보관하고 구워지지 않은 김은 한 번 구이한다.
3. 이하의 내용은 본서 223쪽의 "실기부문 '수험자 유의사항' 공통내용"을 참조바랍니다.

지급재료

참치 100g, **밥** 120g, **김** 1장, **통생강** 20g, **시소** 1장, **고추냉이** 15g, **간장** 10ml, **식초** 70ml, **설탕** 50g, **소금** 20g

만드는 법

1. 지급된 재료를 확인한 후 분리하여 시소는 찬물에 담근다.
2. 분량의 양념으로 배합초를 끓여 밥에 버무려 초밥을 만들어 면보로 덮어두고, 나머지 배합초는 초생강을 만들 때 사용한다.
3. 통생강은 얇게 편으로 썰어 끓는 물에 데쳐 남은 배합초에 담가 간을 들인다.
4. 참치는 미지근한 소금물에 씻어 해동 후 면보에 말아 물기를 제거하고, 사방 두께 1cm 정도 김 길이로 잘라둔다.
5. 와사비는 찬물에 개어서 준비해놓고, 김은 살짝 구워 세로로 반으로 잘라 준비한다.
6. 김발에 김을 얹고, 윗부분 1cm 정도 남기고 밥을 얇게 편다.
7. 초밥 중앙에 와사비를 김 길이로 길게 바른 후 참치를 놓고 한 번에 말아준다.
8. 같은 방법으로 김초밥을 한 개 더 말아 김초밥 1개당 6등분으로 자른다.
9. 완성접시에 6개씩 두 군데로 나눠 담고, 시소를 깔고 초생강을 곁들여낸다.

RECIPE

- 배합초: 식초 3Ts, 설탕 2Ts, 소금 1/2Ts

POINT

- 김의 거칠거칠한 면이 안쪽으로, 반질반질한 면이 밖으로 나오도록 앞면과 뒷면을 잘 구분해서 김밥을 말아야 한다.
- 초밥을 배합초에 버무릴 때 양을 조절하여 적당히 넣고, 밥이 너무 질지 않게 하며, 버무릴 때 바람으로 부쳐서 식초 성분을 날려버려야 밥이 질지 않게 된다.
- 김은 누그러지지 않게 따로 잘 보관하고, 세로로 반으로 잘라 참치를 김밥의 중앙에 위치하도록 잘 말아야 한다.
- 초밥을 김 위에 펼 때 밥을 너무 꾹꾹 눌러 뭉쳐지지 않게 손으로 살살 밀어서 펼친다.
- 반으로 자른 김으로 2개를 말아야 하며, 한 개당 6등분으로 자른다.
- 6개씩 두 등분으로 담고, 시소를 깔고 초생강을 곁들여낸다.

❖참치김초밥(뎃카마키, 鐵火巻, てっかまき)의 개요

뎃카마키(鐵火巻)의 심은 에도(江戶) 시대 말기부터 메이지(明治) 시대의 초기에 걸쳐 다랑어를 심으로 사용했다. 도박장(뎃카바, 鐵火場)에서 놀고 있던 사람들이 박고지를 넣고 말던 김밥 심을 다랑어로 바꾸어 와사비를 곁들여서 먹기 시작했다. 즉 도박장에서 먹었기 때문에 뎃카마키라는 이름이 유래되었다. 김을 말아 감는 것은 주사위와 화투를 주무르는 손가락 끝에 밥풀이 붙지 않게 하기 위함이라는 것이 뎃카마키의 발생과 어원설이다. 뎃카바에서 먹기 때문에 뎃카마키(鐵火巻)라고 한다면, 다른 노리마키(海苔巻)도 뎃카마키라고 해야 할 것이다.

❖참치의 종류

다랑어류(마구로, 鮪, Tuna)

① 참다랑어(혼마구로, 本鮪, Bluefin Tuna): 어체 중량 30～600kg이며, 육질은 짙은 붉은색으로 최고급 어종이다. 사시미와 스시로 많이 사용하고, 남북위 40° 이상 고위도 한류에 서식한다(북대서양, 지중해).

② 황다랑어(기하다마구로, 黃鮪, Yellowfin Tuna): 어체 중량 5～100kg이며, 꼬리지느러미가 길고 황색을 띠고 있어 황다랑어라고 한다. 세계의 난류해역에 서식한다.

③ 눈다랑어(메바치, Bigeye Tuna): 어체중량은 10～150kg이다. 육질은 담백하고 맛이 좋아 횟감으로 이용되며, 세계에서 어획량이 가장 많은 어종이다. 태평양, 인도양, 대서양 아열대 수역에서 광범위하게 서식한다.

④ 날개다랑어(돔보, Albacore): 어체 중량 2～30kg이며, 주로 통조림 원료로 사용한다. 육질은 엷은 우윳빛을 내며 부드러운 조직을 가지고 있다. 바다의 닭고기라고 불린다.

⑤ 가다랑어(가츠오, Skipjack Tuna): 어체 중량은 2～10kg이다. 횟감용 타다키, 가츠오부시, 내장젓갈(슈토, しゅと)로도 유명하다.

새치류(카지키, かじき)

① 황새치(메카지키, Swordfish): 성질이 난폭하고 뿔을 이용하여 상대를 공격하기도 한다. 육색은 짙은 우윳빛과 흰색을 띠며, 연한 탄력으로 고소한 맛을 낸다. 횟감과 초밥으로 많이 사용한다.

② 청새치(마카지키, Striped Marlin): 어체 중량 15～100kg이며, 측선이 선명하고 배 부위가 흰색인 반면, 측선 위쪽은 청색 줄무늬가 있는 것이 특징이다. 육질은 밝은 주홍색이고, 탄력이 있

어 특이한 맛을 내며, 고급 품종의 어종이다.

③ 흑새치(구로카지키, Blue Marlin): 어체 중량 30~450kg이며, 육질은 옅은 흰색을 띤다. 새치류 중에서도 가장 열대성 어종으로서 튀김용으로 주로 쓴다.

④ 백새치(시로카지키, Black Marlin): 어체 중량 30~600kg이며, 육질은 대체로 흰색을 띠나 기름기가 있어서 약간 붉은색을 띠는 경우도 있다. 맛은 흑새치보다 약간 좋은 편이다.

⑤ 돛새치(바쇼, Sail Fish): 어체 중량 5~50kg이며, 등지느러미가 범선의 돛처럼 많이 커서 돛새치라고 일컫는다. 육질은 새치류와 큰 차이로 주홍색을 띠며, 단단한 조직을 가지고 있어 담백하다. 산간지방에서 다랑어류로 잘못 인식하고 횟감용으로 먹기도 한다.

❖참치의 해동법(鮪の解凍法)

참치는 60℃ 급속 동결 후 −55℃의 초저온 냉장에 보관하고 해동법으로는 다음과 같다.

① 유수해동법(流水解凍法): 흐르는 물에 여름 20분, 겨울 30분 정도 해동한다.

② 식염수해동법(食鹽水解凍法): 27℃ 온도, 3% 식염수에 2시간 30분~3시간 정도 둔 다음 냉장고에 20~30분간 정도 둔다(3% 식염수제조법: 미지근한 27℃ 물에 소금 4Ts〈50~55g〉).

③ 자연해동법(自然解凍法)

MEMO

2020년 '일식조리기능사 시험' 감소품목

• 대합술찜
하마구리 사카무시
蛤酒蒸
はまぐりさかむし

• 도미냄비
타이지리 나베
鯛ちり鍋
たいちりなべ

• 모둠냄비
요세나베
寄鍋
よせなべ

• 소고기등심전골
스키야키
鋤燒鍋
すきやきなべ

• 모둠튀김
덴푸라 모리아와세
天婦羅盛合
てんぷらもりあわせ

• 튀김두부
아게다시 토우후
揚げだし豆腐
あげだしとうふ

• 소고기튀김
규니쿠 카라아게
牛肉空揚
きゆうにくからあけ

• 꼬치냄비
오뎅나베
御田鍋
おでんなべ

• 모둠생선회
사시미 모리아와세
刺身盛合
さしみもりあわせ

대합술찜(하마구리 사카무시, 蛤酒蒸, はまぐりさかむし)

[실기시간: 25분]

요구사항

※주어진 재료를 사용하여 다음과 같이 **대합술찜**을 만드시오.

가. 조개의 밑쪽 눈을 따내시오.
나. 다시(국물)를 만들어 사용하시오.
다. 술을 뿌려 쪄내시오.
라. 양념초와 양념을 만들어 내시오.

수험자 유의사항

1. 조개의 눈을 따내서 떨어지는 것을 방지하여야 한다.
2. 다시(국물)를 만들고 술의 알코올을 제거하여야 한다.
3. 조개를 데바칼로 입을 벌려 다시 뚜껑을 덮고 쑥갓을 곁들여서 다른 작품과 같이 완료시킨다.
4. 이하의 내용은 본서 223쪽의 "실기부문 '수험자 유의사항' 공통내용"을 참조바랍니다.

지급재료

백합조개 2개, **배추** 50g, **당근** 60g, **대파** 1/2개, **쑥갓** 20g, **죽순** 20g, **무** 70g, **두부** 50g, **표고버섯** 1개, **레몬** 1/4개, **실파** 20g, **건다시마**(1×10cm) 1장, **고운 고춧가루** 30g, **진간장** 30ml, **청주** 50ml, **식초** 50g, **소금** 20g

만드는 법

1. 지급된 재료를 확인한 후 분리하여 쑥갓은 찬물에 담그고, 대합은 소금물에 담가 해감한다. 해감한 대합은 눈을 떼어낸다.
2. 다시마는 젖은 면보로 닦은 후 냄비에 다시마와 찬물을 붓고 물이 끓으면 불을 끈 다음, 5분 정도 지난 후 다시마를 건져내 다시마국물을 만든다.
3. 끓는 물에 소금을 약간 넣고 무와 당근은 물렁하게 삶아 매화꽃 모양으로 만들고, 배추와 쑥갓은 데쳐서 찬물에 식힌 다음 김발에 배추를 깔고 쑥갓을 넣어 말이해둔다.
4. 대파는 5cm 크기로 어슷하게 썰고, 두부는 5cm 길이로 직사각형으로 도톰하게 썬다.
5. 표고버섯은 기둥을 떼고 표면에 칼집을 넣어 꽃 모양으로 만들고, 죽순은 끓는 물에 한 번 데친 후 빗살 무늬를 살려 0.2cm 두께로 썬다.
6. 실파는 손질하여 쫑쫑 썰고, 무는 강판에 갈아 오로시를 만들어 흐르는 물에 씻어 물기를 제거한 후 고운 고춧가루를 넣고 무쳐 아카오로시를 만들어둔다.
7. 분량의 양념으로 폰즈를 만들어둔다.
8. 준비한 모든 재료를 찜 그릇에 보기 좋게 담고, 대합은 밑에 다시마를 깔아 접시 앞쪽에서 보이도록 담는다.
9. 분량의 양념으로 술찜 양념을 만들어 접시에 뿌려 찜솥에 10~15분 정도 쪄준다.
10. 잘 쪄낸 대합의 입을 벌려 레몬 슬라이스를 끼우고 쑥갓을 올려 완성한다.
11. 야쿠미(아카오로시+실파)와 폰즈를 곁들여낸다.

RECIPE

- 술찜 양념: 청주 2Ts, 다시물 2Ts, 소금 1/2ts
- 폰즈: 다시물 1Ts, 간장 1Ts, 식초 1Ts
- 야쿠미: 실파, 레몬, 아카오로시(무즙+고운 고춧가루)

POINT

- 대합은 선도 확인을 위해 두 개를 두들겨보아 청명한 소리가 나야 신선한 것이고, 둔탁한 소리가 나면 까서 선도를 확인해야 한다.
- 대합은 소금물에 담가 해감을 잘하고, 입이 벌어지는 것을 방지하기 위해 눈을 따야 한다.
- 술찜 양념을 너무 많이 부어 완성했을 때 국물이 너무 많지 않게 한다.
- 작품 제출 시 반드시 폰즈와 야쿠미를 곁들여 내야 한다.

도미냄비(타이지리 나베, 鯛ちり鍋, たいちりなべ)

[실기시간: 30분]

요구사항

※주어진 재료를 사용하여 다음과 같이 **도미냄비**를 만드시오.

가. 손질한 도미를 5~6cm로 자르고, 머리는 반으로 갈라 소금을 뿌리시오.

나. 머리와 꼬리는 데친 후 불순물을 제거하시오.

다. 무·당근·배추는 삶고, 다른 채소도 밑 손질하시오.

라. 무는 은행잎, 당근은 매화 모양으로 만드시오.

마. 양념(야쿠미)과 초간장(폰즈/지리스)을 만드시오.

수험자 유의사항

1. 내용은 본서 223쪽의 "실기부문 '수험자 유의사항' 공통내용"을 참조바랍니다.

지급재료

도미 1마리, **배추** 70g, **무** 110g, **당근** 60g, **대파** 1/2개, **두부** 60g, **죽순** 50g, **팽이버섯** 30g, **표고버섯** 1개, **쑥갓** 30g, **건다시마**(1×10cm) 1장, **소금** 20g, **청주** 20ml, **실파** 20g, **고운 고춧가루** 10g, **진간장** 30ml, **식초** 30g, **레몬** 1/4개, **맛술**(미림) 20ml

만드는 법

1. 지급된 재료를 확인한 후 분리하여 쑥갓은 찬물에 담가둔다.
2. 다시마는 젖은 면보로 닦은 후 냄비에 다시마와 찬물을 붓고 물이 끓으면 불을 끈 다음, 5분 정도 지난 후 다시마를 건져내 다시마국물을 만든다.
3. 도미는 비늘을 긁고 아가미와 내장을 제거한 후 깨끗이 씻고 머리·몸통·꼬리 부분으로 세 토막을 낸다.
4. 도미 머리는 세 토막으로 자르고, 꼬리는 다듬어서 칼집을 넣은 후 몸통은 세장 포 뜨기를 해서 다른 부위와 크기를 맞추어 잘라 소금을 살짝 뿌려둔다.
5. 두부는 5cm 길이의 직사각형으로 도톰하게 썰고, 대파는 5cm 길이로 어슷하게 썬다.
6. 표고는 기둥을 떼고 꽃 모양으로 만들고, 팽이버섯은 밑둥을 잘라 준비한다.
7. 죽순은 끓는 물에 데쳐 빗살 모양을 살려 0.2cm 두께로 썬다.
8. 끓는 물에 소금을 약간 넣고 무·당근·배추·쑥갓을 데쳐 무·당근은 꽃 모양으로 만들고, 배추와 쑥갓은 말아서 물기 제거한 후 어슷하게 썰어서 준비한다.
9. 소금 뿌려둔 도미를 끓는 물에 데쳐 비늘과 불순물을 제거하고 깨끗하게 씻어 준비한다.
10. 지리냄비에 준비한 야채와 도미를 보기 좋게 담고, 다시물을 재료가 잠기도록 부어 끓이다가 거품은 걷어내고 꽃소금과 청주로 간을 하고 쑥갓을 넣어 마무리한다.
11. 실파는 송송 썰고 무는 강판에 갈아 오로시를 만들어 흐르는 물에 씻어 물기를 제거하고, 고운 고춧가루에 무쳐 아카오로시를 만들고 분량의 양념으로 폰즈를 만들어둔다.
12. 끓인 냄비에 폰즈와 야쿠미를 곁들여낸다.

RECIPE

- 폰즈: 다시물 1Ts, 간장 1Ts, 식초 1Ts
- 야쿠미: 실파, 레몬, 아카오로시(무즙+고운 고춧가루)

POINT

- 도미의 비늘은 깨끗이 긁고, 머리·내장·아가미는 한 번에 제거한다.
- 도미머리를 반으로 가를 때는 머리를 세워서 앞니 사이로 데바칼을 넣어 반으로 잘라낸다.
- 손질한 도미에 살을 단단하게 하고 비린내를 제거하기 위해 소금을 살짝 뿌려둔다.

모둠냄비(요세나베, 寄鍋, よせなべ)

[실기시간: 50분]

요구사항

※주어진 재료를 사용하여 다음과 같이 **모둠냄비**를 만드시오.

가. 재료는 규격에 알맞도록 썰고 삶거나 데쳐내시오.

나. 다시마와 가다랑어포(가츠오부시)로 가다랑어 국물(가츠오다시)을 만드시오.

다. 달걀은 끓는 물에 살짝 풀어 익혀 후키요세타마고로 만드시오.

수험자 유의사항

1. 각 재료는 삶거나 데치고 먼저 넣어 끓일 것과 나중에 마무리할 것을 구분해둔다.
2. 국물(요세나베다시)을 따로 간해서 두고, 다른 준비가 다 되었을 때 끓인다.
3. 이하의 내용은 본서 223쪽의 "실기부문 '수험자 유의사항' 공통내용"을 참조바랍니다.

지급재료

닭고기 20g, **흰 살 생선** 50g, **갑오징어** 50g, **찐어묵** 30g, **새우**(중) 1마리, **백합조개** 1개, 두부 70g, **죽순** 30g, **무** 60g, **당근** 60g, **배추** 80g, **대파** 1/2개, **생표고버섯** 1개, **쑥갓** 30g, **팽이버섯** 30g, **달걀** 1개, **건다시마**(1×10cm) 1장, **진간장** 50ml, **청주** 50ml, **설탕** 50g, **소금** 20g

만드는 법

1. 지급된 재료를 확인하여 분리한 후 쑥갓은 찬물에 담그고 대합은 소금물에 담가 해감한다.
2. 다시마는 젖은 면보로 닦은 후 냄비에 다시마와 찬물을 붓고 물이 끓으면 불을 끈 다음 5분 정도 지난 후 다시마를 건져내 다시마국물을 만든다.
3. 새우는 이쑤시개로 내장을 빼내고, 오징어는 속껍질과 겉껍질을 벗긴 다음 안쪽에 칼집을 넣고 뒤집어서 한입 크기로 썬다. 닭고기도 한입 크기로 썬다.
4. 두부는 5cm 길이로 썰고, 대파도 5cm 길이로 어슷하게 썬다.
5. 생표고버섯은 기둥을 떼고 꽃 모양으로 만들고, 팽이버섯은 밑둥을 잘라둔다.
6. 물이 끓으면 약간의 소금을 넣고 당근과 무는 삶아 매화꽃・은행잎 모양으로 만들고, 배추와 쑥갓은 데쳐서 찬물에 식힌 후 김발에 배추를 깔고 쑥갓을 심으로 해서 말아 물기를 제거하고 어슷하게 썬다.
7. 죽순은 끓는 물에 데쳐 찬물에 식힌 후 빗살 모양의 0.2cm 두께로 썬다.
8. 찐 어묵은 물결 무늬 칼집을 넣어 두 개로 포 떠서 준비한다. 해감해둔 대합은 눈을 제거한다.
9. 끓는 물에 약간의 소금을 넣고 달걀을 풀어 끓는 물 속에 넣어 80~90% 정도 익으면 체에 밭쳐 물기를 빼고 김발에 말아 식으면 2~3cm 길이로 비스듬하게 자른다(후키요세타마고).
10. 준비한 다시물에 분량의 양념(다시물 3컵, 간장 2Ts, 청주 2Ts, 소금 1/2ts, 설탕 1/2ts)을 넣고 끓여 모둠냄비국물을 준비한다.
11. 쑥갓을 제외한 모든 재료를 냄비에 보기 좋게 돌려 담고 모둠냄비국물을 부어 끓으면 거품을 걷어내고 마지막에 쑥갓을 올려 완성한다.

RECIPE

- 모둠냄비국물: 다시물 3컵, 간장 2Ts, 청주 2Ts, 소금 1/2ts, 설탕 1/2ts

POINT

- 분량의 양념으로 모둠냄비국물을 만들어 사용한다. 양념을 따로 넣어 끓이지 않는다.
- 냄비에 들어가는 모든 식재료는 한 번 데쳐서 불순물을 제거한 후 사용한다.
- 후키요세타마고: 달걀을 젓가락으로 잘 풀어 끓는 물에 넣어 80~90% 익으면 한데 모아 김발로 모양을 만든다.

❖요세나베(寄鍋, よせなべ)

여러 가지 재료를 모아서 끓이기 때문에 이런 이름이 붙었다. 재료는 몇 가지라도 좋으나 어패류는 살짝 데쳐 비린내를 제거한다. 채소는 제철 채소를 사용하고, 조개류는 해감을 잘해서 그대로 사용한다. 냄비요리는 끓일 때 너무 오래도록 끓이지 않도록 하며, 요세나베 국물을 따로 만들어 사용한다.

❖후키요세(吹寄) 타마고(玉子)

후키요세(吹寄)는 "바람으로 한곳에 모인 나뭇잎과 낙엽들의 모습"을 뜻하는 말로 낙엽을 한데 쓸어 모아 뭉치듯이 모아서 만든 요리를 말한다. 밤・버섯・은행 등으로 만들어 전채나 조림요리 등에 사용한다. 달걀을 뜨거운 물에 푼 것을 한데 모아 김발로 말아내는 것에 기인하여 붙여진 이름이며, 후키요세(吹寄)의 재료로도 사용된다.

❖냄비요리의 종류

① 물 또는 다시물로 끓이는 냄비: 물 또는 다시국물을 넣어 끓이며, 닭을 토막 내어 닭국물로 계절야채와 함께 끓이는 미즈다키 냄비가 있고, 다시마국물을 사용해 두부의 감칠맛을 보기 위한 유토오후(뜨거운 두부요리), 끓는 다시마 국물에 소고기를 살짝 담근 후 건져서 소스에 찍어 먹는 샤부샤부 등이 있다.

② 엷은 간을 해서 끓이는 냄비: 간을 연하게 하여 우동과 계절의 야채, 어개류, 닭고기 등과 함께 끓인 우동냄비가 있고, 게의 독특한 맛을 살리기 위한 카니스키나베, 여러 가지 다양한 재료를 풍부히 넣어 다양한 맛을 즐기기 위한 모둠냄비가 있다. 또한 자라와 다시마국물과 술을 넣고 끓인 보양식 자라냄비도 있다.

③ 진한 간을 해서 끓이는 냄비: 간을 주로 진하게 해서 끓이며 엷게 썬 소고기와 각종 야채를 곁들여 즉석에서 간장소스를 곁들여 끓여 먹는 스키야키가 있고, 된장 맛을 내서 끓여먹는 굴 된장냄비, 랍스터 된장냄비 등이 있다.

소고기등심전골(스키야키, 鋤焼鍋, すきやきなべ)

[실기시간: 40분]

요구사항

※주어진 재료를 사용하여 다음과 같이 **소고기등심전골**을 만드시오.

가. 전골 양념장(다레)과 다시(국물)를 준비하시오.

나. 고기와 채소류를 각각 적합한 크기로 썰어 준비하시오.

다. 재료의 특성에 맞게 순서대로 볶아서 익히시오.

수험자 유의사항

1. 익힐 때는 다른 작품과 함께 완성되도록 하고 생달걀 1개를 같이 내야 한다.
2. 이하의 내용은 본서 223쪽의 "실기부문 '수험자 유의사항' 공통내용"을 참조바랍니다.

지급재료

소고기(등심) 100g, **배추** 70g, **대파** 1/2개, **쑥갓** 20g, **죽순** 20g, **우엉** 40g, **팽이버섯** 50g, **두부** 50g, **표고버섯** 1개, **양파** 1/2개, **실곤약** 30g, **달걀** 1개, **건다시마**(1×10cm) 1장, **진간장** 50ml, **청주** 30ml, **식용유** 20ml, **설탕** 30g

만드는 법

1. 지급된 재료를 확인한 후 분리하여 쑥갓은 찬물에 담가둔다.
2. 다시마는 젖은 면보로 닦은 후 냄비에 다시마와 찬물을 붓고 물이 끓으면 불을 끈 다음 5분 정도 지난 후 다시마를 건져내 다시마국물을 만든다.
3. 우엉은 칼등으로 껍질을 벗겨 세로로 칼집을 넣고, 연필 깎듯이 돌려 얇게 썰어(사사카키고보) 씻은 후 찬물에 담가둔다.
4. 죽순은 끓는 물에 데쳐 빗살 무늬를 살려 0.2cm 두께로 썰고, 생표고버섯은 기둥을 떼고 꽃 모양으로 칼집을 넣는다.
5. 양파는 0.5cm 두께로 반달 모양으로 썰고, 대파는 5cm 길이로 어슷하게 썰어 준비한다.
6. 배추는 길이 5cm, 폭 2~3cm로 썰고, 팽이버섯은 밑동을 잘라둔다.
7. 두부는 길이 5cm 직사각으로 잘라 팬에 구워 찬물에 식혀 사용한다.
8. 곤약은 끓는 물에 데쳐 판곤약은 당면 굵기로 채썰고, 실곤약이 제공되면 그대로 사용한다.
9. 소고기는 0.2cm 두께로 넓고 얇게 썰어 준비한다.
10. 완성접시에 준비한 채소와 소고기를 보기 좋게 담는다.
11. 분량의 양념으로 전골양념을 만든다.
12. 전골냄비에 기름을 둘러 단단한 채소(우엉・배추・양파・죽순)부터 한 가지씩 볶다가 전골양념을 조금씩 끼얹어가며 익힌 다음, 나머지 재료(곤약・두부・대파・표고버섯・팽이버섯・소고기)를 넣어 볶다가 익으면 소스를 넉넉하게 붓고, 전체적으로 한 번 더 끓인 다음 쑥갓을 얹은 후 마무리한다.
13. 별도의 그릇에 날달걀을 곁들여낸다.

RECIPE

- 전골양념: 다시물 4Ts, 진간장 1Ts, 청주 1Ts, 미림 1.2Ts, 설탕 1ts

POINT

- 전골냄비에 야채를 볶을 때 한꺼번에 넣지 말고 한 가지씩 볶아내어 모양이 흐트러지지 않도록 한다.
- 야채와 준비한 재료를 볶을 때 전골양념을 부어가면서 타지 않게 주의한다.

❖수입 소고기

1. 수입육은 사육 방식에 따라 곡물사육(Grain-fed)과 목초사육(Grass-fed)으로 나뉜다.
   ① 곡물로 키운 소는 목초사육과 비교해 마블링 침착이 좋은 편이라 육질이 부드럽고 냄새가 덜해 담백하게 즐길 수 있다. 미국산은 곡물사육 방식이고 호주산은 곡물사육과 목초사육을 병행한다.
   ② 목초사육은 소 자체의 건강에는 바람직하지만 마블링 침착이 적어 양념조리, 탕 또는 찜 요리에 적합하다.
2. 미국 농무부(USDA: United States Department of Agriculture) 소고기 8개 등급 분류
   ① 현재 한국에 수입되는 소고기는 30개월 미만이면서 성숙도 A 카테고리에 해당되는 프라임(Prime), 초이스(Choice), 셀렉트(Select) 급이다.
      ⓐ 프라임(Prime): 300일 이상, 지방 함량이 10~13%인 최상위급 고기
      ⓑ 초이스(Choice): 120일 이상, 지방 함량이 4~10%
      ⓒ 셀렉트(Select): 60일 이상, 곡물비육으로 지방 함량이 2~4%
      ⓓ 이 외 등급으로 스탠더드(Standard), 커머셜(Commercial), 유틸리티(Utility), 커터(Cutter), 캐너(Canner)로 구분
   ② 초이스급이 가장 많은 비중을 차지하며, 성별로는 거세우와 비거세 어린 수소, 미경산우가 포함된다.
   ③ 같은 등급이라 하더라도 지역이 워낙 넓기 때문에 품질차이가 날 수 있어 세심한 주의가 필요하다.
   ④ 미국의 대표 육용 품종으로 블랙앵거스(Black Angus)와 레드앵거스(Red Angus)가 사육되며, 18개월 이후에 수소는 1ton, 암소는 800kg까지 성장한다.
   ⑤ 미국의 3대 메이저 브랜드로는 IBP, EXCEL, SWIFT가 있고 품질이 무난한 편이다.
3. 호주・캐나다・뉴질랜드의 소고기 분류법
   ① 호주산의 경우 소와 소고기의 등급기준이 다른데, 소의 등급은 연령과 치아로 구분하고, 고기의 등급은 마블링과 고기와 지방의 색 등으로 차등을 둔다.
   ② 호주 육류 및 통일규격위원회에서 제공하는 'AUS MEAT'를 이용해 평가한다.
      ⓐ 고기색이 어두울수록 월령이 높은 소로 분류된다.
      ⓑ 마블링은 지방의 분포에 따라 1~9등급으로 구분하며, 지방의 색이 노란색에 가까울수록 목초사육 방식 고기로 분류한다.
      ⓒ 브랜드별 품질이 다르기 때문에 세심한 주의가 필요하다.

4. 캐나다는 미국과 비슷한 Prime, AAA, AA, A로 등급을 매긴다.
5. 뉴질랜드는 소의 성별, 성숙 정도, 비육도와 지방 함량에 따라 나눈다.

❖일본 소고기 등급(日本牛肉等級)

1. 神戸, 고우베
2. 松阪, 마츠자카
3. 近江, 오우미
4. 仙台, 센다이
5. 前澤, 마에자와
6. 佐賀, 사가

❖굽기 정도에 따른 육류의 상태

굽기 등급 (degree)	색깔 (color)	온도 (temperature)	상태 (resistance)
블루 (blue)	붉은 선홍색	45~50°C	내부에 온기만 있고, 익지 않은 상태
레어 (rare)	선홍색	50~55°C	겉표면만 익고, 내부 육질이 블루보다 거칠게 나타남
미디엄 레어 (medium rare)	선홍색	52~57°C	레어보다는 익은 부분이 두껍고, 붉은 육즙이 선명
미디엄 (medium)	연한 선홍색	55~60°C	내부에 선홍색 육즙이 보이고, 육질이 미세한 틈을 보이기 시작
미디엄 웰 (medium well)	엷은 핑크+갈색	57~62°C	육질과 즙의 분리가 뚜렷해지고, 결이 선명하게 나타남
웰던 (well done)	엷은 갈색	65~70°C	육즙이 적고 단단해지기 시작함. 전반적으로 갈색임

모둠튀김(덴푸라 모리아와세, 天婦羅盛合, てんぷらもりあわせ)

[실기시간: 40분]

요구사항

※주어진 재료를 사용하여 다음과 같이 **모둠튀김**을 만드시오.

가. 차새우 · 갑오징어 · 학꽁치 · 바닷장어를 튀길 수 있도록 손질하시오.

나. 각 채소를 튀길 수 있는 크기로 써시오.

다. 튀김 소스(텐다시)와 양념(야쿠미)을 곁들여 내시오.

수험자 유의사항

1. 새우를 튀길 때 구부러지지 않도록 손질한다.
2. 각 생선류를 밑 손질하여 물기를 없앤다.
3. 채소류를 손질하여 자른 다음 물에 씻어 물기를 없앤다.
4. 기름이 타지 않도록 하고, 재료 특성에 맞게 튀겨낸다.
5. 이하의 내용은 본서 223쪽의 "실기부문 '수험자 유의사항' 공통내용"을 참조바랍니다.

지급재료

차새우 2마리, **갑오징어** 40g, **학꽁치** 1/2마리, **바닷장어** 50g, **양파** 1/4개, **생표고버섯** 1개, **연근** 30g, **청피망** 1/6개, **달걀** 1개, **무** 30g, **통생강** 20g, **실파** 20g, **레몬** 1/8개, **밀가루**(박력분) 150g, **식용유** 500ml, **한지** 2장, **대꼬챙이** 2개, **이쑤시개** 1개, **건다시마**(5×10cm) 1장, **가다랑어포** 20g, **간장** 10ml, **설탕** 20g, **청주** 10ml

만드는 법

1. 지급된 재료를 확인한 후 분리하여 연근은 껍질을 벗겨 식초물에 담가둔다.
2. 다시마는 젖은 면보로 닦은 후 냄비에 다시마와 찬물을 붓고 물이 끓으면 불을 끈 다음 가다랑어포를 넣고 5분 정도 지난 후 고운체에 걸러 다시국물을 만든다.
3. 양파는 1cm 두께로 잘라 꼬챙이에 꽂아 준비한다.
4. 표고버섯은 기둥을 떼고 칼집을 넣어 꽃 모양으로 만들고, 피망은 3×5cm 크기로 썬다.
5. 실파는 얇게 송송 썰고, 무는 강판에 갈아 오로시를 만들어 흐르는 물에 씻어 물기를 제거해둔다. 레몬은 슬라이스한다.
6. 새우는 두 번째 마디에 이쑤시개를 찔러 내장을 제거하고, 머리를 떼어낸 후 꼬리 한 마디만 남기고 껍질을 벗긴 다음 깨끗이 씻어 물기를 제거하고, 꼬리 끝부분을 잘라낸 후 배 쪽에 4번 정도 칼집을 넣어 등이 구부러지지 않도록 뚝뚝 편다.
7. 갑오징어는 껍질을 벗기고, 안쪽으로 칼집을 넣어 3×6cm 크기로 자른다.
8. 학꽁치는 비늘과 내장을 제거하고, 세장 포 뜨기 하여 겉껍질을 벗긴 후 잔 칼집을 넣어준다.
9. 바닷장어는 잔가시를 제거하고 3×6cm 크기로 자른다.
10. 분량의 양념을 끓여 튀김 소스(텐다시)를 만든다.
11. 달걀노른자 1개에 얼음물 5컵과 레몬즙을 섞어 튀김물을 만들고, 박력분을 체에 쳐서 튀김물과 섞어 튀김반죽(코로모)을 만든다.
12. 튀김재료에 밀가루를 무치고 튀김반죽(코로모)을 입혀 170~180℃ 정도의 온도에 튀겨낸다. 단단한 채소부터 생선, 새우, 푸른 야채 순으로 튀겨낸다.
13. 완성접시에 튀김종이를 깔고 야채・생선・새우 순으로 세워서 담고, 마지막에 푸른 야채를 튀겨 보기 좋게 얹는다.
14. 텐다시를 끓여 따뜻하게 담고, 야쿠미와 레몬을 곁들여낸다.

RECIPE

- 텐다시: 다시물 6Ts, 간장 1Ts, 청주 1Ts, 설탕 1/2Ts
  다시물 4Ts, 진간장 1Ts, 미림 1Ts
- 야쿠미: 무즙, 실파, 레몬

❖튀김방법의 종류

① 스아게(그냥튀김, 素揚げ, すあげ): 재료에 아무것도 무치지 않고 튀기는 방법으로 색과 모양을 살리는 것이 좋다. 수분이 많은 것에는 어울리지 않고 풋고추, 아스파라거스, 소가지, 연근, 산마 등이 잘 어울린다.

② 카라아게(양념튀김, 唐揚げ, からあげ): 밀가루, 칡가루, 전분가루 등을 재료에 뿌려 튀긴다. 재료의 맛난 맛을 잃지 않고 바싹해서 감촉이 좋다. 가루를 무치기 전에 간장, 술, 생강즙 등으로 밑간을 하는 경우가 많다. 가자미, 놀래미, 토란, 닭고기, 두부 등이 대표적이다.

③ 코로모아게(반죽튀김, 衣揚げ, ころもあげ): 재료가 가지고 있는 수분을 잃지 않도록 튀김옷을 입혀서 튀긴다. 튀김옷은 점성이 적은 박력분을 사용한다. 얼음물에 달걀노른자를 섞어 레몬즙을 약간 넣어 분리되지 않게 해놓고, 박력분을 섞어 반죽을 만들어 옷을 입혀 일반적으로 170~180℃에서 튀긴다.

④ 카와리아게(변형튀김, 変揚げ, かわりあげ): 튀김옷에 여러 가지 재료를 사용해서 튀기는 재료에 손을 더해서 변화를 준 것이다. 변형튀김옷의 재료로서는 당면, 소면, 메밀, 땅콩, 은행, 도명사가루, 호두, 아몬드, 잣, 김, 시소, 산초나무순, 양귀비씨, 미진코 등이 있다.

❖튀김소스(天婦羅 ソース)

① 텐다시(天出し): 재료의 선도가 좋은 경우나 술안주로 이용할 때는 간을 엷게, 반찬용으로 사용할 때는 약간 진하게 한다. 텐다시의 온도는 너무 뜨거우면 옷이 벗겨지기 쉽고, 반대로 너무 차가우면 튀긴 튀김의 온도가 내려가서 좋지 않고 은은한 열기가 있는 정도의 온도가 좋다. 텐다시를 오이시이다시(美味出し), 츠케다시, 네리다시라고도 한다.

② 식염(食鹽): 빈 냄비에 소금 3에 대해 화학조미료 1의 비율로 섞어 살짝 볶아서, 분마기에 갈아 분말형태로 한 것이다. 튀김을 산뜻한 맛으로 즐기고자 할 때 어울린다.

③ 가감초(加減酢): 레몬즙과 엷은 간장을 동량씩 섞어 적당히 다시국물로 가감한다. 폰즈를 다시국물로 엷게 해서 사용하는 경우도 있다. 카라아게에 어울린다.

④ 감귤류(甘橘類): 레몬・스다치 등을 짜기에 넣어 곁들이기도 하고, 짠 즙을 권하기도 한다. 모토시오와 함께 곁들이는 경우가 많다.

❖튀김을 바삭하게 튀기는 방법

① 튀김반죽을 지나치게 많이 섞지 않는다. 튀김 젓가락은 굵은 것으로 사용하고 밀가루 덩어리가 남아 있을 정도로 많이 섞지 않는다.

② 밀가루는 박력분을 사용하고 냉장고 안이나 드라이아이스를 넣어 차게 보관하였다가 사용하기 전 체에 걸러 사용한다.

③ 튀김옷은 달걀노른자 한 개에 냉수 1,800cc 1컵 정도를 잘 섞어 레몬즙을 짜 넣은 후 냉장고에 차게 보관 후 사용한다.

④ 튀김옷은 즉시 만들어 사용하고 양을 조절하여 남지 않게 한다.

⑤ 재료에 무치는 튀김옷(약간 되게)과 마지막에 꽃을 피우기 위해 뿌리는 튀김옷(묽게)은 농도를 달리하여 잘 조절하여야 한다.

⑥ 각각의 재료에 따른 온도조절이 무엇보다 중요하다.

⑦ 튀김은 따뜻할 때 즉시 먹는 것이 바람직하다.

MEMO

튀김두부(아게다시 토우후, 揚げだし豆腐, あげだしとうふ)

[실기시간: 25분]

요구사항

※주어진 재료를 사용하여 다음과 같이 **튀김두부**를 만드시오.

가. 가다랑어국물(가츠오다시)을 뽑아서 튀김다시(텐다시)를 만드시오.

나. 연두부의 물기를 제거하고, 4×5×4cm 정도로 썰어 튀기시오.

다. 무즙(오로시), 실파, 채썬 김(하리노리)으로 양념(야쿠미)을 만드시오.

라. 튀김두부 3개를 그릇에 담고, 튀김다시(텐다시)에 무즙을 풀어 위에 끼얹으시오.

마. 라. 위에 고명(텐모리)으로 썬 실파와 채썬 김을 올려 제출하시오.

수험자 유의사항

1. 가다랑어국물(가츠오다시) 뽑기와 튀김온도에 유의한다.
2. 연두부의 형태를 잘 유지한다.
3. 고명을 만드는 방법에 유의한다.
4. 이하의 내용은 본서 223쪽의 "실기부문 '수험자 유의사항' 공통내용"을 참조바랍니다.

지급재료

연두부 1모, **녹말가루** 100g, **실파** 20g, **김** 1/4장, **무** 100g, **건다시마**(5×10cm) 1장, **가다랑어포** 10g, **간장** 50ml, **식용유** 500ml, **미림** 50ml, **설탕** 30g

만드는 법

1. 지급된 재료를 확인한 후 분리하여 손질한다.
2. 다시마는 젖은 면보로 닦은 후 냄비에 다시마와 찬물을 붓고 물이 끓으면 불을 끈 다음 가다랑어포를 넣고 5분 정도 지난 후 고운체에 걸러 다시국물을 만든다.
3. 실파는 송송 썰고, 무는 강판에 갈아 오로시를 만들어 흐르는 물에 씻어 매운맛을 제거한 다음 물기 꼭 짜서 준비한다.
4. 연두부는 4×5×4cm 크기로 3개를 자른 후 물기를 제거한다.
5. 김은 살짝 구워 최대한 가늘게 채썰어 준비한다.
6. 분량의 양념으로 튀김다시를 만들어 무즙을 섞는다.
7. 기름온도가 170℃ 정도 올라오면 자른 연두부에 전분가루를 입혀 여분의 가루를 털어내고 두부를 튀겨낸다.
8. 완성그릇에 튀긴 두부를 담고, 무즙을 섞은 튀김다시를 끼얹는다.
9. 두부 위에 실파와 채썬 김을 올려낸다.

RECIPE

- 튀김다시: 다시물 5Ts, 간장 1Ts, 맛술 1Ts, 설탕 1/2Ts

POINT

- 연두부는 깨지기 쉬우므로 튀기기 전까지 잘 다루어야 하며, 물기를 완전히 제거해야 한다.
- 연두부는 자른 후 미리 녹말가루를 발라두면 전부 흡수되므로 미리 무치지 않는다.
- 튀기기 몇 분 전에 녹말가루를 무쳐 온도(170°C)가 올라오면 단시간에 튀겨낸다.
- 고명(텐모리)으로 실파와 채썬 김을 올려 완성한다.

소고기튀김(규니쿠 카라아게, 牛肉空揚, きゆうにくからあけ)

[실기시간: 30분]

요구사항

※주어진 재료를 사용하여 다음과 같이 **소고기튀김**을 만드시오.

가. 소고기를 결의 반대로, 잘고 굵은 채로 써시오

나. 소고기에 양념을 한 후 달걀과 밀가루, 전분을 넣어 섞으시오.

다. 양념한 재료는 조금씩 떼어 넣어 튀겨내시오(동그랗게 모양을 만들어 튀기는 경우는 오작처리).

수험자 유의사항

1. 장식품과 곁들일 재료를 준비한다.
2. 이하의 내용은 본서 223쪽의 "실기부문 '수험자 유의사항' 공통내용"을 참조바랍니다.

지급재료

소고기(등심) 100g, **달걀** 1개, **실파** 20g, **당면** 10g, **마늘** 1쪽, **파슬리** 1줄기, **레몬** 1/4개, **밀가루** 30g, **전분가루** 30g, **식용유** 500ml, **소금** 2g, **청주** 5ml, **한지** 2장, **간장**, **설탕**, **참기름**, **후춧가루**, **볶은 깨**

만드는 법

1. 지급된 재료를 확인한 후 분리하여 파슬리는 찬물에 담가둔다.
2. 실파는 얇게 송송 썰고, 레몬은 웨지(Wedge) 커트하고, 마늘은 다져놓는다.
3. 소고기는 힘줄을 제거한 뒤 결 반대방향으로 0.3cm 두께로 채썰거나 굵게 다져놓는다.
4. 채썬 소고기에 달걀노른자, 다진 마늘, 소금, 후추, 간장, 청주, 참기름, 볶은 깨, 실파를 넣고 밑간을 한다.
5. 밑간을 한 소고기에 밀가루와 전분가루를 1 : 1로 넣어 반죽을 해서 호두알 정도 크기로 만든다.
6. 튀김기름이 달궈지면 160℃ 정도의 낮은 온도에서 속이 다 익을 때까지 온도를 조절하면서 튀겨낸다(처음에 낮은 온도 160℃에서 튀기다가 재료를 다 넣으면 온도가 떨어지므로 불을 세게 한다).
7. 마지막에 튀김온도를 높여 180℃ 정도의 센 불에 당면을 튀겨낸다.
8. 완성접시에 튀김종이를 깔고 튀긴 당면을 얹은 뒤 소고기튀김을 올리고 레몬과 파슬리로 장식을 한다.

RECIPE

- 삼배초(三杯酢, 산바이즈): 다시 7Ts, 식초 4Ts, 설탕 3Ts, 간장 1Ts
  다시 150cc, 식초 100cc, 설탕 1TS, 간장 5cc, 소금 1/2Ts

POINT

- 소고기는 핏물과 힘줄 및 기름기를 제거하고, 결 반대로 잘고 굵은 채로 썰거나 굵게 다져서 사용한다.
- 다진 소고기에 분량의 양념(달걀노른자, 다진 마늘, 실파, 소금, 후추, 청주, 참기름, 볶은 깨)을 넣고 밑간을 한다.
- 밑간을 해둔 소고기에 밀가루와 전분가루를 같은 양으로 넣고, 반죽할 때 가루가 너무 많이 들어가지 않게 한다.
- 양념한 소고기를 낮은 온도(160°C)에서 천천히 튀겨야 속까지 다 익게 튀길 수 있다. 센 불에서 튀기면 겉만 타고 속은 익지 않기 때문에 불조절을 잘하여야 한다.
- 당면은 높은 온도에서 빨리 튀겨낸다.

꼬치냄비(오뎅나베, 御田鍋, おでんなべ)

[실기시간: 40분]

요구사항

※주어진 재료를 사용하여 다음과 같이 **꼬치냄비**를 만드시오.

가. 어묵(오뎅)은 용도에 맞게 자르시오(단, 사각형으로 된 오뎅은 5cm 정도로 잘라 사용한다).

나. 다시마는 매듭을 만들고, 당근은 벚꽃 모양으로 만드시오.

다. 곤약은 길이 7cm, 폭 3cm 정도 잘라서 꼬인 상태로 만들어 사용하시오.

라. 소고기 · 실파 · 목이버섯 · 당면 · 배추 · 당근으로 일본식 잡채를 만들어서 유부에 넣어 데친 실파로 묶으시오.

마. 겨자와 간장을 함께 곁들이시오.

수험자 유의사항

1. 무 삶기와 곤약조림에 유의한다.
2. 재료의 전처리에 유의한다.
3. 이하의 내용은 본서 223쪽의 "실기부문 '수험자 유의사항' 공통내용"을 참조바랍니다.

지급재료

모둠어묵 180g, **판곤약** 50g, **당근** 60g, **무** 70g, **쑥갓** 30g, **달걀** 1개, **대꼬치** 2개, **건다시마**(5×10cm) 1장, **가다랑어포** 20g, **간장**, **설탕**, **소금**, **청주**, **맛술**, **식용유**, **후춧가루**, **겨잣가루**

[유부 속재료]

유부 2장, **소고기** 30g, **실파** 40g, **목이버섯** 5g, **당면** 10g, **배추** 50g

만드는 법

1. 지급된 재료를 확인한 후 분리하여 쑥갓은 찬물에 담그고 목이버섯은 물에 담가 불린다.
2. 다시마는 젖은 면보로 닦은 후 냄비에 다시마와 찬물을 붓고 물이 끓으면 불을 끈 다음 가다랑어포를 넣고 5분 정도 지난 후 고운체에 걸러 다시국물을 만든다.
3. 다시국물에 분량의 양념을 넣고 오뎅다시를 만든다.
4. 무는 2~3cm 두께로 잘라 모서리를 제거한다(멘도리). 국물 뺀 다시마는 매듭 모양으로 만든다.
5. 곤약은 길이 7cm, 폭 3cm 크기로 잘라 가운데 칼집을 넣고 뒤집어 꼬아 꽈배기 모양으로 만든다.
6. 사각어묵은 5cm 길이로 자르고, 다른 어묵은 적당 크기로 잘라 끓는 물에 데쳐 모양을 골고루 꼬챙이 꿰어 준비한다.
7. 당근은 데쳐 꽃 모양으로 만들고, 유부는 끝을 자르며, 실파는 그대로 끓는 물에 데쳐 준비한다. 무와 곤약도 끓는 물에 데쳐 찬물에 식혀 준비한다.
8. 삶아져 나온 달걀은 껍질을 벗기고 데친 무와 곤약을 함께 핫포다시에 조려 양념 간을 들인다. 조려낸 달걀은 절반으로 잘라 준비한다.
9. 유부 속재료인 소고기 · 당근 · 배추 · 목이버섯은 3cm 정도로 채썰고, 당면도 끓는 물에 삶아 3cm 길이로 잘라 팬에 기름 두른 후 소고기 · 당근 · 배추 · 목이버섯 · 당면을 볶다가 간장 · 설탕 · 후춧가루로 간을 하여 잡채를 만든 다음 유부 속에 잡채를 넣고 데쳐놓은 실파로 유부 입구를 묶어 주머니를 만든다.
10. 냄비에 준비한 오뎅꼬치와 유부주머니, 핫포다시에 조려둔 달걀, 무, 곤약, 꽃 모양 당근을 함께 담고 오뎅다시를 재료가 잠길 만큼 부어 끓인 다음 쑥갓을 넣고 마무리한다.
11. 겨자는 따뜻한 물에 개어 겨자간장을 만들어 곁들여낸다.

RECIPE

- 오뎅다시: 다시물 3Cup, 간장 1.5Ts, 설탕 1ts, 소금 1/2ts, 혼다시
- 핫포(八方)다시: 다시물 8Ts, 진간장 1Ts, 미림 1Ts

❖오뎅(おでん)

오뎅나베는 냄비에 어묵, 곤약, 무, 유부, 각종 해산물과 야채 등을 국물을 붓고 끓여 먹는 일본식 냄비요리이다. 오뎅 재료들이 전용 용기에 담겨서 이미 끓고 있으면 주인에게 원하는 품목을 주문하여 국물에서 건져 앞접시에 덜어주는 형태의 요리이다. 뜨거운 국물에 담긴 채 진열되어 있다는 점은 한국의 포장마차와 비슷하지만 일본의 오뎅은 들어가는 재료가 다양하고 고급화되어 문어, 소힘줄(스지), 떡이나 만두 같은 것도 들어가고 우리나라에서는 국물을 우려낸 후 버리는 무도 일본에서는 값을 매겨 판매한다. 오키나와에서는 족발을 넣기도 하고 서양식 머스터드 소스를 찍어 먹는다. 밥반찬부터 술안주까지 편의점이나 술집 등 다양한 곳에서 많이 팔며 캔 오뎅도 많이 팔리고 있다.

본디 일본식 오뎅은 국물의 비중이 낮고 건더기(곤약, 어묵, 낙지 등)를 위주로 건져 먹는 형태이다. 국물을 안 먹는 것이 아니고 건더기를 적셔 먹는다고 생각하면 된다. 오뎅의 종류에는 모양에 따라, 넓은 어묵(히라텐, ひらてん), 구멍어묵(치쿠와, ちくわ), 막대어묵(보텐, ぼてん), 완자어묵(마루텐, まるてん) 등이 있다.

MEMO

모둠생선회(사시미 모리아와세, 刺身盛合, さしみもりあわせ)

[실기시간: 30분]

요구사항

※주어진 재료를 사용하여 다음과 같이 **모둠생선회**를 만드시오.

가. 각 생선을 밑 손질하시오.

나. 무를 돌려 깎기(가츠라무키)한 후 가늘게 채 썰어 사용하시오.

다. 당근은 나비 모양, 오이는 왕관 모양으로 장식하여 내시오.

수험자 유의사항

1. 각 어류에 비린내가 나지 않도록 밑 손질한다.
2. 각종 채소류를 먹기 좋고, 보기 좋게 장식할 수 있도록 썬다.
3. 생선회를 규격에 맞게 알맞게 썬다.
4. 생선회 접시에 색상이 알맞도록 담는다.
5. 이하의 내용은 본서 223쪽의 "실기부문 '수험자 유의사항' 공통내용"을 참조바랍니다.

지급재료

참치 60g, **광어** 50g, **도미살** 50g, **학꽁치** 1/2마리, **무** 400g, **당근** 60g, **오이** 1/3개, **레몬** 1/8개, **무순** 5g, **시소** 4장, **고추냉이** 10g

만드는 법

1. 지급된 재료를 확인한 후 분리하여 시소와 무순은 찬물에 담근다.
2. 참치는 미지근한 소금물에 해동하여 물기를 제거하고 면보에 말아둔다.
3. 광어와 도미는 껍질을 벗기고 깨끗이 손질한다.
4. 학꽁치는 비늘을 긁고, 머리 잘라 내장을 제거하고, 3장 포 뜨기 해서 껍질을 벗긴 후 약한 소금물에 살짝 씻어 물기를 제거한 후 준비한다.
5. 무는 얇게 돌려 깎기 하여 곱게 채를 썰어 흐르는 물에 여러 번 씻은 후 찬물에 담가둔다.
6. 오이는 왕관 모양이나 소나무 모양으로 만들어 찬물에 담가둔다.
7. 당근은 나비 모양으로 만들어 찬물에 담가둔다.
8. 와사비는 찬물에 개어두고, 레몬은 반달 모양으로 슬라이스한다.
9. 손질해둔 참치는 도톰하게 각썰기 하여 3쪽, 광어는 얇게 3쪽, 도미도 도톰하게 3쪽으로 썰고, 학꽁치는 길이에 맞게 썬다.
10. 완성접시에 무갱을 동그랗게 모양 만들어 깔고, 위에 시소를 얹은 다음 썰어둔 생선회를 3점씩 얹어 4개가 되도록 만들어 담는다.
11. 왕관 모양 오이, 나비 모양 당근, 개어둔 와사비, 무순을 곁들여낸다.

POINT

- 생선회는 날로 그대로 먹기 때문에 위생적으로 청결하게 다루고, 손질 후 물기가 남지 않도록 잘 제거한다.
- 무갱은 가츠라무키를 최대한 얇게 하여 가늘게 채썬 다음 물에 여러 번 씻어 매운맛을 제거하고 물에 담가 사용한다.
- 오이는 왕관 모양으로 당근은 나비 모양으로 만든다.
- 완성접시에 색깔을 조화롭게 담고 와사비와 레몬을 곁들여낸다.

MEMO

❖생선회의 제철(슌, 旬, しゅん)

생선에 단백질과 지방질이 풍부하여 그 생선이 한층 맛이 있는 시기를 말하며, 제철에 나는 생선이 가장 맛있다. 이 제철(旬)은 생선 산란기 1～2개월 전의 경우가 많으며, 이때 산란을 대비해 먹이를 왕성하게 많이 먹기 때문에, 육질에 탄력이 있고 생선의 살에 지방이 올라 맛있게 된다. 회를 더욱 맛있는 상태에서 먹으려면 생선의 성질을 잘 파악한 뒤 거기에 맞는 썰기와 담기를 하여야 한다.

육질이 신선하고 단단한 것은 살이 질기기 때문에 얇게 자르고, 살이 붉은 참치나 방어 등은 약간 두껍게 자르는 것이 생선의 맛을 음미 할 수 있다. 등 푸른 생선은 일단 소금으로 한 번 절인 다음 식초물에 절여서 사용한다. 그래야만이 부패를 방지하고 식중독이 발생하는 것을 예방할 수 있다. 그리고 흰 살 생선같이 담백한 생선은 맛을 보충하기 위해 다시마에 절임(콘부지메)을 하기도 한다. 오징어와 같이 탄력이 있는 것은 가늘게 썰든지 깊게 칼자국을 넣어 연하게 만들어 썰기 한다. 또한 비린내가 강한 생선은 얼음물에 충분히 씻어 비린내를 제거한 후 사용한다.

광어양식은 18～20°C 온도가 적당하며, 지역별 양식법은 다음과 같다.

① 남해안: 가두리 양식

② 동해안: 축제식 양식(파도가 세고 수온이 일정치 않아 잘 자라지 않으나 육질이 좋음)

③ 제주도: 육상 수조식 양식

❖와사비(山葵, わさび)의 효능

와사비에는 아밀라아제(Amylase)가 함유되어 있어 소화작용을 돕는 상승효과가 뛰어나다. 살균력이 우수해서 식중독을 예방할 수 있으며, 장내 유해균의 번식을 억제해주며, 식욕증진이나 방향건위 작용 등에 효험을 가지고 있다. 와사비는 주로 뿌리와 꽃대가 생식으로 이용된다. 와사비를 상어껍질로 만든 강판에 많이 가는데, 이는 스테인레스로 만든 것보다 부드러워 와사비를 갈 때 섬유질을 줄일 수 있기 때문이다. 와사비는 수직으로 세워 윗부분부터 둥글게 원을 그리듯이 갈아야 단맛도 풍부해지고 매운맛도 깊어진다. 와사비의 잎과 줄기는 타이타몽(일본의 대표적인 반찬으로 기름과 깨를 섞어 나물 버무리듯 살짝 버무린 요리)이라는 요리로 이용된다.

참고문헌

김순전(2011), 일본의 사회와 문화, 제이앤씨.
박병학(2000), 기초일본요리, 형설출판사.
설성수 역(1999), 일본요리 용어사전, 다형출판사.
성기협・박종희 외(2016), 최신일본요리, 백산출판사.
유택용(2020), 고급 일본조리, 대왕사.
정태철 외(2016), Chef's 일식・복어조리, 백산출판사.
조영제(2002), 생선회100배 즐기기, 도서출판 한글.

今和泉明(1991), 刺身と お造り・姿造り, 紫田書店.
吉野舁雄(平成7年), すしの事典, 旭屋出版.
大島雅明 外(1997), 包丁使い方, 成美堂出版株式會社.
東日本料理學校協會編(昭和63), 調理技術の基礎.
茂木正人 外(2007), マグロのすべて, 平凡社.
文藝春秋 編輯部(1990), ベストオブ すし, .
小倉久米雄(1999), 本格派 日本料理, 旭屋出版.
阿部孤柳(2001), 日本料理大系, ジャパンアート.
旭屋出版 編輯部(2000), すしの調理技術, 旭屋出版.
旭屋出版 編輯部(2004), プロの和食 燒き物, 旭屋出版.
旭屋出版 編輯部(2004), プロの和食 揚げ物, 旭屋出版.
旭屋出版 編輯部(2004), プロの和食 煮物, 旭屋出版.
日本麵類業團體聯合會(1998), うどんの基本技術, 紫田書店.
紫田書店 編輯部(1995), 日本料理技術百科: だし たれ 調味料と基礎日本料理, 紫田書店.
紫田書店 編輯部(1995), 日本料理技術百科: 鍋もの, 紫田書店.
紫田書店 編輯部(1995), 日本料理技術百科: 日本料理傳統技術, 紫田書店.
紫田書店 編輯部(1995), 日本料理技術百科: 刺身, 紫田書店.
紫田書店 編輯部(1996), 日本料理獻立百科, 紫田書店.

紫田書店 編輯部(1996), 獻立百科, 紫田書店.
紫田書店 編輯部(2002), 酒菜 居酒屋の料理532, 紫田書店.
長田眞澄(1986), 日本料理 理論と實習, 新評論.
畑耕一郎(1985), 日本料理入門, 鎌倉書房.
全國調理師養成施設協會(1991), 調理用語辭典, 圖書印刷.
秋庭降(1995), 食材辭典, 小學館.
下中邦(1984), やきものの事典, 平凡社.

저 자 소 개

[유 택 용]

경기대학교 대학원 관광학박사(외식조리전공)
경기대학교 경영대학원 졸업(경영학석사)
서울 프레지던트호텔 근무
서울 리츠칼튼호텔 근무
더케이호텔(구, 서울교육문화회관) 근무
서울 프라자호텔 근무
한식레스토랑 경영
일본무사시노 조리학교 연수
일본 TRY Cooking Maison Food Coordinator 수료
2002년 동경 테이블웨어 페스티벌 입선
한국산업인력공단 조리산업기사, 조리기능장 출제위원 및 감독위원
한국산업인력공단 NCS 복어조리 검토위원
경기도 먹거리위원회 위원
한국조리학회 이사, 외식경영학회 이사
오산대학 외래교수
청강문화산업대학교 외래교수
신안산대학교(안산공과대학) 호텔조리과 교수
서울보건대학 조리예술과 교수
을지대학교 식품외식산업과 교수
현, 부천대학교 호텔외식조리과 교수

일식 국가기술자격 검정시험 대비

일본요리

초판 1쇄 인쇄 2020년 9월 10일
초판 1쇄 발행 2020년 9월 15일

저자 유택용 | **발행인** 박성진 | **발행처** 大 旺 社
등록 1976년 11월 30일 제5～54호
주소 서울시 동대문구 외대역동로 133-1
물류 경기도 파주시 소라지로 176-25(송촌동 414-12)
전화 (031)947-5471(代) | **팩스** (031)947-5470
홈페이지 http://www.daewangsa.net | **이메일** dws74@hanmail.net
값 27,000원

ISBN 978-89-456-5978-1 93590

HOTEL&
RESTAURANT®
GLOBAL HOSPITALITY MAGAZINE
Hotel&Resort, Restaurant&Culinary, Cafe&Bar의
다양한 이야기!
매거진에서는 만나지 못했던 이야기 등을
월간 호텔&레스토랑 온라인에서
만나실 수 있습니다.
홈페이지
www.hotelrestaurant.co.kr
검색창에 월간 호텔&레스토랑 을 검색하세요.
블로그
blog.naver.com/hoteltrend
페이스북
facebook.com/hotelrestaurant1991
회원가입, 이웃맺기, 좋아요! 누르고 다양한 정보와 이벤트에 참여하세요. ^^
(주)에이치알 T:02-312-2828 / F:0505-312-2828 / E:hrhotelresort@hanmail.net